①アルタミラの洞窟壁画

②ヌマンティア遺跡

③コルドバのマイモニデスの銅像

④コルドバのメスキータの内部

⑤《カトリック両王とアラブの王たちの貢物》（アントニオ・ロドリゲス画、1790 年、王立サン・フェルナンド美術アカデミー蔵）

In dei nomine Amen

⑥カトリック両王（イサベル１世とフェルナンド２世）の結婚証書

⑦カトリック両王のコイン

⑧『ドン・キホーテ』の一節を記したタイル

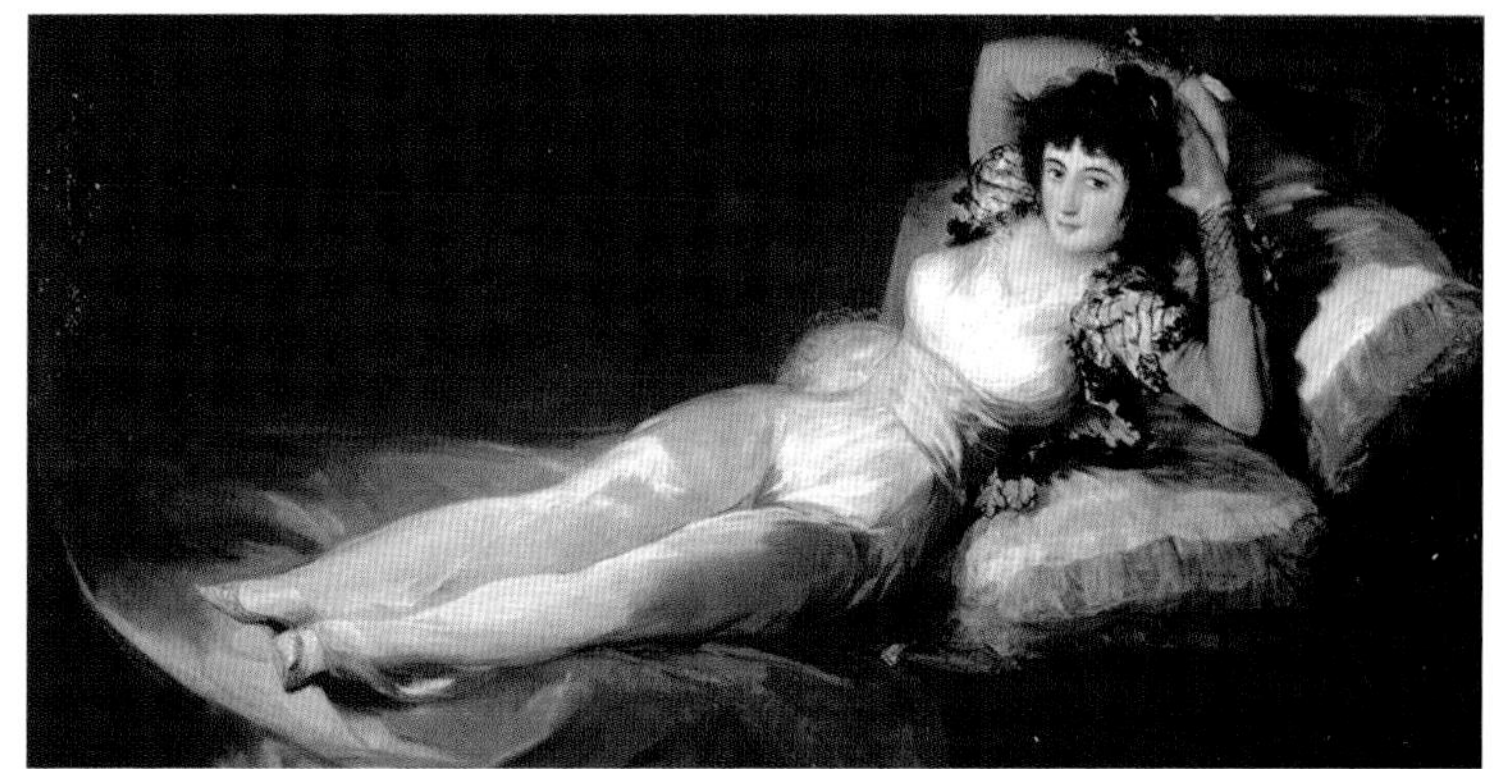

⑨《着衣のマハ》（ゴヤ画、1800-05 年、プラド美術館蔵）

⑩サンティアゴ・デ・コンポステーラ（左奥）を見渡す「歓喜の丘」の記念碑

⑪内戦後、共和派の捕虜の強制労働によって献堂された、150 メートルの十字架を戴く、叛乱軍将兵を弔う「戦没者の谷（ヴァレ・デ・ロス・カイドス）」

⑫サグラダ・ファミリアの内側

シリーズ コンパクトヒストリア

スペイン通史

川成 洋 著

丸善出版

口絵のクレジット

スペイン政府観光局：③、④、⑧、⑩
by Godot13（CC BY-SA4.0）：⑪
by SBA73（CC BY-SA2.0）：⑫

※本書で使った画像のうち、絵画などについてはパブリックドメインとなっているものを使用し、さらにいくつかの専門機関から画像を提供していただいた。また、一部図版についてはクリエイティブコモンズ（主に CC BY-SA 3.0［https://creativecommons.org/licenses/by-sa/3.0/deed.ja］）で使用可能なものを選定している。このほかの CC（CC BY-SA2.0 など）の表記があるものについては、それぞれライセンスを参照されたい。

はじめに

スペインの歴史は「激変」というべきか、不思議なほど変転極まりない。しかもある時代とその次の時代とが断絶する場合がほとんどである。言ってみれば、「断絶の連続」である。それは、古代よりスペインの国造りの担い手が外国勢だからなのだろう。事実、バスク人やケルト人、フェニキア人やギリシア人、カルタゴ人やローマ人、ゲルマン三民族や西ゴート人、イスラム教徒やユダヤ人、ハプスブルク王朝、ブルボン王朝などが入り乱れてスペインに足跡を残した。その中からヨーロッパを席巻し、時には覇権を握った枢要な民族がスペインの国造りに、あるいは国のありように大きく関与したのだった。それ故に、スペインの歴史は、ダイナミックであり、われわれを瞠目(どうもく)させる壮大なドラマが常に秘められている。

さらに、われわれが注目するスペインの歴史のもう一つの側面として挙げたいのは、本書にも二〇世紀に登場する世界的な哲学者オルテガ・イ・ガゼーの高弟、ディエス・デル・コラールの言う「スペイン史の振子運動」を作り出す「伝統」と「革新」という相対立する二点を指摘したが、それにいささか牽強付会の気味であるものの、私が個人的にスペインの歴史にノスタルジアを感じているのは、「ヨーロッパの偉大な田舎」的側面である。「田舎」といっても、我が国の田舎のように、一極集中、大都市集中の傾向が強いために、いわば仮死状態に陥っている無味乾燥的な過疎地帯とは無縁の世界である。スペインの「田舎」には実際に独自の「伝統」を守っている人々がいる。それが彼らの歴史であり、慣習であり、地域社会そのものである。いかにも古色蒼然たるローマ橋や半円劇場も、あるいは一一～一二世紀に建堂されたロマネスク様式

徒軍による国土再征服戦争）期の古城や城壁も、はたまた地方の豪族の館や砦も、これらがすべて、歴史的建造物とか名所旧跡などといった観光スポットとして扱われているのではなく、現在でもその半数近くがその本来の堂々たる役割を果たしているのだ。こうした「田舎」が、何百年、いな、千年近くもとのたたずまいを失わずにどっしりとおさまり、まるでそれが周囲の風景の一部と化しているのである。どうしてこんな広漠たる高原に、どうしてこんな辺鄙なところに村や町があるのだろうか、と驚いたり、呆れ返ったり、感心したり等々。ちなみに、一一世紀ごろ造られた橋の上を、のろのろと進む牛車の脇を、カラフルな自動車が土煙を上げて疾走するシーンなど、スペインならではの日常的な生活模様である。

そしてスペインの歴史の中で最も我が国と関係ある現代史を取り上げてみよう。二〇世紀のスペインは文字通り波瀾万丈であった。それこそ、スペイン人すら想定外の展開であったろう。一九三一年四月の統一地方選挙の結果、国王アルフォンソ一三世の退位と亡命、ブルボン王朝の終焉とスペイン第二共和国の誕生。三六年二月の世界初の人民戦線内閣の樹立、三六年七月のスペイン全土の陸軍のクーデターの勃発と挫折、スペイン内戦の勃発。三九年九月の内戦勝利者フランコ将軍の独裁制、七五年一一月のフランコの死去による王制復古、わずか四四年間で、王制から共和制、内戦から軍事独裁制そして王制への移行、どの国もありえなかった逆巻く怒涛の時代が続いたのだった。確かに、大航海時代に獲得した「陽の沈むことなき大帝国」スペインがそのすべてを喪失し、ピレネーの南に逼塞したために「ピレネーの南はアフリカだ」と罵倒され、ヨーロッパの近代化競争に惨敗し「ヨーロッパの廃嫡された長子」と揶揄されていたスペインの一九三〇年代は、他のヨーロッパ列強では全くありえない歴史的金字塔を打ち立てたのだった。ちなみに、巨大な陸・海の軍事力を背景に地球の陸地の約四分の一を植民地とする最強最大の「大英帝国」イギリスは、三一年八月、ナチス・ドイツの台頭と席巻におののいて「議会主義の祖国」の矜持をかなぐり捨てて樹立した「挙国一致内閣」を第二次世界大戦終結の四五年まで維持していたからだった。

だが、一九三〇年代前半のスペイン議会は、三回の総選挙で、国を二分するほど大きく左右に振幅し、軍部と市井の民衆との武力闘争となった「二〇世紀スペインの最大の悲劇である」内戦に突入することになったものの、当時のこうしたスペイン人の気概がスペイン内外においていまだ熱く、かつロマンティックに語り継がれている。

「起こったことが話題にならず、話題にならなかったことが起こる。これが二〇世紀のスペインだ」といったのは、前出のオルテガ・イ・ガゼーの高弟、フリアン・マリアースである。これは至言であるが、「二〇世紀」に限らず、「スペイン全史」に当てはまるのではないかと思っている。それにしても、このマリアースの至言を忘れずに、スペインの歴史を紐解いてもらいたい。

最後に、本書を刊行するに際して丸善出版・企画編集部の小林秀一郎氏と大江明君に深甚なる謝意を表して、いささか我田引水的な「はじめに」を締めさせていただく。

二〇二〇年一月

川成　洋

目　次

1 先史時代のスペイン

スペインの始まり

イベリア半島（現在のスペインとポルトガル）は、アフリカとヨーロッパの接点、地中海と大西洋の出逢いの場、つまり東西南北の十字路となっている。さらに、人類の起源はアフリカであるという説が有力である。こうした地政学的条件のために、半島には、先史時代から多種多様な民族が侵入、移住、定住してきた。それにしても、スペインの先史時代はいまだ不明なことが多い。いろいろな地点で、さまざまな考古学的な遺物や埋蔵品が散見するものの、個々独立して存在しているというべきか、それらが相互の関連性が稀薄のように思われる。それは、半島の地形・気候がきわめて多様で、従ってその発展は一様ではなかったためであろう。実にスペイン的な感じがする。

われわれには何となく馴染み深いアルタミラの洞窟壁画は、紀元前一万五〇〇〇年頃にクロマニョン人によって描かれたと考えられている。後期旧石器時代の「マドレーヌ文化」に属するものと証明されている。これがきっかけとなって、カンタブリア沿岸、カタルーニャの地中海沿岸で洞窟壁画[1]などが相次いで発見された。さらに、アルタミラの洞窟壁画とそっくりな壁画がフランスのラスコーで発見された。これらマドレーヌ文化の

図１　アルタミラの洞窟壁画

洞窟壁画は、その優れた芸術性にもかかわらず、日常的に住民が使えぬ洞窟に描かれていることからも、狩猟の成功を期待する呪術のためだったろう。

イベリア人の侵入——アルメリア文化の伝播

イベリア半島に、いかなる民族が何時やって来たのか、これを民族単位に掌握できるのは、ほぼ紀元前三〇〇〇年頃からであろう。新石器時代の普及がほぼ終わり、青銅器時代が始まる頃、北西アフリカの住民がジブラルタル海峡を渡って半島の南東部アルメリアに定住する。農耕と家畜飼育の初歩的な技術を持つ民族であった。それにしても、彼らの農耕技術はごく短時間に南東部から南西部へと広がり、主な作物は小麦、大麦、豆類、粟、麻などであり、家畜化された動物は豚、牛、羊、山羊などであった。当時の半島の先住民族に大改革をもたらした技術が近隣の人々に伝播するのに大して時間がかからなかった。さらに、農機具の制作、他の動物の家畜化、土器類の制作、住居の建設、金属の鋳造などの今まで未知な技術も着実に伝播した。これでようやく定住農耕生活様式が定着する。これを「アルメリア文化」という。

こうした人々は、ギリシア人によって、ひっくるめて「イベリア人」と呼ばれた。実際には、彼らは「非インド・ヨーロッパ語」を話す多様な民族の混淆で形成されていたようであり、活発に植民活動を繰り返したもの

1．アルタミラ洞窟壁画より以前のものとして挙げられているのは、カルタヘナ近郊のロス・アビオネス洞窟内で発見された。穴があけられた貝殻から11万5000年前のものと同定された。また、ラ・パシエガ洞窟の壁画の一部が6万5000年前のものという研究報告が公刊された。（参考：大高保二郎監修・著『スペイン美術史入門——積層する美と歴史の物語』NHKブックス、2018年、p.51）
スペイン北部の世界遺産ラ・パシエガ洞窟、スペイン中部のポルトガル国境付近、アンダルシアのコスタ・デル・ソル付近など3か所で発見された洞窟壁画は放射線年代測定法で調べた結果、3か所とも6万5000年以上前に描かれた、世界最古の洞窟壁画であると、国際研究チームが発表した。現生人類は当時ヨーロッパにおらず、絶滅した旧人類ネアンデルタール人が描いたものと調査チームは結論づけている。その壁画は「赤いはしごのような図形」「牛のような動物」である。（参考：『朝日新聞』2018年2月23日朝刊「ネアンデルタール人が画伯？」）

の、本格的な町を造るに至らなかったが、集落、あるいは共同体を造り、安定した生活を営んでいた。

巨石文化と鐘形杯文化

紀元前三〇〇〇年頃、巨石文化の華が咲いた。だが、この文化の担い手がどういう民族なのか、いまだ謎のままである。この巨石文化の遺跡は、アルメリアを中心とした地中海沿岸とバレアレス諸島に集中している。「ドルメン」と呼ばれる巨大な石の遺跡は何のために造られたのだろうか。多産と豊饒を願う祭儀のためなのだろうか、あるいは死者のための祭儀場のようなものなのだろうか。

マラガ近郊のアンテケーラのドルメンは、わずか三一個の石でできているが、総重量は一六〇〇トンもあり、ヨーロッパで最重量の古代遺跡と言われている。

アルメリア近郊のロス・ミリャーレスの集落遺跡はユニークである。紀元前二七〇〇年頃から二五〇〇年頃にかけて栄えた「ロス・ミリャーレス文化」は、東部地中海世界と密接な関係があった。その影響を受けて、外敵からの襲撃に対する防御を施した集落の形成、墳墓、住居などが作られた。この地の近くで、ヨーロッパで最も豊富な鉱脈の一つが発見されたのだった。銅、錫、そして銀の鉱石が地表近くに埋まっていた。それで露天掘りができたのだ。ここで獲得した鉱物をよそ者から秘匿するために、集

図２　ドルメン（マラガ県アンテケーラのメンガ洞窟）

落社会が必要だった。泥でふさいだ住居、防御用の砦、水道橋、さらに百余りの巨大な円形墳墓。墳墓はそれぞれ五〇体から百体の埋葬ができ、屋根は石板で、石積み壁の狭い通路で通じる、持ち出し構造の墓室からなる。この遺跡から、非常に巧妙な石器や銅製の武具類が大量に出土している。また、釣鐘を逆さにした形状の鐘形杯土器というユニークな壺も出土している。

巨石文化と鐘形杯文化は、まずイベリア半島全体に伝わり、それからヨーロッパ各地へと拡散していった。イギリスのストーンヘンジ、アイルランドのニューグランジ、フランスのカルナックなど、これらの巨石群を造った民族は、イベリア半島との往来があった民族ではないかと思われている。鐘形杯土器も同様に各地に拡がり、遥かハンガリーやザクセンあたりでも出土している。

紀元前二〇〇〇年頃、同じく半島南東部一帯に興った「エル・アルガール文化」は繁栄した青銅器文化のおかげで、南西部の誇大な地域に拡がり、さらに北方や地中海民族との交流も一層盛んになった。彼らは、金、銀、銅、象牙などのネックレースやイヤリングを身につけ、きれいにとかした長い髪を編んでいた。彼らは、低地を棄て、丘の上などに集落を形成していたが、そこには、例えば、計画的な道路、長方形の家並みといった都市の初源的形態が見られる。

2．ロバート・R・カーギル『聖書の成り立ちを語る都市――フェニキアからローマまで』真田由美子訳、白水社、2018 年、pp.24–25.

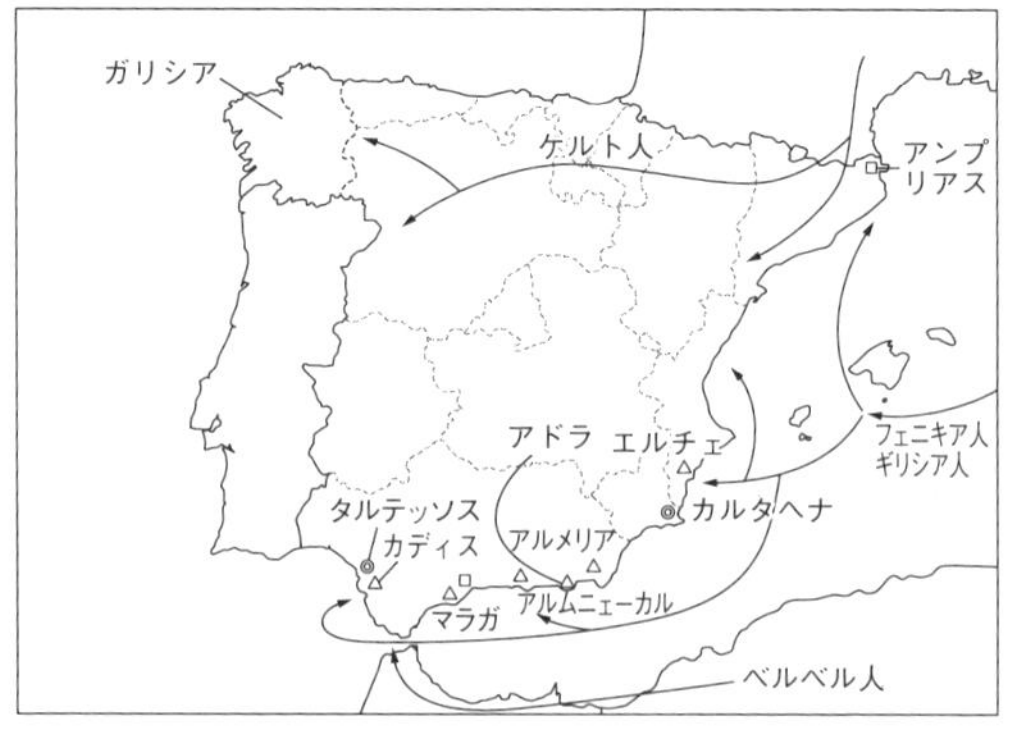

図 3　紀元前 1200 年頃～紀元前 500 年頃までの間にイベリア半島に到来した民族の足跡
(△：フェニキア系, □：ギリシア系)

フェニキア人とギリシア人の到来

紀元前一二〇〇年頃から紀元前八〇〇年頃にかけて、地中海を支配したフェニキア人は地中海一帯の海洋貿易で栄えた。フェニキアという呼称は、実はギリシア人が付けた名前で、ギリシア語のフォイニケに由来する。このフォイニケとは、「深紫、深紅」を意味する。[2] フェニキア人はアクキガイから赤紫の染料を抽出する技術に長じており、名産の紫染め織物の輸出を独占し、それで莫大な富を生み、さらに日常品や工芸品を地中海一帯で交易して巨大な海洋交易国家を築いた。フェニキアの繁栄ぶりは考古学資料によって裏付けられるだけでなく、聖書にも記されている。

紀元前一一〇〇年以降、フェニキア人が北アフリカの陸地沿いに西へ航海し、イベリア半島東部と南部一帯に侵入し、定住する。彼らは、イベリア半島の岩塩や金属、塩漬けの海産物を求め、また魚業交易を確保するためにやってきた。そのために交易都市を建設したが、その嚆矢は、なんといっても、伝承によると、前一一〇四年頃に建設されたアンダルシアの大西洋岸のヨーロッパで最も古い都市の一つである交易都市ガディル（現カディス）である。地中海と大西洋へのルートの寄港地であり、北アフリカへの寄港地でもあった。さらに前八〇〇年頃、フェニキア人の航行路である北アフリカ北岸に植民市カルタゴを建設した。これ以外の交易基地として、マラカ（現マラガ）、セクシ（現アルムニェーカル）、アブデラ（現ア

図4　バーサの婦人像
グラナダ県バーサで出土。高さ130cm、灰色の石灰岩製。紀元前4世紀の作と推定

図5　エルチェの貴婦人像
アリカンテ県エルチェで出土。高さ56cm、石灰岩製。紀元前4世紀中葉の作と推定

ドラ）などがあった。

彼らのもともとの本拠地は、地中海の東部にあたるレバノン地中海沿岸の、ビュブロス、ティルス、シドンと呼ばれていた三都市で、いわゆるフェニキアの古代都市国家群[3]であった。ここで開花したフェニキア文化が世界にもたらした最も恒久的な贈り物は、なんといっても、彼らが発明したフェニキア文字[4]であった。それは、文字数二二個の子音文字からなり、右から左へと横書きのアルファベットだった。そしてこの文字は、フェニキア人の交易活動の広がりとともに、地中海世界に拡散していった。古代ギリシアで「歴史学の父」と言われたヘロドトス[5]の『歴史』によれば、「フェニキア人は自国の文字をギリシア人にもたらした[6]」と述べている。

フェニキア人にいくぶん遅れて、半島にやってきたギリシア人は、イベリア人に交易の手段としての貨幣を使う貨幣制度、彫像などの文化や芸術品をもたらした。彫像は土着のものと融合し、独自の美しい「グレコ・イベリア」様式が生まれた。ギリシア人の入植者と土着の住民と接触によって、犂(すき)の使用、ブドウやオリーブの栽培、灌漑(かんがい)の活用といった農業の発展に、さらに彼らが定住した町村の都市化、文字の浸透などに貢献した。彼らはフェニキア人と同様に、アンプリアス（ヘローナ県）、アイナーケ（マラガ県）などの寄港目的の植民市を築いた。

ところで、フェニキア人もギリシア人も交易した国が半島南部にあったといわれる。その国は、タルテッソスという国で、古代ギリシアの歴史家

’ B G D H W Z Ḥ Ṭ Y K L M N S ‘ P Ṣ Q R Š T

図６　紀元前 1000 年のフェニキア・アルファベット

3．前出『聖書の成り立ちを語る都市』2018年、p.28.
4．フェニキア文字を採用したヘブライ語・アラム語、ギリシア語は旧約聖書・新約聖書の記述に使われ、結果としてフェニキア人が聖書記述に必要な書字材料の紙と文字とをともにもたらしたことになった。
5．前 484 年頃～前 425 年頃。

ヘロドトスや、ストラボン[7]の歴史書にもこの国について書かれ、また旧約聖書では「タルシッシュ」と記されている。ちなみに、「これは（ソロモン）王が海にタルシッシュの船隊を所有して、三年に一度、金、銀、象牙、さる、孔雀を載せてこさせたからである[8]」とあるように、交易が盛んだったことがうかがえる。だが、その国の実態に関していまだ多くの謎を残している。

前記の二人の歴史家によると、紀元前七〇〇年頃、タルテッソスはアルメリアを制圧し、そこに宗主権を確立し、そこから産出する銅と錫、それに青銅をもとに地中海全域で精力的に交易を行い、版図もウエルバからカルタヘナまで拡大し、大いに繁栄した。政体は王政で、韻文で書かれた成文法を持ち、住民の間ではすでに身分・階層の分化が認められた。国の所在地としては、セビーリャの周辺部と、その西方のウエルバ地方との説があるが、いまだ結論は出ていない。しかし、歴史上のすべての国家の御多分に漏れず、この国の場合も、前五〇〇年頃、カルタゴに滅ぼされる。

ケルト人の到来とケルト・イベリア人の誕生

イベリア半島の南部にフェニキア人が到来した紀元前一一〇〇年頃から、「インド・ヨーロッパ語」を話す農耕民族ケルト人が、中央ヨーロッパからピレネーを越えて波状的に侵入してきた。もともと彼らは独自の文字をもたない民族だったので、彼らが到来した時代の特定やその状況などは

6．「フェニキア人たちは（中略）ギリシアにいろいろな知識をもたらした。中でも文字の伝来は最も重要なもので、私の考えるところでは、これまでギリシア人は文字を知らなかったのである。フェニキアの移住民たちは、はじめはほかのすべてのフェニキア人が使うのと同じ文字を使用していたが、時代の進むとともにその言語を（ギリシア語に）変え、同時に文字の形も変えたのである。（中略）この文字をフェニキア人から習い覚え、『フェニキア文字』と呼んでこれを使用したのである。フェニキア人がギリシア人へ伝来したものであるから、この呼称は正しいといわねばなるまい」（ヘロドトス『歴史』中、松平千秋訳、岩波文庫、1985年、pp.151-152.）

7．前64年頃〜前21年頃。

8．列王紀、上、10・22。

彼らと邂逅（かいこう）した歴史や地理学者の記録に頼らざるを得ないであろう。ケルト人が半島に持ち込んだ道具や兵器から推察すると、青銅器時代末期から鉄器時代初期に移る時代に相当すると思われる。

古代ギリシアの歴史家ヘロドトスによると、ケルト人は「背が高く、白い皮膚の上に筋肉がもりあがっている。毛髪はブロンドだが、毛髪を大きく後ろに掻き上げ、彼らはあえて脱色までしている。相手を奇怪なブロンドで驚かすためであろう」[9]と述べている。これに部族によっては、戦闘で勝利した暁には首狩りの風習もあったために、彼らと遭遇した先住民族には、野蛮で好戦的な民族集団と映ったであろう。ケルト人は、石器、青銅器、音楽とダンス、そしてバスク人には二〇進法を残していった。それにしても、もともと「自由の民」である彼らは、組織化が苦手なためか、国家という政治組織の形成には目向きもせずに、小規模な部族集団で定着を始め、共同体が形成されていた。共同体内では戦争と略奪が男性、農作業と集落内での雑用が女性といった役割分担がなされていた。彼らは、主に、海岸、山間部といった防御機能のある場所にカストロ（城塞集落）を作り、周辺地域を支配し、このような定住地を半島西部と北西部に拡げる。当初は、半島南部はすでにフェニキア人やギリシア人が定住していたために、半島西部と北西部に定住するようになる。従ってその地の先住民族のイベリア人と熾烈な所有地争いを繰り広げるが、そのうち双方は定住区域を棲み分けするようになり、紀元前六〇〇年頃には両者の間で混血が進み、居

9. Martín Almagro-Gorbea, *Los Celtas: Imaginario, mitos y literatura en España*, Almuzara, 2018, p.49.

図７　カストロの遺跡（武部好伸『ケルト紀行』彩流社、2000 年）

住区域も次第に半島中央部に移っていく。

この二つの民族の融合を、ヘロドトスが「両民族の血が混ざったことでケルティベリア人（ケルト・イベリア人）という呼称がついた」と述べている。部族社会を統括する軍事エリート、鉄の扱いの技術のたけた職人など、さまざまな職種の専門家が輩出するようになる。[10] また埋葬の方法について考古学的な確認はまだ十分ではないものの、ケルト人到来前までの先住イベリア人は土葬であった。ところが、ケルト人の場合、病気で亡くなった人は火葬され、戦場で勇敢に戦った勇者の遺体をハゲタカにさらしておくのが正式の葬儀であった。つまり鳥葬である。神聖なハゲタカが戦死者の肉体を神の御許に届けると考えられていた。それが、部族社会は豊かになったのか、それとも宗教観が変わったのか、火葬に統一されるようになり、遺灰とともに副葬品あるいは埋葬品の埋葬が普及していった。[11]

彼らの固有の領土は、ガリシアからポルトガル、中央高原南部、イベリア山系まで弧を描くように広がるが、スペイン中央部に限られていた。ちなみに、慣習や共同体意識の面で、最もケルト的意識が強く残っている地方が、ガリシアである。[12] その後、さまざまな民族がイベリア半島に侵入し、領土を築いたとき、辺境の地ガリシアまでは勢力を伸ばせず、ここの住民はずっとケルト文化を温存・維持できたからであった。

10. M・J・グリーン『ケルトの神話』市川裕見子訳、丸善ブックス、1997 年、p.6、p.163.
11. Elena Percivaldi, *Los Celtos: Una civilizatión europea*, Tikal, 1968, pp.24–25.
12. 坂東省次・桑原真夫・浅香武和編著『スペインのガリシアを知るための 50 章』明石書店、2011 年、pp.41–42.

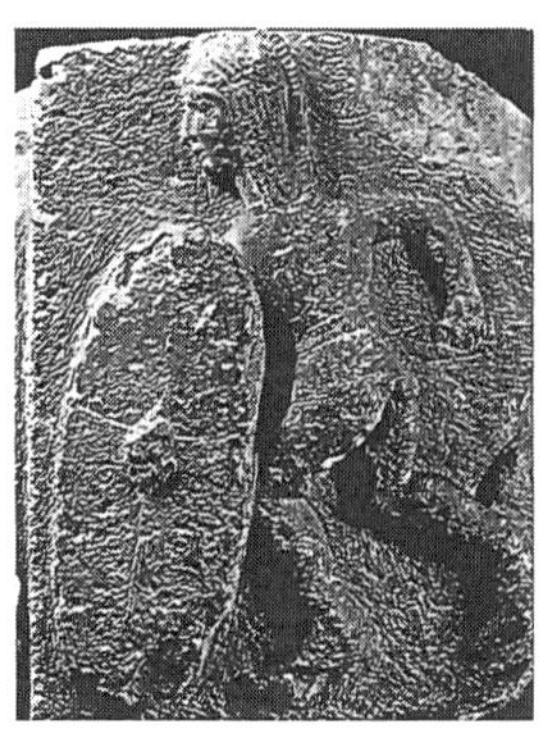

図８　ケルト・イベリア人の戦士

2　ローマの台頭

カルタゴとローマ

カディスを建設したフェニキア人の末裔に当たるカルタゴ人が紀元前七〇〇年頃イベリア半島の南部に定住するようになり、前六五四年にエブスス（現イビサ）、紀元前五四〇年頃にはジブラルタル海峡を制圧し、ギリシア人の勢力をイベリア半島から放逐する。半島南部を起点として、地中海のサルデニャ、シチリア、コルシカ、北アフリカの地中海沿い一帯などにその支配権を拡張し、「地中海の女王」と謳われるようになる。やがて、イタリアを平定した新興国ローマがカルタゴの行く手を阻むライバルとして台頭し、地中海の覇権をめぐって、正面から激突することになる。

第一次ポエニ戦争（「ポエニ」とは、ローマ人がカルタゴ人を指して使った呼称。前二六四～前二四一）は、カルタゴの植民地シチリアの領有権をめぐって、シチリアを戦場にして戦った。結局、海軍力の優勢なローマが勝利し、その余勢を駆ってギリシアを征服し、地中海の覇者となる。カルタゴはシチリアやその近隣の島々のローマへの割譲、一〇年におよぶ賠償金の支払いを課せられた。その後、カルタゴが傭兵の叛乱（はんらん）に苦慮しているうちに、サルデニャやコルシカなどがローマに乗っ取られる。

カルタゴにイベリア半島で残されたのは、カディスと僅かの南部沿岸地

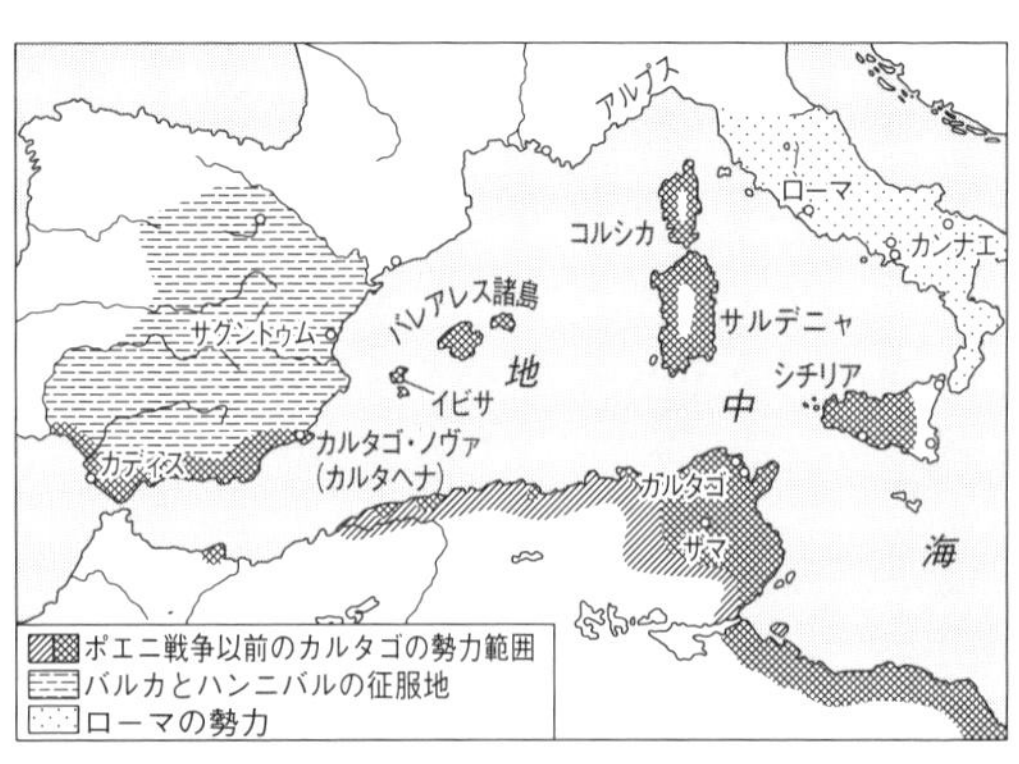

図１　カルタゴの領域

帯の植民地だけであった。前二三七年、カルタゴの将軍ハミルカル・バルカが一〇歳の息子ハンニバルや部下の軍団を率いてカディスに上陸し、本格的な征服作戦を展開する。まず半島南部から中部、東部へと支配領域を拡大する。前二二七年頃、彼の女婿（じょせい）ハスドルバルはカルタゴ・ノヴァ（現カルタヘナ）を建設し、首都とする。前二二一年、ハスドルバルが原住民に殺され、カルタゴ軍総司令官となった二八歳のハンニバル[2]は、前二一九年、父の遺志を継ぎ不倶戴天の敵であるローマの攻略に着手する。初陣として、ローマの同盟都市サグントゥム（現サグント）を包囲攻撃した。この町はハンニバル軍に数か月間も抵抗し、ローマ軍が救出にやってくるという望みが途絶えたとき、降伏ではなく、自らの町に火を放って自滅の途を選んだのだった。このサグントゥムへの奇襲攻撃が、第二次ポエニ戦争（前二一八〜前二〇一）、別名「ハンニバル戦争」の発端である。

若き大戦略家ハンニバル麾下（きか）、歩兵五万、騎兵九千、それに戦象四〇頭からなるカルタゴ軍は、徒歩でアルプスを越え、北からローマを攻撃した。倍以上の兵力を誇るローマ軍と対峙して、緒戦は順風満帆。向かうところ敵なし、であった。カルタゴ軍五万、対するローマ軍八万の将兵が激突した、イタリア半島東南地方でのカンナエの戦い（前二一六年八月）も、戦史上最大の殲滅（せんめつ）戦の一つと言われたのだったが、ローマ軍に壊滅的打撃を与え、これによってカルタゴ軍は、南イタリアの大半を征服し、一時、絶対的優位になった。しかし、ローマ市内にあと一歩という地点まで追撃し

図2　ハンニバル（ルーブル美術館蔵）

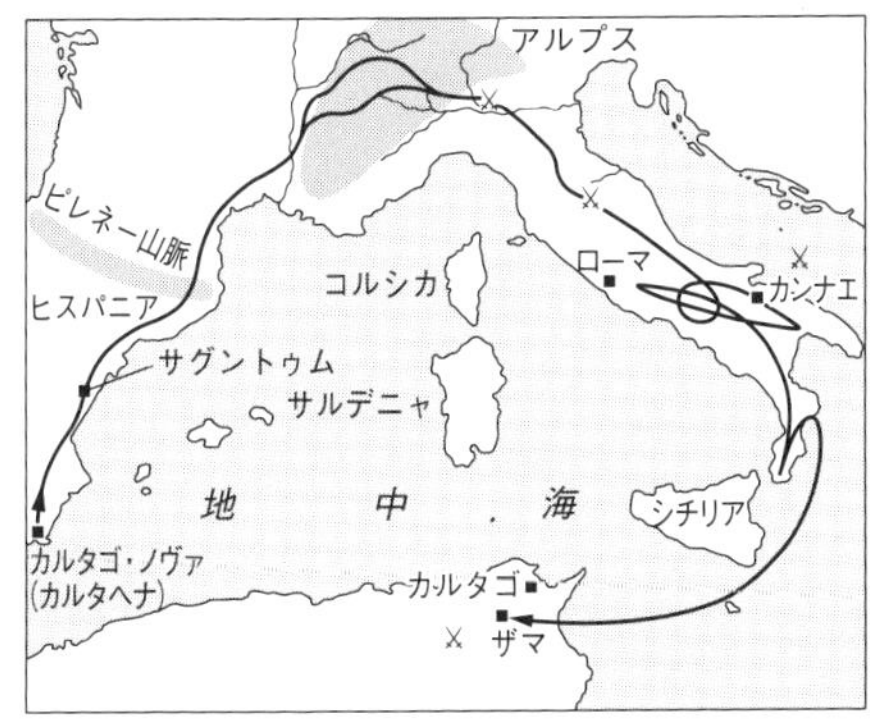

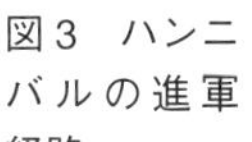

図3　ハンニバルの進軍経路

たものの、ローマに決定的打撃を浴びせることができなかった。それにしても、古代世界屈指の武将といわれたハンニバルの戦術の卓抜さには異論はないものの、なぜ、カンナエの戦いの後にローマを衝かなかったのか、さまざまな視点から論じられているが、兵站線が十分でなかったことが主因のようである。一方、守勢に立たされたローマ軍も態勢を整え、防衛陣を強化しつつ、ゲリラ戦を展開し、カルタゴ軍の消耗を図った。両軍は対峙したまま、戦線は膠着(こうちゃく)状態に陥った。この間、イベリア半島の守備を託されていたのは、ハンニバルの弟ハスドルバルであった。前二〇九年、スキピオ[3]（大）の率いるローマ軍はカルタゴ軍の補給路を断つために、陸海の両面から強力な陣で半島に侵攻し、エブロ川からわずか七日間でカルタゴ・ノヴァを占領する。このローマ軍の迅速な勝利を目のあたりにして、その地域の大半の住民がカルタゴ軍から離反してしまった。次いで各種貴金属資源をはじめ奴隷や農作物を大量に産出する地域を支配する戦略に転じ、前二〇五年にカルタゴ勢力を排除し、大西洋側のスペイン最古の都市であるカディスを占領した。これがローマ軍のイベリア半島支配の開始であった。ハスドルバルも兄ハンニバルが指揮しているカルタゴ軍のすぐ近くまで駆けつけるが、前二〇七年、ローマ軍の奇襲のために敢え無く戦死する。スキピオ（大）が指揮するローマ軍がカルタゴ本国を急襲する。それに対して急遽ハンニバルも本国に帰還し、決戦を挑むが、前二〇二年、カルタゴの首都近くのザマの戦いで敗れ、逃亡する。戦争はまたしてもカ

図4　スキピオ（大）（ナポリ国立考古学博物館蔵、Wikimedia Commonsより、Miguel Hermoso Cuesta撮影、CC BY-SA 3.0）

2．ローマ時代の歴史家リウィウスの『ローマ史』（第22巻）はハンニバルの登場をこう述べている。
「古参兵たちは、父ハミルカルが若返って帰ってきたかのように思った。同じような生き生きとした顔つき、同じように力強いまなざし、同じような顔の輪郭と表情があるのを、彼らは見逃さなかった。（中略）危険に立ち向かうとき、こよなく大胆であり、危険のただ中にあっても、ひときわ思慮深かった。どんな艱難にも身体は疲れを知らず、精神はくじけることがなかった。暑さにも寒さにも同じように耐えることができた。」（佐藤賢一『ハンニバル戦争』中公文庫、2019年、p.251.）

3．前235～前183年。

ルタゴの敗北で終結する。このスペイン遠征中のローマ軍の歩兵部隊の剣は、密集した横列の隊形では剣を左右に振れず、ただ突き刺すだけの「ヒスパニア剣」と呼ばれる両刃の剣を採用していた。

敗軍の将ハンニバルも、今やローマの権勢の及ばない黒海沿岸のビテュニアという小さな国へ逃げ込むが、ローマがビテュニア国プルシアス王にハンニバルの身柄の引き渡しを強く迫った。事ここに至れり、と覚悟を決めたハンニバルは、「ローマ人を不安から解放してやる」と言い残し、毒をあおいだという。前一八三年であった。六五歳だった。そして同じ年に、彼の最大のライバルだったスキピオ（大）も、不遇のうちに人生を閉じたのだった。[4] カルタゴの勢力がアフリカに逃亡したとはいえ、ローマ軍が撤退すれば彼らがイベリア半島に再進攻するのではと危惧したために、ローマ軍が撤退せずに駐屯することにした。

ちょうどハンニバルの自死より一四年前の、前一九七年、ローマは、イベリア半島の東部をヒスパニア・キテリオル州（エブロ川流域とレバンテ地方沿岸）、南部をヒスパニア・ウルテリオル州（グアダルキビール川流域）と呼ばれる、二つの属州に分け、それぞれに総督、二個軍団を配置した。しかし、こうした強権的な軍事占領を先住諸民族が了解せず、各地で叛乱を惹起することになる。

第三次ポエニ戦争（前一四九～前一四六）。第二次ポエニ戦争で敗北後のローマとの講和条件は、莫大な賠償金の支払い、兵船の造船制限、対外戦

4．前出『ハンニバル戦争』2019年、p.514。

5．ジャン=クリストフ・ビュイッソン、エマニュエル・エシュト『敗者が変えた世界史』上、神田順子・田辺希久子訳、原書房、2019年、p.48.

6．前185～前129年。スキピオ（大）の長子の養子。

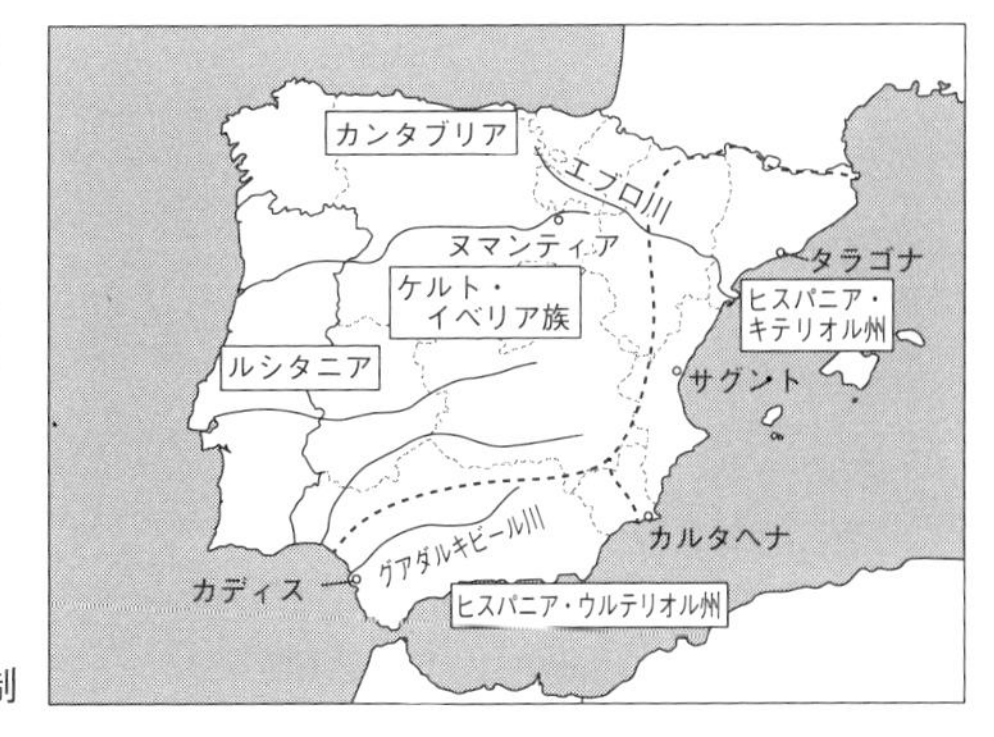

図5　初期のローマ2属州体制

争の開戦に際してローマの事前認可、などであった。こうした厳しい条件下においても、カルタゴの通商繁栄は目覚ましく、ローマを警戒させていた。前一四九年、カルタゴが西側の隣国ヌミディアの軍事侵略に防衛戦を余儀なくされるやいなや、ローマは自国との条約通りに事前通達せずに交戦したということを口実にローマ軍が制圧する構えを見せた。ローマの総指揮官カトーは「何はともあれ、余の考えはカルタゴの討滅にある」[5]と豪語して国論を統一した。スキピオ[6](小)が率いるローマ軍は陸海の両面からカルタゴに侵攻し、首都を三年間包囲し、最後の止めとして一七日間にわたって炎上させ、市民を自死か、奴隷のいずれかに追い込み、首都を徹底的に破壊し、全く再生できないように、大量の塩を地表に埋めたのだった。こうしてローマは、イベリア半島を含む、西地中海の覇権を獲得したのである。

ローマ属州ヒスパニア

ローマ軍は、イベリア半島全域の制圧に、実に二百年もの歳月を費やした。大規模な軍事活動を各地で展開したものの、強硬な抵抗に遭遇し、苦戦を強いられた。歴史の残るほど激しいものを挙げるなら、例えば、ルシタニア人の叛乱(前一五四~前一三九)とケルト・イベリア人の第一次抵抗(前一五二年)、ケルト・イベリア人の第二次抵抗(前一四三~前一三三)などである。

7. 1547～1616年。

8. セルバンテス『ヌマンシアの包囲』より、落城のシーンの一部を紹介する。

バリアト：……ヌマンシアの凛とした民よ！人でなしのローマが勝利したとは言わせない。灰燼と化した町以外に戦利品は渡さないというヌマンシアの意志が、僕のせいで無駄に終わるようなことは絶対させないから。剣をふりかざそうとも、命をやる、安楽な暮らしを保証してやると大口をたたこうとも、ローマの意図は僕によって徒労に終わるだろう。(中略)

スキピオ：これほど見事な武勲は見たことはない。お前は年寄りの知恵と勇者の度胸を持った子供だ。お前のしでかしたことはヌマンシアどころかスペインにまで栄光をもたらした。お前はけなげに命をなげうつことで、わしから正当な権利を奪っていった。お前が飛び降りることで、お前の名誉は天にまで昇り、わしの勝利は地に落ちてしまった。

(「ヌマンシアの包囲」田尻陽一訳『セルバンテス全集 戯曲集』水声社、2018年、pp.68-69.)

なかでも、最後に挙げたケルト・イベリア族の第二次抵抗は、「ヌマンティアの戦争」とも言われている。ローマ軍に対する抵抗戦の象徴というべきドゥエロ川上流の自然の要塞の町ヌマンティア（ソリア郊外の、現ヌマンシア）の戦いにおいて、総勢六万人のローマ軍将兵、七か所の包囲基地、百キロの塁壁を築いてこの町を兵糧攻めしたが、この町の八千人弱の住民が執拗、果敢な抵抗を繰り広げたため、ローマ軍は「ローマの恥」と言われるほどの苦戦を強いられ、この町を攻略するのに一〇年もかかった。ローマ軍の重包囲作戦で飢餓に追い込まれ余儀なくローマ軍の軍門に下るが、その際多くの住民は自害し、残りの者は奴隷として売られた。この町の息の根を止めたのは、第三次ポエニ戦争においてカルタゴを徹底的に壊滅させたローマ軍の将軍スキピオ（小）であった。

ヌマンティアの攻囲戦は、スペイン人の愛国心を鼓舞する出来事として後世まで語り継がれている。例えば、セルバンテス[7]は戯曲『ヌマンシアの包囲』[8]を書いた。また、二〇世紀の「二七年の世代」[9]の詩人の一人、ラファエル・アルベルティ[10]は、スペイン内戦期にフランコ叛乱軍に包囲され、それに勇敢に抵抗するマドリードを舞台にした同名の戯曲（初演一九三七年）を書いた。ヌマンティアの戦闘以降、ケルト・イベリア人の抵抗は続いたが、前二九年に勃発したカンタブリア戦争の敗北（前一九年）で、彼らの多くの者はヌマンティアの敗北と同様に、生きて縲絏（るいせつ）の恥ずかしめを受けるよりも自決を選んだ。こうして彼らの抵抗も次第に下火になり、ローマ

9. 1927年、黄金世紀の代表的詩人ルイス・デ・ゴンゴラの没後300周年記念行事として、「講演会」を開いてこの詩人の作品を新しい視点で再評価した10名ほどの若い詩人のグループ。ガルシア・ロルカ、ダマソ・アロンソ、ホルヘ・ギリェン、ヘラルド・ディエゴ、ビセンテ・アレイクサンドレ、ペドロ・サリーナスといった、いずれも世界的な大詩人たちがきら星のごとく名を連ねている。彼らはスペイン内戦の勃発（1936年7月）のために、ロルカのように銃殺されたり、アルベルティのごとく亡命生活を余儀なくされ、グループとしての活動が不可能となってしまった。内戦後、詩壇の重鎮となったアロンソは長く王立言語アカデミー会長の要職につき、またアレイクサンドレは1977年度のノーベル文学賞を受賞した。

10. ラファエル・アルベルティ（1902～99年）
詩人・劇作家。処女詩集『陸の船人』（1924年）で国民文学賞受賞。のちに代表作『天使たち』（1927-28年）ではシュルレアリスムに傾斜する。内戦前後には政治詩を書き、共産党に入党。内戦終了後、フランコ独裁下のスペインに住まず、〔次頁〕

の支配がイベリア半島全域におよぶようになる。

パクス・ロマーナ

ローマの共和制支持者による独裁者カエサルの暗殺（前四四年）とその後の内乱による秩序の回復に尽力した、カエサルの養子オクタウィアヌスは、元老院より「アウグストゥス」の称号を授与され、帝政を始めることになる。つまり彼は、初代ローマ皇帝アウグストゥス[11]となり、養父カエサルの開拓した道を切り開くべく、ヒスパニア征服作戦に着手する。

アウグストゥスは、対ローマの最後の武力抵抗である、カンタブリア戦争（前二九～前一九）に陣頭指揮を執り、戦いの途中で、身の危険を感じてか、臣下の将軍に指揮を任せ、前二五年にローマに戻り、皇帝として凱旋式を執り行う。また彼は、従来の属州を再編し、ヒスパニア・ウルテリオル州を二分してヒスパニア・バエティカ州とヒスパニア・ルシタニア州に、それにヒスパニア・タラコネンシス州の三属州に分割統治し、イベリア半島をローマ帝国の属州ヒスパニアとして機能するようにした[12]。

当初、ローマの狙いは、イベリア半島の資源を確保することだったが、アウグストゥスがヒスパニア全土の平定を達成して以来、半島のローマ化を企て、ローマの経済機構、法体系、行政機構、文化、貨幣制度、そしてキリスト教などを持ち込んだのだった。

半島でのローマ帝国の最も繁栄した期間は、アウグストゥスから始まり、

〔承前〕アルゼンチン、ローマなどで亡命生活を送る。祖国への郷愁を記した詩を創作し、フランコ没後の 1977 年に帰国する。

11. 在位前 27 ～後 14 年。
12. 当時ローマ人は、ヒスパニアをどう見ていたのだろうか。ローマの大詩人ホラチウス（前 65 ～前 8）の次の詩（歌集・Ⅱ・6）は印象深い。

かの地は他のどこよりも私に微笑みかける。
その地の蜜蜂はイミトス山にも劣らず、
また緑のオリーブの実はペナロフと争う
春は長く、ジュピターはその地に暖かな冬を与える

（ジェラルド・ブレナン『グラナダの南へ――スペイン農村の民俗誌』岡住正秀・渡邉太郎訳、現代企画室、1992 年、表扉.）

「ローマ五賢帝」（九六〜一八〇）までの期間である。国境が強固で、内政もよく行われ、各属州には、多くの都市が建設され、この二百年の黄金時代は、「パクス・ロマーナ（ローマによる平和）」と言われている。この時期には、すでにヒスパニアから、ローマ本国人より優れた逸材、それも皇帝を輩出するようになっていた。

この「ローマ五賢帝」の中に名を連ねる二名の皇帝はともに、セビーリャから北西九キロの、グアダルキビール川を見下ろす丘に、前二〇六年に植民市として築かれたイタリカ（現サンティポンセ）出身者であった。トラヤヌス帝[13]は、九七年にネルウァ帝の養子になり、翌年養父の死去にともない皇帝に即位する。彼は初めての「養子皇帝」であった。まず彼は、元老院と協調して国内政治を安定させ、先代の皇帝ネルウァが始めた寡婦や孤児の扶助を継続し、公的な教育機関を創設し、商業や交通の充実を計った。外交的には積極的で、二つの対外戦争に勝利を収め、ローマ帝国最大の版図を実現した。

もう一人の、ハドリアヌス帝[14]は、トラヤヌス帝が重病にかかったときに、養子になった。養父トラヤヌス帝が実践的な「ローマ人」だったのに反して、彼は「小ギリシア人」と言われただけあって、ギリシア的学芸を重視し、先代の外征政策を放棄して、帝国の維持と繁栄のみに尽くした。一二二年頃、属州ブリタニア北部を訪れた時、現在のスコットランドに移住していたケルト系カレドニア人の侵入を阻止するために、全長一二〇キロの堅

13. 在位 98〜117 年。
14. 在位 117〜138 年。

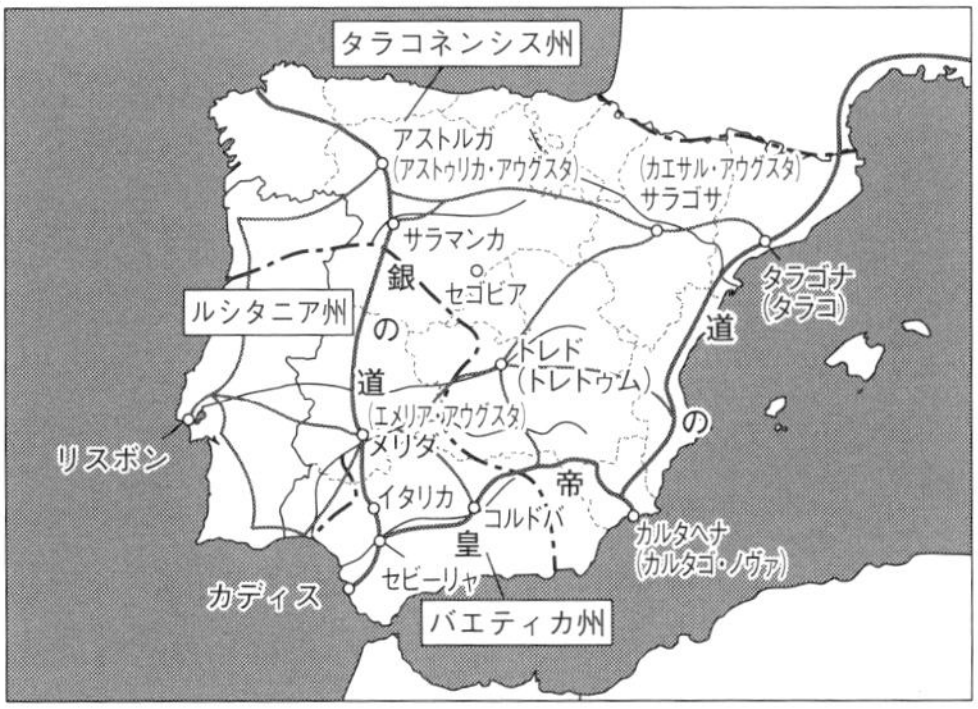

図 6　三属州体制（1〜3 世紀）のスペイン

固な石造りの防壁の建設を命じた。「ハドリアヌスの防壁」である。

植民都市と幹線道路の建設

アウグストゥスが着手したのは、義父カエサルが熱心に建設しようとした植民都市の建設であった。まずヒスパニアで退役したローマ軍の将兵たちの入植、新天地を求めてローマ本国から来たローマ人の移住などによるローマ式の本格的な新規の植民都市の建設、またかつてのフェニキア人、ギリシア人、カルタゴ人などの先住民族の植民都市の自治都市への昇格など、矢継ぎ早に進めたのだった。それらの都市に必要不可欠な寺院、円形劇場、サーカス、浴場、その他の公共施設なども建設した。

ローマが建設した代表的な植民都市は、ルシタニア州の州都エメリタ・アウグスタ（現メリダ）、タラコネンシス州の州都カルタゴ・ノヴァ（現カルタヘナ）、バエティカ州の州都イタリカである。この三つの州都をはじめ、半島内に三五の植民都市が建設された。この中で最大の都市はやはりエメリタ・アウグスタであった。次いで、イタリカ、コルドバ、カルタゴ・ノヴァ、タラゴナ、カエサル・アウグスタ（現サラゴサ）の順であった。

現在のメリダは、エストレマドゥーラ州の州都であるが、ローマ時代のメリダは、ローマ、コンスタンティノープル、カルタゴ、アレクサンドリア、ミラノ、アルル、アンチオキア、トレベス（トリーア）、カプア、アクィレイアと並ぶ古代ローマ世界の一一大都市の一つで、その第九番目に

図8　イタリカの遺跡（©スペイン政府観光局）

図9　ハドリアヌスの防壁

位置し、「小ローマ」と呼ばれていた。

　前二五年、皇帝アウグストゥスの命で建設されたメリダは、サラマンカ＝セビーリャ間、トレド＝リスボン間を結ぶ軍用道路の要として栄えた。前二四年に建設されたメリダの「ローマ劇場」は、大理石の二層の舞台、三二本のコリント式大理石柱、神殿様式の彫像、六千人の観客収容可能な半円形の客席など、最も原形に近い状態で保存されている。その隣の「ローマ円形劇場」は前八年に建てられたものだが、一万四千人の観客収容能力のある楕円形の壮大な闘技場で、中央には多目的スペースがある。今でも、二千年前のローマ市民の生活の豪華さをしのぶに足りる余韻を十分に残している。

　さらに都市と都市を結ぶ、または帝国の他の都市の交流のためにも、「すべての道はローマに通ずる」ようにしなければならなかった。幹線道路の建設も半島の経済的、文化的発展のために一刻の余裕もない緊急な事業であった。幹線道路から内陸部への支線ネットワークも次第に充実するようになった。幹線道路の中でも最も重要だったのは、アンダルシアから半島東部を北上し、ピレネーを越えてローマに至る「皇帝の道（ヴィア・アウグスタ）」、エメリタ・アウグスタ（現メリダ）とアストゥリカ・アウグスタ（現アストルガ）を結ぶ「銀の道（ヴィア・デ・プラタ）」である。

　幹線道路と不可分な橋も実に大規模なものだった。コルドバのローマ橋、メリダのローマ橋など、現在でも使われているものも少なくない。

図10　メリダのローマ劇場

図11　セゴビアのローマ水道橋

さらに、水道橋もたくさん残されている。最も有名なのは、紀元一世紀から二世紀にかけて造られたセゴビアのローマ水道橋である。全長七二八メートル、全部で一六七のアーチ。乾燥しきった標高一〇〇〇メートルの台地上の町セゴビアに、水道橋を、それも高架式水道橋を建設しようと考えること自体、現代人からすれば、幾分合理性を欠いた判断のように思えるのだが、彼らの夢にかける途方もない情念に今さらながら驚かされる。セゴビアの水道橋と比肩しうるのは、ほぼ同時期に造られたメリダの水道橋である。「奇跡の水道橋」と呼ばれ、全長八二七メートルもあったが、今では往時の姿は留めていない。現在、断続的に三七本の柱といくつかのアーチが残っているだけである。

半島の地場産業の中で、最も重要なのは、金、銀、銅、錫の鉱山業だった。フェニキア人たちの入植以来、どの民族も必ず豊かな鉱山に触手を伸ばし、ローマが制圧するまでの鉱山や採掘権は資産家の個人所有であったが、やがてローマ軍の制圧以降、多くの鉱山は皇帝領とされ、ごく限られたローマの特権階級の所有物と化していた。従って、鉱山から算出される収益がヒスパニアに大きな富をもたらしたわけではなかった[15]。

キリスト教の伝来

イベリア半島のローマ化の中で最大の出来事は、キリスト教の伝来であった。それは一世紀中葉、聖パウロによってもたされたとされている。

15. 前1世紀のディオドロスの『初期ローマの歴史』は、当時の鉱山奴隷のおかれた状態をこう赤裸々に述べている。

「ローマ人がイベリア半島を征服すると、古代イタリア人が大挙して鉱山に押し寄せ、巨大な富を築き上げた。彼らは大量の奴隷を買い取り、鉱山で採掘を行わせていた。ヒスパニアの鉱山の所有者は、期待通り巨万の富を手にしたのである〔中略〕。奴隷は、鉱山所有者のために信じられないほどの富を掘り起こしながら、昼も夜も働かされ、ときにはあまりにも激しい労働のために息も絶え絶えになって、死の淵をさまよった。奴隷には休日も休み時間もなかった。それどころか、監督に殴られ、人間には耐えられないほどの疲労を耐え忍ぶことを強いられて、命を失うありさまだった。屈強な肉体や、精神に漲る力によって生き延びることができたとしても、手に入れることができたものといえば、ただ永遠に続く悲惨な毎日だけである。これほど辛い人生なら、死んだ方がましだと思ったに違いない」(J・アロステギ・サンチェスほか『スペインの歴史』立石博高監訳、竹下和亮・内村俊太・久木正雄訳、明石書店、2014年、p.22.)

まず、地中海沿岸地方に広まり、その後ローマの権勢と文化に完全に支配されていた都市部へと浸透していった。二世紀末から三世紀にかけて、とりわけ都市部で多くの殉教者を出したが、それでもキリスト教は半島深く根を下ろしていた。三〇六年、イリベリス（現エルビーラ、グラナダ近郊）で宗教会議が開かれた。一九名の司教が参加した。三〇八年、サラゴサで宗教会議が開かれた。三一三年二月、コンスタンティヌス大帝[16]は、信教の自由、没収していた教会財産の返却などを定めたミラノ寛容令を属州長官宛の書簡の形で発し、キリスト教が公認される。ちなみに教皇ダマスス一世[17]は、カタルーニャ人であった。

属州ヒスパニアの崩壊

属州ヒスパニアが、異民族から攻撃の的になったのは、太平の夢をむさぼっていた「パクス・ロマーナ」の終焉に向かう頃であった。いわゆる五賢帝最後の皇帝マルクス・アウレリウス[18]の治世であった。一七一年、北アフリカのマウリ族のバエティカ州への侵入、次いで一七七年、同じくマウリ族の侵入に対して、帝国側は撃退したのだった。それ以降、ヒスパニアは四方から蛮族の侵攻に悩まされ、こうした対外的危機が内部の結束を強化するのではなく、内部対立を激化させ、かてて加えて外部からの侵入を増大させる。一九三年、百数十年ぶりに帝位をめぐる内乱が発生した。まさに内憂外患的状態である。こうした状況には、時として軍事エリートが

16. 在位 306～337 年。
17. 在位 336～384 年。
18. 在位 161～180 年。

台頭するのだ。ローマ帝国も例外ではなく、外敵に勝利した指揮官は、自らを「皇帝」と僭称し、「軍人皇帝」なるものが跳梁跋扈するのである。軍人皇帝は二三五年から二八五年まで五〇年間続いたが、その間、実に二四人の軍人皇帝が誕生したのだった。大雑把に言えば、二年に一人。これでは帝国も安定しない。三世紀末にヒスパニア管区代官の元に七人の属州総督が置かれ、七属州体制が敷かれた。これ以降、この体制が続くことになるが、こうして七世紀も続いたローマ属州ヒスパニアも、すでに風前の灯火となっていた。

図 12　セネカ

【余談】ヒスパニア出身で、ローマで活躍した文人の筆頭といえば、ルキウス・アンナエウス・セネカ（前 1～65 年頃）である。彼はコルドバの名門騎士の家系アンナエウス家に生まれ、ローマで修辞学や哲学を学んだ。健康を害したこともあって、財務官となったのは 30 歳位であった。哲学者で、ネロ皇帝の教師として有名であった。その後、官僚としては出世するが、65 年にネロ皇帝暗殺の共謀容疑で自決を命じられ、悲壮な最期を遂げる。彼の遺した作品は『対話篇』（全 13 巻 10 編）、『自然研究』（全 7 巻）『ルキウスに宛てた倫理書簡集』（全 20 巻 124 編）、『悲劇集』（9 編）などである。

3 西ゴート王国

西ゴート族の侵入

西ゴート族は、他のゲルマン民族の大移動の気運を促したといわれている。もともとスカンディナヴィア半島のスウェーデン南部に住んでいたゲルマン系の西ゴート族は、丸い盾、短い剣で装備し、王族に対する恭順の姿勢を維持する民族だった。やがて彼らは、ルーマニア、ブルガリア経由で南下し、三七五年、ドナウ川を渡って脆弱化したローマ帝国領内に侵入開始する。その二〇年後の三九五年、かねてから西ゴート族に好意的だったローマ皇帝テオドシウス一世[1]の死によって、帝国の東部を長子アルカディウスが、西部を次子ホノリウスが継ぎ、ローマ帝国は東西に分割統治される。この二人の兄弟とも父親が西ゴート族に定住する領土譲渡の約束を反故にする。

四世紀末、広大なローマ帝国の領土を目指してさまざまな蛮族が大挙して侵入した。こうした蛮族の討伐には蛮族が最適であろうと考えていたローマ帝国は、国土防衛のための傭兵としての契約を西ゴート族と交わす。彼らの不退転の忠誠心や勇猛果敢な戦力などを信頼したからだった。二心なき傭兵として定住することが許されたのである。しかし、彼らは、傭兵といえども、道徳的に堕落した帝国の支配階級と対立するようになり、支

1．在位379～395年。

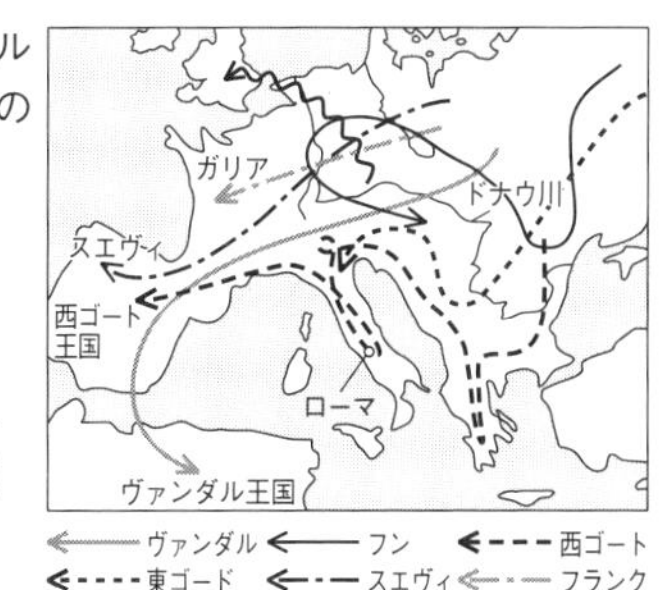

図1　ゲルマン民族の侵入

図2　ヒスパニア7属州体制

配階級も雇い入れた傭兵たちに過酷な弾圧で対応したために、四一〇年、西ゴート王アラリック一世麾下[2]の四万人の西ゴート軍がローマをはじめ諸都市を武力制圧する。西ゴート軍の途轍もない破壊行動によって、三日間も燃え続けたローマは、さながら火の海と化したのだった。[3]

ゲルマン三民族のヒスパニア侵入

この三年前の四〇七年、西ゴート族の大移動に刺激されたスエヴィ族、アラン族、ヴァンダル族のゲルマン三民族が、はるかヨーロッパから、一斉にライン川を渡ってローマ帝国ガリア（現フランス）に侵入し、約三年間ガリアを席巻したのちの四〇九年末、ピレネー山脈を越えてヒスパニアに大侵入を開始する。雄々しき先陣を務めたのはヴァンダル族だった。次いで、アラン族とスエヴィ族が続く。彼らの大半は長身、金髪で、粗野な遊牧民族であり、都会的で贅を尽したローマ文化など歯牙にもかけなかった。三民族によるイベリア半島席巻の勢いは、もはやローマの軍事力だけでは到底阻止できるものではなかった。はたせるかな、イベリア半島内の五属州のうち、ローマ軍が防衛できたのは、北東のタラコネンシス州だけで、それ以外の四州はゲルマン三民族に蹂躙された。ヒスパニアの秩序と治安は大混乱を引き起こしたものの、やがて、侵攻してきたゲルマン三民族を西ローマ帝国の「同盟者」として扱うことで事態を収拾する。[4] つまり、彼らは、西ローマ帝国の軍団として分配された場所に定住し、その土地を

2．在位 395～410 年。
3．このローマ炎上について、ギボンは次のように語っている。
「彼らの慈悲心をとかく誇張しようとする傾向の最も著しい著作家たちすら、ローマ市民の残忍な大量殺戮があったこと、市中の街路に死骸の山ができ、全市の驚愕が続いたあいだそれらが埋葬もされずに放置されたことを、何の虚勢もなく公にしている。……はじめサラリア門から入城した彼ら（西ゴート兵）は、進軍の道しるべと、もし市民の注意を脇にそらすためもあって、まず近隣の家々に火を放った。炎は夜の混乱のうちに何の障害にも出会わず、多数公私の建物を焼き、歴史家サルスティウスの邸の廃墟などは、ユスティニアヌス大帝（東ローマ皇帝、在位 527～565）の治下までも、ゴート軍による大火の堂々たる記念物として残存していた。」（エドワード・ギボン『ローマ帝国衰亡史 第Ⅴ巻』朱牟田夏雄訳、筑摩書房、1987 年、pp.128-129.）
4．関哲行・立石博高・中塚次郎編『スペイン史』１、山川出版社、2008 年、p.35.
5．在位 395～423 年。

含めて帝国のほかの領土を防衛する義務を負う。

一方、ガリアに定住した西ゴート族は、四一五年、西ローマ帝国のホノリウス皇帝[5]の同盟軍としてバルセロナを占領し、次いで翌四一六年、北東部のタラコネンシス州に定住していたヴァンダル族を掃討し、再びガリアに戻り、四一八年、トロサ（現トゥールーズ）に首都をおく西ゴート王国を建国する。トロサを軍の拠点地として、ヒスパニアの動静を注視することになり、また再び、西ローマ帝国の同盟国として、ヒスパニア定住のゲルマン掃討作戦に着手する。その結果、スエヴィ族だけが北西部のガリシア地方に逼塞し、アラン族はポルトガルへ、ヴァンダル族はアンダルシアへ、さらに北アフリカ[6]へと渡った。

隆盛期の西ゴート王国

西ゴート王国による三民族の放逐作戦に成功したために、今や無力同然な西ローマ帝国は、すでにローマ化された西ゴート族を南ガリアに定住・支配させ、属領ヒスパニアを防御させ、統制させる協定を結ぶ。これこそ、西ゴート族にとって本格的な半島征服の幕開けを意味していた。これ以降、西ゴート族の半島への進出も多くなったが、それでも、西ゴート王国の本拠地は南ガリアであった。その後、西ゴート王国は着実に版図を拡充し、五世紀後半のエウリック王[7]の治世には、ヒスパニアへの数次にわたる軍事遠征の成果であろうが、北西部で建国したスエヴィ王国を除くヒスパニア

6．ヴァンダル族の破壊は「ヴァンダリズム」という語として現代まで残っている。彼らが向かったのはカルタゴであった。
7．在位 466～484 年。
8．在位 475～476 年。
9．前出『スペイン史』1、2008 年、p.39.

全土が、西ゴート王国の勢力圏に組み入れられた。この時期が西ゴート王国の最盛期になる。四七六年、西ローマ帝国皇帝ロムルス・アウグストゥルス[8]が傭兵隊長オドアケルによって廃位される。[9]これが西ローマ帝国における皇帝の直接統治の終焉であった。これによって、領土の拡張を目論む西ゴート王国にとって桎梏となるものがなくなり、南ガリアとヒスパニアの支配圏をしっかり固めることができた。つまり、これを機に本格的な国家建設に着手することになる。その一環として、エウリック王[10]の治世期に、ローマ系住民に適用されていたローマ法とは別に、ゲルマン法をラテン語で成文化した独自の法典が編纂され、王国内のゲルマン人に適用された。それに前述したように、四七六年に西ローマ帝国の消滅によって土地の権利関係が曖昧になりかかった、ローマとの契約で認められていたゴート族の権利の確認も含まれていた。これは四八〇年に成立し、『エウリック法典』[11]と呼ばれた。

エウリックの後継に収まったアラリック二世[12]は、内政基盤と軍部の拡充を意図して、従来通り首都をトロサに置き、南ガリアとヒスパニアの二つの属州、それに先住民族であるローマ系住民（イスパノローマ人）を統治する姿勢を明確にしなければならなかった。そこで、西ゴート王国内に暮らすローマ系住民を対象とする法典が新たに編纂され、五〇六年に発布された。これは『アラリック法典』と呼ばれた。これもやはり、ゴート族とローマ系住民との権利関係を整理するためでもあり、かつ彼らの市民権を

図２『アラリック法典』写本（クレルモン=フェラン蔵）

10. 在位 466〜484 年。
11. ゴート人とローマ人の権利関係については、『エウリック法典』に以下のような条文がある。

「ゴート人が到来して、ある土地が占有、売却、譲渡、分割、その他の手段によって奪われた場合でも、その土地が以前にローマ人のものであったことが証明されれば、そのローマ人の所有権が保持される。しかし、その土地の所有権について明示の証拠がなく、あるいは守るべき境界線が明確でない場合には、当事者が合意して選んだ裁判官による裁判にゆだねなければならない。」（鈴木康久『西ゴート王国の遺産——近代スペイン成立への歴史』中公新書、1996 年、p.118.）
12. 在位 484〜507 年。

より明確に規定することになった。

西ゴート王国の首都トレド

その翌年の五〇七年、ガリア北部で軍勢を強化していたクローヴィス一世[13]が率いるフランク王国軍が急遽南進し、西ゴート軍とヴィエで激突する。この戦いで敗北し、しかも国王アラリック二世を戦死させてしまった西ゴート王国は、ガリアのローヌ川以西の地中海沿岸の僅かな版図を残し、南ガリアの領地を放棄し、大挙してピレネー山脈を越え、イベリア半島に西ゴート王国を再建する。西ゴート王国に残された南ガリア領土は、地中海沿岸のガリア・ナルボネンシス、またはセプティマニアと呼ばれ、西ゴート王国滅亡まで、この王国の版図であった。

ヴィエの会戦[14]の敗北から、五六八年のレオヴィギルド王[15]の即位までのほぼ半世紀の間、西ゴート王国は混迷を重ねていた。富と権力に対するあくなき欲求が、王位をめぐる争いを噴出させた。ちなみに、この僅か五〇年の間に、なんと八名の国王が即位したのだった。簒奪（さんだつ）、暗殺（下手人不詳）、親子間の殺害、弑逆（しいぎゃく）の日常化が、西ゴート王国を脆弱化させ、隣接する国からの軍事侵略に何とか対峙せねばならなかったものの、次第に版図が縮小するのは避けがたかった。まず、東ゴート王国軍が同胞の誼として西ゴート王国の支援という名目を掲げ、ヒスパニアに侵攻する。ついで、この東ゴート王国軍を排斥した東ローマ帝国軍が南から侵入し、半島のほぼ南半

13. 在位482～511年。
14. ヴィエの会戦について、ガリアの司教グレゴリウスはこう総括している。
「三位一体を信じたクローヴィス王は、その助けによって異端者たちを制圧し、彼の王国を全ガリアに広げた。これを否定したアラリックは、王国の人びとも、一層重要なことには、彼自身の永遠の生命も失った。（中略）当時すでにガリアの多くの人びとは、フランク人を主人に持つことを心の底から願い求めていた」（前出『スペイン史』1、2008年、p.42.）
15. 在位568～586年。
16. ナイジェル・クリフ『ヴァスコ・ダ・ガマの「聖戦」——宗教対立の潮目を変えた大航海』山村宜子訳、白水社、2018年、p.28.

分を制圧する。当時の西ゴート王国の隣国は、北のフランク王国、このフランク王国に急接近しているヒスパニア北西部のスエヴィ王国、アンダルシアを拠点とする東ローマ帝国であり、これら三王国は、こぞってカトリックであった。当時は単一のキリスト教というものは存在していなかった。ギリシア、ローマ以外の人々はアリウス派キリスト教を信奉していた[16]。アリウス派キリスト教を信奉する西ゴート王国にとっては全くの四面楚歌であった。アリウス派キリスト教とは、イエス・キリストの神性の否定を宣言し、「御父」と「御子＝イエス・キリスト」の関係は、「聖霊」とともに、対等な三者ではなくて、「御父」の方が「御子」よりも上位であると規定し、従って、カトリックの信ずるところの「三位一体」を否定する立場であった。この立場は、確かに大衆に受け入れられたが、カトリックの神学上の教義からすれば、到底容認できない、神をも恐れぬ異端として断罪されたのだった。

ところで、レオヴィギルドの兄、リウヴァ一世[17]は南ガリアのガリア・ナルボネンシスへのフランク王国の勢力伸長に警戒してこの地にとどまり、弟のレオヴィギルドにヒスパニアの統治を任せることとした。二人兄弟による「ヒスパニアの「共同統治」である。五六八年、即位したレオヴィギルド王は、トレドに遷都する。

いよいよ、トレドである。三方をイベリア半島最長のタホ（テージョ）川に護られ、その起源が先史時代にさかのぼるトレドは、褐色の岩盤の上

17. 在位567～572年。

図3　トレドの遠景（©スペイン政府観光局）

に屹立する要塞都市である。海抜五三〇メートルの断崖絶壁の天然の堡塁をなしている。

紀元前二世紀ごろ、ローマ人が築いたトレトゥムという名前に由来すると言われている。ローマ時代のトレドは、四〇〇年にキリスト教の司教会議が開かれたこと以外、おそらく、たいして重要な町ではなかったろう。約七世紀におよぶローマ時代の植民地都市は、ほぼ地中海沿岸か、アンダルシア地方に限られていたからだった。現在のトレドは、あのエル・グレゴ[18]の傑作《トレドの風景》とさして大きく変わっていない。「一六世紀で歩みを止めた町」とは、よく言ったものだ。

トレドは、難攻不落の城塞であるがゆえに、スペインに侵略した幾多の民族がこの町をおのれの手中に収めようとした。つまり、トレドを占領するまでは、侵略軍の総帥は、スペインを征服したと豪語できなかった。それは二〇世紀最大の民族的悲劇であるスペイン内戦（一九三六～三九）も例外ではなかった。ちなみに、一九三六年七月、内戦勃発直後、軍事クーデタに失敗した約千百人のモスカルド大佐指揮の叛乱軍がトレドのアルカサール（廃校になった陸軍士官学校）に、共和派の五百人ほどの婦人や子供、百人くらいの共和派活動家を人質にして立て籠もった。このアルカサールを包囲した共和国軍はモスカルド大佐の息子ルイスを捕らえ、ルイスの釈放とアルカサールの撤退を交換条件として提示するが、モスカルドはそれを拒否する。八月下旬、ルイスは叛乱軍によるマドリード空襲の報復と

18. 1541～1614年（本名：ドメニコス・テオトコプロス）。

図４《トレドの風景》（エル・グレコ画、1596-1600年、メトロポリタン美術館蔵）

して処刑される。九月二七日、マドリードへ進軍中のフランコ将軍麾下の叛乱軍の獰猛なアフリカ人部隊が急遽モスカルドの叛乱軍を救出する。その救出戦後の掃討作戦によって、六百人余りの共和派の人質の消息は全く不明となった。アルカサールの解放後、その入り口でモスカルドはフランコをむかえ、「アルカサール、異常なし（シン・ノビダー）！」と挨拶して握手した。この「異常なし」は、三六年七月一七日夕方、北アフリカのスペイン軍駐屯地でクーデタを起こした叛乱軍がスペイン全土の駐屯地に送った軍事叛乱開始の「合言葉」であった。

ことほどさように、トレドにまつわるエピソードは尽きない。「もし一日しかスペインにいられないなら、迷わずトレドに行くべきである」と言われているように、トレドは「スペインの全歴史の坩堝」のような町である。

西ゴート王国中興の英主・レオヴィギルド王

レオヴィギルドが即位した二年後の五七〇年、突如、攻撃してきた東ローマ帝国軍を迎撃し、さらに自軍をアンダルシア地方に進め、主要都市に駐屯中の東ローマ帝国軍に総攻撃を仕掛け殲滅（せんめつ）した。またガリシア地方のスエヴィ王国に侵攻し、いつでも止めを刺すことができる構えを見せる。

さらに中央集権化を進めるレオヴィギルドは国内の反対勢力を粉砕し、あるいはあらたな町を興すなど着実に国内の復興に専念する。これで、今までの国内の叛乱や隣国からの軍事攻勢によって失われた領土を大幅に回

図５　スペイン内戦期のアルカサール（1936 年 7～8 月）

復できたのだった。

五七二年、兄のリウヴァ一世の死によって、二つの領土の統治が弟のレオヴィギルド王の双肩にかかってくる。彼には二人の息子、ヘルメネギルドとレカレドがいた。五七九年、長男のヘルメネギルドにフランク王国のシグベルト王のイングンデ王女と結婚させ、ガリア南部の統治権を譲渡する。こうした婚姻関係を構築することでフランク王国との友好関係を維持しようとした。ところが結婚後間もなく、ヘルメネギルドはカトリックの洗礼を受ける。カトリック教徒になったのだ。これまで、アリウス派キリスト教徒を標榜し多くのカトリックの聖職者や教徒を迫害してきたレオヴィギルドにとって長男といえどもカトリックへの改宗は許されぬ裏切りであった。国王はヘルメネギルドを何とか説得しようと試みるが、ヘルメネギルドは父親の願望を断固拒否する。親子にもかかわらず、相互に譲らなかったために、ヘルメネギルドはセビーリャに籠城し、父親の宿敵である東ローマ帝国に軍事援助を要請する使者を派遣する。「ヘルメネギルドの叛乱」(五七九～五八四)である。翌五八〇年、レオヴィギルドは宗教的統一を試みるために、首都トレドにアリウス派の司教会議を招集する。「三位一体」を構成する「御父」と「御子」が同等と位置づけるという、教義の変更を容認させる。この折衷的な変更に対するカトリック教会側の反発は予想外に強かった。セビーリャでも一大蜂起が起こった。この蜂起の黒幕はなんとヘルメネギルドだった。

図7　セビーリャのヘルメネギルド教会(Wikimedia Commons, Carlos V de Habsburgo-CC BY-SA 3.0)

図6　西ゴート時代の柱を利用したモスク(トレド)

五八一年、レオヴィギルドはセビーリャに逃げ込んだ長男を追撃するための軍を派遣する。ところで宗教上の理由でフランク王国と西ゴート王国の間で揺れ動いていたスエヴィ王国のミロ国王[19]も、レオヴィギルド王に恭順の意を示し、五八三年、セビーリャに出陣する。この出陣中にミロ王は没し、スエヴィ王国は西ゴート王国の属州に組み込まれてしまう。翌五八四年、タラゴナ近くでヘルメネギルドを逮捕し、その翌年処刑する。こうして親子間の骨肉の争いとなった深刻な宗教対立は一応終息する。これは、西ゴート族と先住民族のイスパノローマ人との間の宗教的対立も解消されたのだった。たしかに、両者のあいだでの、人種、宗教、文化、習慣の差異を抱えたまま共存するが、その断絶は根深かった。半島の征服者西ゴート族はせいぜい二〇万人、被征服者イスパノローマ人は少なくとも六百万人とされる。[20]こうした人口比のアンバランスからしても、文化的、宗教的な面ではイスパノローマ人の方が断然優位に立ち、カトリックとアリウス派キリスト教との対立関係からわかる通り、西ゴート族を吸収したのである。

カトリック教国西ゴート王国とユダヤ人の迫害

五八六年、レオヴィギルド王が死去し、その後継に次男がレカレド一世[21]として即位し、間髪を入れず、カトリックに改宗する。かくして父と息子の、西ゴート族とイスパノローマ人との積年の熾烈な宗教的対立はつつが

19. 在位 571 ～ 583 年。
20. 立石博高・関哲行・中川功・中塚次郎編『スペインの歴史』昭和堂、1998 年、p.16.
21. 在位 586 ～ 601 年。

図８　レカレド１世

図９　西ゴート王の奉納用王冠（マドリード国立考古学博物館蔵）

なく解決を見たのだった。そして五八九年にレカレド王が召集した第三回トレド宗教会議においてアリウス派の放棄とカトリック改宗を公に宣言したのだった。爾来(じらい)、西ゴート王国においては、脆弱な国家権力がカトリックの教義と教会組織を活用して国民を統治するようになり、その結果、教会の国家機構への介入ないし干渉をある程度許すことになった。

それにしても、レカレド王には、父王も達成できなかったもう一つの重大な国家的使命があった。それはアンダルシア地方に駐屯し、いつでもトレドを急襲できる構えを見せている東ローマ帝国軍の掃討であった。しかし、この作戦が首尾よく達成できたのは、レカレド王治世からほぼ四半世紀後の、スウィンティラ王[22]の六二五年頃である。これ以降、ヒスパニアの全域は単一の西ゴート王国によって統治されることになった。

カトリックが国教になると、以前には存在しなかったものが、俄かに深刻な問題として浮上する。ユダヤ人問題である。これには、社会的な問題と宗教的な問題があった。西ゴート王国にとって南からの脅威は、ジブラルタル海峡を挟んでいた北アフリカのイスラム教徒勢力であった。だがこの中に自由に商業活動していたユダヤ人が現実に西ゴート王国内に住み着くのは、やはり容認しがたく、ユダヤ人排斥の口実になった。アリウス派キリスト教時代においては、西ゴート王国内ではユダヤ人に対する宗教上の理不尽な差別や迫害などはなかった。ユダヤ人の迫害と排斥の嚆矢は、レカレド王であった。それも、トレド宗教会議の議決という問答無用的な

22. 在位621～631年。

図10　西ゴート期のサン・フアン・デ・バーニョス教会

カトリックのお墨付きが付いていた。五八九年の第三回トレド宗教会議はユダヤ人の奴隷所有、キリスト教徒との通婚の禁止。六三三年の第四回トレド宗教会議はユダヤ人の公職禁止。王制とカトリック教会の提携強化の宣言。六八〇年の第一二回トレド宗教会議は、ユダヤ人に対する加重的厳罰規定の復活。具体的には、二八項目に及ぶユダヤ人に対する改宗の強制法の追認。六九四年の第一七回宗教会議は、ユダヤ人たちの王国転覆の陰謀が発覚したために、従来の反ユダヤ法を逸脱した厳罰法、つまり全ユダヤ人の財産没収と永久奴隷とすると規定。このように、カトリック教会と提携した王権が断行したユダヤ人問題の解決法[23]。これがはたして絶えず戦力を増強しつつ、近隣諸国と対決せざるを得なかった西ゴート王国の取るべき政策だったのだろうか。

西ゴート王国の滅亡

西ゴート民族が、テオドリック一世[24]のもとで建国した四一九年以来、七一一年の滅亡までの、三百年の間に、実に三六名の国王が誕生した。これは平均すれば、国王の在位期間は九年に満たない。これでは、西ゴート王国は不安定で、疲弊するのは当然であり、半島侵入を狙う他民族にとってまことに好都合な状態であった。

七一〇年、ウィティザ王[25]の死去が、またもや王位継承問題を惹起させた。ウィティザの息子アキラが即位しようとしたが、有力者のロドリゴが謀反

23. 前出『西ゴート王国の遺産』1996年、pp.89-114.
24. 在位418～451年。
25. 在位700～710年。

図11 《ロドリゴ王》（ベルナルド・ブランコ画、1871年、プラド美術館蔵）

を起し王座に就いた。そしてロドリゴによる簒奪後、反ロドリゴ派勢力はこれに激しく抵抗し、国内が内乱状態に陥ってしまった。

七一一年七月、かねてよりイベリア半島侵攻を目論んでいた北アフリカのモロッコの二万五千人ものイスラム教徒が半島に侵入する。この時、西ゴート王国のロドリゴ王[26]はバスク人の叛乱を鎮圧するために、パンプローナに布陣していた。北アフリカから、イスラム教徒が大挙してイベリア半島に攻め込んできたという知らせを聞きつけたロドリゴは急遽、総勢十万人ともいわれる西ゴート軍を引き連れて、セビーリャ南部のグアダレーテ河畔で激突するが、完敗してしまう。味方の将軍の裏切りや将兵の士気喪失がその原因だといわれる。ロドリゴ王は、国王の肩章帯と手袋を残したまま消息を絶った。実にあっけない敗北であり、西ゴート王国の滅亡であった[27]。

26. 在位 710～711 年。
27. ロドリゴ王の最後を伝承歌謡「亡国の歌」は次のように歌っている。
「昨日はスペインの王だった／今日は町の長(おさ)でもない／昨日は町と城とを持っていたのに／今日はもう何もない／昨日は召使(しもべ)があったのに／今日は仕える者となく／これこそまさにわが物と／言える矢狭間さえもない／生まれた時が悪かった／こんな大きい王国を／継いだあの日も悪かった／ただ一日で何もかも／失わなければならぬとは！／おお死よそちは何故に／わしを迎えにこないのか／そしてわしの魂を／こんな卑しい体から／奪い取ってはくれぬのか／さすればそちにこのわしも／感謝の言葉をのべるのに」（橋本一郎『ロマンセーロ――スペインの伝承歌謡』新泉社、1975 年、pp.2–3.）

4 イスラム・スペイン

イスラムの侵入

七一一年四月、イスラム教に改宗したベルベル人[1]のターリク・ブン・ズィヤードに率いられた七千人のイスラム勢力が、北西アフリカのセウタからイベリア半島南部に侵入開始した。彼らが上陸した岩は「ターリクの丘」(アラビア語でジャバル・アル・ターリク、英語でジブラルタル)と名付けられた。彼らは北西アフリカのマグリブ出身のベルベル人であった。七月、ターリク軍を迎え撃つべく西ゴート王国のロドリゴ王は自軍を指揮して応戦するが、敗退し、消息を絶った。その翌年、ターリクにイベリア進攻を命じた西マグリブ総督ムーサー・ブン・ヌサイルも、西ゴート王国の意外なほどの脆弱さがはっきりしたので、一万八千人のアラブ人とベルベル人の混成兵力を率いて半島に侵攻し、王都トレド近郊でターリク軍と合流し、七一三年、トレドを占領する。これで西ゴート王国の終息は決定的となる。実は、両軍はトレド近郊で合流する途上で、コルドバ、セビーリャ、メリダなどを制圧していたのだった。それも向かうところ敵なしの進軍に次ぐ進軍、無血占領であった。さらにサラゴサを陥落させた。ムーサー総督の息子アブド・アルアジーズも北部を除く、ポルトガル方面、バルセロナの東沿岸などを占領し、七一四年までにイベリア半島のほぼ全域

図1　750 年頃のイスラム世界

をイスラム勢力の支配下におさめた。彼らが獲得した領土を、ダマスカス・カリフに従属するアミール（総督）領の、「アンダルス」と命名した。コルドバを首都と定めた。

　わずか二万五千人ほどの両侵略軍がどうしてこのような破竹の勢いで進軍できたのであろうか。まず王位を簒奪したロドリゴ王に敵対する反ロドリゴ勢力をはじめ、西ゴート王国では王位継承をめぐって内部対立や抗争が絶えず発生し、四分五裂していた。半島に残留した西ゴート王国の貴族や有力者たちは自らの領地や財産の保全と信仰の自由の保障を条件に、侵略軍に全く武力抵抗をしなかった。西ゴート王国末期に残虐な対ユダヤ人政策が吹き荒れ、理不尽な弾圧や殺戮の真っ只中に呻吟させられてきたユダヤ人たちも侵略軍を歓迎した。ローマ時代に建設された幹線道路や軍用道路を活用できた四通八達の地であった。課税負担は全体として、西ゴート時代末期と比べると軽かった。イスラム教徒に改宗した農奴は自由人に昇格し、ユダヤ人たちは従来のような残酷な宗教的な差別を受けず、キリスト教徒と同等に扱われるようになった。征服者であるイスラム教徒は、当時、単純な教義と厳格な戒律のもとに生活していたのであり、キリスト教徒やユダヤ教徒も、イスラム教徒と同様に「聖典の民」であったので、寛大に扱い、宗教的に対立を起こさなかったからである。[2]このようにして、イスラム・スペインにおいて、全く新しい社会が生まれたのである。それにしても、これに続いて北アフリカから半島に渡ったイスラム教徒の総数

1．ベルベル人とは、北アフリカからサハラ砂漠にかけて、先史時代から住んでいる民族で、旧来のハム・セム語族（アフロ・アジア語族）に属するベルベル語を話す人々での総称である。「ベルベル」という呼称はギリシア語のバルバロス（非文明、野蛮な人間，あるいは、訳のわからない言葉を話す人々という意味）に由来すると言われている。彼ら自身は「アマジフト」（自由な人間という意味）と自称する。人種的にはコーカソイド（白色人種群）に属するが、黒色人種との混血も見られる。（参考：石原忠佳・新開正『ベルベル人とベルベル語文法――民族・文化・言語：知られざるベルベル人の全貌』新風舎、2006 年、pp.10–17.）

2．前出『ヴァスコ・ダ・ガマの「聖戦」』2018 年、p.26.

は、当時の半島の先住民の総数と比べれば圧倒的に少なく、六万人を越えないだろうと言われている。

先住民の中で言語や文化的にはアラブ化したがキリスト教に固執する人は「モサラベ」と呼ばれ、特に迫害されずに、イスラム教徒より高額な人頭税や税金を払うことによって今まで通りの信仰の自由や土地、家屋の所有が認められた。モサラベの多くは、一定の資産や職業を有する都市生活者であった。また、イスラム教に改宗し、「ムラディ」と呼ばれる人もいた。彼らの大部分は貧しい農民であるが、奴隷もイスラム教徒になれば自由人となれるので、すすんでムラディとなった。西ゴート王国の貴族の中にも、たとえば、エブロ川流域一帯に勢力を誇っていたバヌ・カシ家のように、イスラム教に改宗し、アラブの貴族としての矜持を維持する人もいた。さらにイスラム教徒の指導者と婚姻関係を結び、支配階級と一体化する人もいた。

イベリア半島のほぼ全域を支配したイスラム勢力は、余勢をかって、ピレネーを越えて、遠征軍を南ガリアに派遣した。しかし、この遠征軍は、半島で体験したように無敵というわけにいかなかった。何回か軍事的挫折を嘗めるが、七三二年、トゥール・ポワティエの戦いで、カール・マルテル軍に撃退され、これでイスラム軍が撤退する。七四〇年頃になり，征服者としての土地や戦利品の分配をめぐって、また総督の交代にまつわる人事抗争などで、アンダルスの政治的・社会的不安定状況がおさまらず、南

図2　アンダルス

ガリア方面に触手を伸ばす状況ではなくなった。それにもかかわらず、サラゴサ（上辺地）、トレド（中辺地）、メリダ（下辺地）の三都市を、今後、キリスト教徒圏へ進攻するに際しての最前線出撃基地として活用した。

もともと半島に侵入したイスラム教徒軍といっても、ベルベル人部隊とアラブ人部隊とは別個に存在していた。従って、領土獲得のための戦闘が終了し、次いで兵士たちが入植者として半島に残留することになるが、先発のベルベル人部隊、その後に半島に新天地を求めて移ってきたベルベル人農夫たちは、北部か、山岳地帯に入植し、アラブ人将兵は都会に暮していた。これでベルベル人とアラブ人との間で対立が起こり、具体的には、ベルベル人は数の上では圧倒的に多かったが、不便な辺境の地で、時には北部キリスト教徒勢力との摩擦が起こり生活も安定せず危険でもあったために、七四一年、コルドバでベルベル人が大規模な叛乱を引き起こした。これを鎮圧するために、シリアからの援軍を呼び寄せ、叛乱の鎮圧後彼らも入植者となる。ここでも「土地の者たち」とシリア軍が対立・抗争することになる。土地をめぐって、征服者同士の対立は民族的な反目も加わってそう簡単に終息しなかった。七五六年の後ウマイヤ朝樹立までの半世紀間に延べ二〇人もの総督が交代するくらい政治的には不安定だった。

後ウマイヤ朝の誕生

七五〇年、イスラム帝国のダマスカスでアッバース革命が勃発し、一四

図3　コルドバのメスキータ全景（CC BY-SA 2.0, Toni Castillo Quero）

代続いたウマイヤ朝が倒れた。七六二年、アッバース朝はバグダードを首都と定め、イスラム圏の東半を支配し、東カリフ国と呼ばれた。[3] カリフの玉座を追われたウマイヤ朝の生き残りのアブド・アッラフマーンが、たまたま母親がベルベル人だったことから、その人脈をたどって命からがら逃亡先の北アフリカで雌伏五年、ついに七五六年五月にアンダルスに渡り、かつてのウマイヤ朝の家臣やシリア軍将兵などを糾合して、コルドバ総督のユースフ軍を壊滅し、みずからウマイヤ朝のアブド・アッラフマーン一世[4]として、アミールを宣言する。これによって、バグダードの中央集権的なイスラム帝国への政治的な従属関係を断ち、独自の後ウマイヤ朝が成立する。また、彼の名前を刻んだディルハム銀貨を発行した。これもアッバース朝に対抗する意図を明確に打ち出すためであった。

アブド・アッラフマーン一世は、アンダルス各地に頻発する叛乱や暴動の鎮圧に忙殺されながら、この新生国家の基盤を強化するために、徴税額を増額し、従来からの忠臣たちを公職に任命し、独自の傭兵集団を編成した。彼の晩年の七八五年、コルドバのモスクがキリスト教のサン・ビセンテ教会の敷地をキリスト教徒と折半して共同使用していたが、その折半部分を購入して、大モスクの改築に着手する。

これ以降、後ウマイヤ朝は一〇三一年まで続く。そうはいっても、初代アミールの治世から、ベルベル人とシリア軍将兵が重要視され優遇されてきたために、アラブ人は不満を抱き、トレドやメリダで叛乱を引き起こし

3．アッバースはとどめの一撃として、ウマイヤ朝の地位を追われた 80 人余りのいとこや親せきを正餐に招き、メインコースとして虐殺した。8 世紀にアッバース朝はダマスカスを捨て、チグリス川がユーフラテス川と最も近づく地点である、古代ペルシアの都市クテシフォンの廃墟から 30 キロ余りのところに首都を築いた。新首都は希望を込めて「マディーナ・アッサラーム」、つまり平和の都市と呼ばれ、のちにバグダードと改名された。（前出『ヴァスコ・ダ・ガマの「聖戦」』2018 年、p.38.）

4．在位 756 ～ 788 年。

た。また半島中部の不便なところに定住したベルベル人も叛乱を起こした。これ以外に、コルドバでは、宮廷の内部抗争、陰謀、住民の叛乱など枚挙に暇がなかった。とりわけ住民の叛逆は徹底的に鎮圧した。

先住キリスト教徒が、ムスリムに改宗する、あるいはキリスト教徒でありながらイスラム教やアラブの習慣に親しむ傾向について、はなはだ遺憾であるといきり立つ敬虔なキリスト教徒の聖職者や信者たちが、八五〇年代のコルドバを中心に「殉教運動」という奇妙で自虐的な運動を引き起こす。彼らは、政府高官や大衆の前で、預言者ムハンマドを公然と侮辱したり、罵詈雑言を浴びせたりして、みずから罪人として処刑してほしいと要求する。この人騒がせな宗教的対立から引き起こされる社会的な治安の悪化を苦慮した政府側は、公権力が執行する処刑による「殉教」をできるだけ避けるために、八五二年のコルドバ教会会議に出席するキリスト教会側に殉教を何とか鎮静化するよう要請する。それに応じたキリスト教側が、この殉教は自殺に他ならず、キリスト教の教義では自殺は地獄に堕ちる「大罪」にあたると宣言し、この運動に止めを刺した。[5]

後ウマイヤ期の絶頂期は九二九年である。アブド・アッラフマーン三世[6]が対処しなければならなかったのは、すでに八八〇年から始まっていた大掛かりなマラガ近郊での武力叛乱であった。これは、地方有力者イブン・ハフスーンが指揮した後ウマイヤ朝に対する叛乱であった。内戦と言われるほどの一進一退の激しい戦いが、難攻不落なボバストロの城塞の制圧に

5．前出『スペイン史』1、2008年、p.84.
6．在位912～961年。

図4　ディルハム銀貨（右）とディナール金貨

よって終結したのが実に九二八年であった。ボバストロ陥落の翌九二九年、アブド・アッラフマーン三世は自らを「カリフ」であると、また、アンダルスを「ウマイヤ朝カリフ国」と宣言する。これは、九一〇年にチュニスでカリフを宣言したファーティマ朝が北アフリカ一帯に勢力を拡張し、アンダルスがそれに対抗する措置であった。また、アッバース朝カリフの実権が弱体化してきたために今こそ出番だと判断したからだった。

アブド・アッラフマーン三世は、九三二年、最後の反カリフ勢力の本陣であるトレドを陥落させ、また自らの威勢を誇示するためにコルドバ近郊に新たに宮廷都市マディーナ・アッザフラーを建設した。また今まで通用していたディルハム銀貨に加えて新たにディナール金貨を発行した。そして、これらの新たに作られた貨幣には「アミール・アルムーミニーン（信徒たちの長）」という銘が刻まれた。こうした国内の諸問題を解決した後に、海外に目を向けてビザンツ帝国や神聖ローマ帝国と国交を締結した。

このような順風満帆なコルドバ・カリフを九六一年に継いだハカム二世[7]の治世に、国内の平和が続き、軍事力が更に強化され、アンダルスの北辺の防備も固められた。先代の治世から北アフリカの領有をめぐってファーティマ朝軍と干戈を交えたが、ファーティマ朝がエジプトに触手を伸ばしたために、北アフリカの領土をほぼ回復させ、さらにアンダルスを文化的にも、産業的にも充実させた。主に、都市では、絹織物、陶器類、金属製品、武器類、紙の生産と販売などであった。農村では、米作、砂糖キビ、

7．在位 961～976 年。

図 5　コルドバのメスキータの内部

図 6　マディーナ・アッザフラーで出土した象牙の小箱（ルーブル美術館蔵）

綿の栽培、オリーブや穀物の生産、灌漑の整備などであった。

後ウマイヤ朝の衰退と滅亡

後ウマイヤ朝に衰退の陰りを見せ始めたのは、ハカム二世の後継として、九七六年、わずか一一歳でカリフに即位したヒシャーム二世[8]の治世からである。幼い新カリフの母親アウロラと国令ムシャフィの二人が摂政となった。ところが軍人出身の貴族イブン・アビー・アーミルが、ムシャフィを殺害し、みずから国令と名乗り、コルドバの郊外に新しく宮廷都市マディーナ・ザーヒラを建設し、国家の行政機構と権力を専有した。

彼は事実上の独裁者となって、強力な軍事機構を使って北部のキリスト教王国に対して軍事作戦を発動し、九八一年、北部戦線で勝利してコルドバに凱旋したときに、みずから「マンスール」（スペイン語でアルマンソール、神から授けられた「勝利する者」という意味）と名乗り、毎週金曜日の集団礼拝において幼少のヒシャーム二世とともに自分の名前を唱えるよう命じた。次いで彼は九八五年にバルセロナを占領した。九八八年にレオン、九九七年にサンティアゴ・デ・コンポステーラを占領した。これはもちろん掠奪が目的であり、北方からの軍事侵攻に対する防御でもあった。都合五〇回以上も北部キリスト教圏への軍事遠征を行い、すべて勝利に終わった。それにしても、軍事力の増強はコストがかかり、それを徴税で賄うことになり、さらにアラブ人、ベルベル人、スラブ人からなる傭兵軍団

8．在位976～1009年、1010～13年。

図7　マディーナ・アッザフラー、カリフの謁見の間（©スペイン政府観光局）

の勢力均衡にも腐心しなければならなった。確かに、ヒシャーム朝コルドバの版図は広がったが、一般の住民は傭兵軍団の増強のための増税には四苦八苦する状況に追い込まれ辛酸をなめた。それにしても、マンスールの軍事遠征は続き、アラゴン攻撃に勝利したが、一〇〇二年に戦死する。

マンスールのあとを継いだ長男アル・ムザッファルは一〇〇八年に、次男アル・マアムーンに毒殺される。翌〇九年、彼がレオンに遠征中にコルドバでクーデターが勃発し、その首謀者であるヒシャーム二世の長男ムハンマドは、父親を排除して、ムハンマド二世として即位する。一方、アル・マアムーンはレオンからコルドバに帰還途中に何者かによって殺される。こうして、マンスール家のコルドバ支配は三代で終わった。

カリフの陣営もカリフの地位をめぐって内紛・混乱が続き、一〇〇九年から三一年までの間に、肝心のヒシャーム二世が消息不明となり、六人の後ウマイヤ朝カリフ、モロッコのイドリース朝の末裔である三人のハンムード朝カリフが登位するが、コルドバの貴族たちはウマイヤ朝カリフの復活を見越して、ヒシャーム三世[9]を選ぶが、両者のあいだで深刻な不和が生じ、結局、貴族たちは自らが擁立したヒシャーム三世の廃位を決定する。これで九二九年から一〇三一年まで続いたコルドバ・カリフ制は廃止され、後ウマイヤ朝も滅亡した。こうした状況を受けて、アンダルス各地でタイファ（群小王国群）と呼ばれる地方政権が分立することになる。

9．在位 1027～31 年。
10. 994～1064 年。
11. 1126～98 年。
12. 1135～1204 年。
13. 1165～1240 年。

図 9　マイモニデス（1953 年のイスラエルの切手）

図 8　アベロエス（フィレンツェ・サンタ・マリア・ノベッラ聖堂の天井画）

栄華を誇る首都コルドバ

後ウマイヤ朝の首都コルドバは、七五六年から一〇三一年までアンダルスの首都としてバクダードやコンスタンティノーブルと比肩し、「西方の真珠」と謳われ栄華をきわめた。人口は、特定するのはきわめて難しいが、一〇万人位であった。モスクは三百、公共浴場は三百、衛星都市は二八、王立図書館の蔵書は四〇万冊、それにヨーロッパ最高水準の大学と、まさしくヨーロッパ中世の神学、哲学、法学、数学、天文学、医学、化学、文学、芸術、建築、灌漑技術など諸学問の中心地だった。

この時代のコルドバと関係のあった文化人をあげるなら、アンダルス文学の頂点ともいえる恋愛論『鳩の頸飾り』、イスラム法の解釈書『諸宗派についての書』を著したイブン・ハズム[10]、アリストテレス哲学の偉大な注釈者であるアベロエス[11]（アラビア名イブン・ルジュド）、アリストテレス哲学とユダヤ教神学の統合のための新しい解釈をもたらし、『迷える者への手引き』を著したマイモニデス[12]（本名モーシェ・ベン・マイモン）、イスラム神秘主義の確立に貢献したイブン・アル・アラビー[13]などがあげられる。コルドバで開花したイスラム文化の最高結晶は、メスキータ[14]と呼ばれる大モスクである。七八五年の改築から、大モスクとなったのは九八七年であった。メスキータの周囲には、両替商、書籍商、香辛料商といった有名な商店が軒を並べ、さらに宿屋、コーラン学校、公衆浴場などがその周辺部に散在

14. コルドバの大モスクの壮麗さを当時の証言が伝えている。

「コルドバ市には世界にその存在を知られる有名な大モスクが聳え立っている。これは世界の最も美しい建物の一つに数えられるが、それだけでなく規模の大きさ、豊かな装飾、完璧な様式、堅固な建物などの点からも素晴らしい。建物の縦は100歩、横は80歩ある。その半分には天井があるが、中庭になっているあとの半分には天井はない。天井のある部分は19列の列拱がこれを支える形になっている。そしてこの内部の柱は全部で100本ある。このモスクにはその美しさを言葉で言い表そうにも到底かなうまいと思われるほどみごとなキブラが設けられている。そこにはコンスタンティノープルの皇帝がアブド・アッラフマーン3世に送ってきた金色、その他さまざまな色彩の細片でできたモザイク板がある。」（フーリオ・バルデオンほか『スペイン——その人々の歴史』神吉敬三・小林一宏訳、帝国書院、1980年、p.52.）

していた。

後ウマイヤ朝カリフの末期の内乱のために、政治都市、文化都市、経済都市、そして宗教都市であるコルドバは多大な損害を被り、マディーナ・アッザフラーやマディーナ・ザーヒラの壮麗な宮殿都市も破壊された。実際にコルドバは、一二三六年、フェルナンド三世「聖王」[15]によって滅ぼされる。

タイファ制（群小諸王国）の誕生

タイファは群雄割拠状態だったので、その数は四〇近くにおよぶ。わずかな期間に隣国による制圧、あるいは国内の勢力対立、下剋上的な変革などが絶えず、それが敵対勢力であるキリスト教諸国の拡大、強化に利することになる。それだけではなく、キリスト教諸国はタイファの王たちを臣従させ、毎年「パーリア」（軍事貢納金）の支払いを命じ、その見返りに彼らに安寧を保障したのだった。さらにタイファの側は、毎年パーリアの増額要求を受入れざるを得なくなり、それに応じて財政的負担が重くのしかかった。曲りなりにも平和であっても、出費のかさむものであった。ところが、一〇八五年、カスティーリャ＝レオン王国のアルフォンソ六世[16]がトレドを征服する。キリスト教軍に対峙するべく戦力をもたないタイファ側は北アフリカで一大勢力を形成していたムラービト朝[17]に援助を求めた。翌八六年、イスラム半島に入ったムラービト軍はバダホス北方で、アルフォ

15. 在位カスティーリャ王として 1217 ～ 52 年、レオン王として 1230 ～ 52 年。
16. 在位レオン王として 1069 ～ 1109 年、カスティーリャ王として 1072 ～ 1109 年。
17. ムラービト朝（1050 ～ 1147 年）は、サハラ砂漠西部において遊牧や交易を生業とするサンハージャ系ベルベル人の宗教運動に端を発した初のイスラム王朝であった。11 世紀末には、巨大な帝国に成長し、その版図は，1070 年頃、アトラス山脈北麓に建設された首都マラケッシュを中心にサハラ砂漠南縁からジブラルタル海峡にまで広がっていた。
18. 在位 1104 ～ 34 年。
19. ムワッヒド朝はアトラス山中のマスムード系ベルベル人イブン・トゥーマルトが起こした宗教運動に端を発する。1120 年から自らをマフディー（救世主）と称して、ムラービト朝に対する軍事抗争を開始し、1147 年マラケッシュを征服してムラービト朝を滅ぼした。

ンソ六世の率いるレオン＝カスティーリャ軍を粉砕する。ムラービト朝はアンダルスをキリスト教諸国軍の攻撃から守るためにはタイファ制を終息させて一致団結しなくてはと標榜し、二年以内にアンダルスをほぼ支配下におさめる。当初は、軍勢も活気があって作戦通りにキリスト教諸国との戦いを進めていたが、トレドの奪回を何回か試みたものの、成功しなかった。それに一一一〇年に制圧したサラゴサも、その八年後にアラゴン王アルフォンソ一世[18]に奪回され、辺境地域をしっかりと掌握できなかったムラービト朝は攻勢から守勢に回ることになり、アンダルスにおける存在意義も次第に怪しくなってきた。ムワッヒド朝[19]がムラービト朝を滅ぼした一一四七年から、セビーリャを首都にして、アンダルスの支配を開始する一一七二年までの間は、またもやいくつかの小国が乱立し鎬を削る「第二タイファ」と呼ばれる期間である。この後、新興のムワッヒド朝はイスラム勢力の統合をはかるが、キリスト教陣営と比較するなら、その軍事的劣勢はもはや否定しがたく、一二一二年、ムワッヒド朝軍が、ハエン近郊、ラス・ナバス・デ・トロサで、教皇インノケンティウス三世[20]から「十字軍」と認知され祝福を受けたカスティーリャ＝レオン王アルフォンソ八世[21]麾下のキリスト教徒軍を迎え撃つが、惨敗する。これでイスラム勢力の劣勢は決定的となった。キリスト教徒軍による本格的な「大レコンキスタ」（国土再征服戦争）の開始である。そのうち、北アフリカのモロッコでもムワッヒド朝に対する叛乱が起こり、一二二三年に余儀なくアンダルスから撤退

20. 在位1198～1216年。
21. 在位1158～1214年。

図10　タイファ時代に建てられたモスクのミフラーブ
（アラゴン州文化財局蔵）

する。このムワッヒド朝の撤退後から、またもや自立的な小王国が次々と台頭する「第三タイファ」期を迎える。これが、言うまでもないことだが、キリスト教軍の進攻を一層活性化させることになる。

ナスル朝グラナダ王国の誕生と崩壊

一二三二年、ムハンマド・ブン・ユース・ブン・サスルがハエン周辺で武力蜂起し、小国の樹立を宣言する。これは「第三タイファ」の一つであった。彼はハエン、グアディクスを手中に収め、ムハンマド一世[22]として即位し、占領したグラナダを首都と定める。ナスル朝グラナダ王国の誕生である。さらに、アルメリア、マラガを制圧し、アンダルス南部の支配を確立した。それにしても、次第に北から武力侵攻してくるキリスト教軍に対峙する守勢を維持できず、ついに四六年、ナスル朝発祥の地ハエンが包囲され、その奪還が不可能と判断したムハンマド一世は、カスティーリャ＝レオンのフェルナンド三世[23]にハエンの割譲とパーリアの支払い、つまりカスティーリャ王国への臣従を条件に講和協定を結び、グラナダ王国の安泰を図った。こうして北からの勢力に対して和戦両様の対応で臨み、北アフリカに対しては、キリスト教徒軍と干戈を交える場合に、兵員、食糧、兵器類などの兵站確保のために今まで以上に緊密な関係を構築した。マラガ、アルヘシラス、ジブラルタル、ロンダなどが橋頭堡として機能するようになった。海洋運輸関係は主にジェノヴァの商船団が担当した。これが基軸

22. 在位 1232～72 年。
23. 在位カスティーリャ王として 1217～52、レオン王として 1230～52 年。

図 11　ムハンマド 1 世によって大きく拡張されたグラナダのアルハンブラ宮殿

にナスル朝が百年近く続くが、一三四〇年、ナスル軍は、カスティーリャのアルフォンソ一一世[24]率いる軍にサラード河畔の戦いで敗北する。さらに四四年、キリスト教徒軍はアルヘシーラスを征服してジブラルタル海峡の制海権を掌握したために、今までの北アフリカからの軍事援助も途絶え、海上輸送が危険になりジェノヴァの商船団もアンダルスから撤退する。海路を断たれたナスル朝は完全に孤立する。ところが、これでナスル朝は滅亡せずに、かろうじて、なお百年近く命脈を保つことができた。折しも四八年、半島にペストが蔓延し、カスティーリャ王国では総人口のほぼ二〇%の犠牲者を出したという。さらにキリスト教陣営においても、陣営内での離合集散を繰り返し、激しい権力闘争を続発させ、カスティーリャ王国が疲弊したために、ナスル朝グラナダ王国撲滅作戦を発動するに至らなかった。一方、ナスル朝陣営も、豪族たちの権力闘争も激しく、ムハンマド九世[25]以降、廃位、復位、二度目の復位など、大掛かりな王位継承争いが頻発し、政治的な混乱が激しくなった。

一四六九年にカスティーリャのイサベル王女とアラゴンのフェルナンド王太子が結婚する。七四年、イサベル一世[26]の即位、七九年、フェルナンド二世[27]の即位、それにイサベル女王とフェルナンド王によるカスティーリャ王国、アラゴン連合王国の同君連合が始まる。スペインの二大王国だけの連合国家統一が達成され、レコンキスタの最終段階を迎える。

一四八一年、グラナダ王国西端の町、サアラをグラナダ軍が奪い返した

24. 在位1312～50年。
25. 在位1419～27年。
26. 在位1474～1504年。
27. 在位アラゴン王として1479～1516、カスティーリャ共治王（フェルナンド5世）として1474～1504年。

図12　アルハンブラ宮殿内部

ことから、グラナダ戦争が始まる。グラナダを包囲したキリスト教軍は、ロハ、マルベリャ、ラソなどを次々と占領し、ついにグラナダをターゲットにした。一方、グラナダ王国内では、王家を分断するような深刻な不和・対立が起こっていた。国王アブルハサン・アリー[28]はグラナダで息子ボアブディルの反逆に遭い、一旦グラナダから、マラガに逃れ、そこで実弟アル・ザガルの援助を受けて戦力を整えて、グラナダの再占領に成功するが、実弟アル・ザガルによっていとも容易に退位させられる。その後ボアブディルが父と叔父との同盟軍との戦いの最中、カスティーリャ・アラゴン軍に二回も捕縛されるが、両国王に臣従の誓いを立て、釈放される。八五年、父が死ぬ。王位は実弟が継ぎ、ムハンマド一二世[29]として即位する。ボアブディルはグラナダから追放される。アル・ザガルは軍をマラガに集結させ、キリスト教軍はロンダを攻める。その後最後まで残ったマラガに対する包囲戦が始まる。八七年七月、一年以上も続いた包囲戦の挙句、マラガは降伏する。ただし無条件降伏であった。最後まで抵抗した町マラガに対しては厳しく断罪した。ムデハルは処刑、ユダヤ人は火刑、その他の住民は奴隷として売り飛ばしたのだった。このマラガ戦の最中に、ムハンマド一二世はマラガから逃亡したために、ボアブディルがグラナダに戻り、ムハンマド一一世[30]として「王」となる。

一四九一年末、グラナダ戦争の敗北は決定的と覚悟したボアブディルは、グラナダを開城する降伏条件に合意し、翌九二年一月二日、グラナダをカ

28. 在位 1464～82、1483～85（復位）年。
29. 在位 1485～87 年。
30. 在位 1482～83、1487～92（復位）年。

図 13 《グラナダの開城》（フランシスコ・プラディーリャ・オルティス画、1882 年、スペイン上院議事堂蔵）

スティーリャ・アラゴン軍に明け渡すボアブディルはイサベル女王とフェルナンド王の二人に宮殿のカギを恭しく差し出し、「神の覚えのめでたい方、これはパラダイスの鍵です」と述べた。これでレコンキスタが終了したのだった。ナスル朝は二二代、二六〇年も続いたのである。

5 レコンキスタ（国土再征服戦争）

レコンキスタの開始――「コバドンガの戦い」の勝利

イスラム勢力の侵入期に一度も占領されなかった唯一の地帯は、半島北西部の北バスクから狭くて貧しいアストゥリアスにかけてのカンタブリア山岳地帯であった。この地に避難したアストゥリアス人やカンタブリア人たちは、七一八年、西ゴートの貴族の末裔と称するペラヨ[1]を国王に選び、西ゴート王国の継承国家としてアストゥリアス王国を建国した。その後彼らは七二二年頃、カンタブリア山脈北側のカンガス・デ・オニスから数キロ離れたコバドンガでイスラム軍と初めて対峙した。標高二五七メートルの山岳地帯であった。装備も少なく、粗末なペラヨ軍は、洞窟を要塞として守りを固め、侵攻してくるイスラム軍を待ち伏せ、見事撃退してしまった。この戦いに、ペラヨ軍はわずか三百人、対するイスラム軍が途轍もない兵力だったといわれている。これこそ「建国神話」的な逸話にはよくある話だがペラヨ軍からすれば多勢に無勢だったことは間違いなかったろう。

コバドンガはキリスト教徒の「レコンキスタ」の発祥の地とされている。アストゥリアス王国はイスラム圏から来た多くの避難者や西ゴート人住民たちを受け入れ、半島におけるキリスト教信仰の擁護者の役割を果たした。

図2　ペラヨの銅像（Wikimedia Commons, CC-BY SA 3.0）

図1　コバドンガ

こうした一連の動きとともに、国王ペラヨは西ゴート王国の正統な継承者であることを公言し、レコンキスタの根幹である「西ゴート・スペイン」の復興という理念を確認させた。ペラヨの後継者である息子ファフィラ[2]は即位して二年後にクマに襲われて死んでしまう。それからほぼ半世紀後になるが、アルフォンソ二世[3]は、自軍を北西部のガリシア地方に展開し、イスラム軍を放逐し、さらに南の国境線をドゥエロ川まで広げた。

伝承によると、八一四年、半島の北西部ガリシア地方で、聖ヤコブの墓が見つかったという。イリア司教区内で、毎夜不思議な光が輝き、そこにしばしば天使が現われるとの報告を受けたテオドミーロ司教はみずからその地に行き、草深い所に埋まっている大理石の聖ヤコブの墓を発見した。それを聞き付けたアルフォンソ二世は直ちに聖ヤコブの名にちなんだサンティアゴ教会を献堂し、司教区をイリアからコンポステーラに移した。これが聖ヤコブ伝説の縁起であるが、やがて聖ヤコブは、対イスラム戦争におけるキリスト教徒軍の守護聖人とみなされるようになり、レコンキスタに十字軍の精神が付与された。だが、「サンティヤゴ・マタモーロス（モーロ人殺しの聖ヤコブ）」という膺懲（ようちょう）本位の言葉も生まれた。後にサンティアゴ・デ・コンポステーラは、カトリック三大巡礼地の一つとなるのだが、聖人伝説の縁起は何処もこのようなものなのかもしれない。八六六年、首都オビエドで即位したアルフォンソ三世[4]は、今までアンダルスとの境界地帯だったドゥエロ川流域やその他の無人地帯に着実に植民し、南の国境線

1．在位 718 ～ 737 年。
2．在位 737 ～ 739 年。
3．在位 792 ～ 842 年。
4．在位 866 ～ 910 年。

図3　初期レコンキスタのスペイン

をさらに南に下げることになり、版図を拡げた。しかし、アルフォンソ三世はアストゥリアス王国の領土を息子たちに分割相続させた。そして国王の死後、長男ガルシアはレオン王、次男オルドーニョはガリシア王、三男フルエラはアストゥリアス王にそれぞれ登位する。

初期のレコンキスタ

八世紀から一一世紀前半までの、キリスト教スペインの基礎となる諸国家は、アストゥリアス王国、レオン王国（九一〇年）、カスティーリャ伯領（九三二年）、ナバラ王国（八二〇年頃）、アラゴン王国（一〇三五年）、バルセロナ伯領（八〇一年）、ガリシア王国（九一〇年）であった。これらは、国とか伯領といった名称を掲げているが、アンダルスと比較するなら、おしなべて小国であり、国としての基本的な行政組織や法体系や軍事機構なども備わっておらず、言ってみれば、初代国王ペラヨを例に挙げるまでもなく、身元や血筋が明確ではないが、西ゴート時代の貴族や豪族の末裔と僭称し、戦術や武術に長けていた軍事エリートがその国の王や統治者に納まっていたようだ。従って、こうした国では、王や統治者の後継をめぐって、国内の覇権をめぐって、隣接する国との領土をめぐって、新しく誕生した国に対する軍事干渉をめぐって絶えず武力紛争、政治闘争などの内紛を繰り返していたために、実質的には対イスラム戦争どころではなかったというより、アンダルスの軍事的優位が持続していたのだった。

図４　聖ヤコブ（サンティアゴ）の殉教（コンポステーラ・カテドラル蔵、杉谷綾子『神の御業の物語――スペイン中世の人・聖者・奇跡』現代書館、2002 年）

図５　《サンティアゴ・マタモーロス》（18 世紀、コンポステーラ・カテドラル蔵）

中期のレコンキスタ

一〇三一年のコルドバ・カリフ国の崩壊、アンダルスの政治的分裂、群雄割拠のタイファ諸国の分立により、キリスト教徒諸国の軍事的優位は次第に決定的になり、タイファ諸国王がすすんで軍事貢納金（パーリア）をキリスト教諸国に献上し自国の安泰や防衛を保証してもらっていたが、キリスト教徒国はその金で自国の軍備の強化を図り、究極的にはアンダルスに向けて領土拡大作戦を発動しようと目論んでいた。

確かに一〇三五年のナバラ王サンチョ三世[5]の死去によって、広大な領土が三人の息子に分割相続され、長子ガルシアにナバラ、第二子フェルナンドにカスティーリャ、第三子ゴンザーロにリバゴルサがそれぞれ分与され、庶子で最年長のラミーロにアラゴンが与えられた。その二年後の三七年、フェルナンド一世[6]のカスティーリャがレオンに勝利し、カスティーリャ＝レオン王国が誕生する。四五年のナバラ軍によるサラゴサの北東百キロのカラオーラ占領が実質的なレコンキスタ進展の第一陣であった。リバゴルサを併合したアラゴン国王が六四年にバルバストロを占領する。この頃、イスラム教とキリスト教といった相対する領域を越えて活躍する武人も登場した。その象徴的な人物は「エル・シッド」[7]である。

一〇八五年、カスティーリャ＝レオン王国のアルフォンソ六世[8]は、トレドに無血入城し、タホ川流域まで国境線を南下させた。やがてトレドはイ

5．在位 1004〜35 年。

6．在位レオン王として 1037〜65 年。カスティーリャ王として 1035〜65 年。

7．このようなキリスト教諸国間でも、相互不信を惹起させるような群雄割拠が繰り返され、そのうちキリスト教とイスラム教といった相対する領域を越えて活躍する武人も登場するようになった。その象徴的な事例として「エル・シッド」（1043?〜99 年）と呼ばれた男をあげたい。

本名は、ロドリゴ・ディアス・デ・ビバル。通称「エル・シッド」はアラビア語で「サイイド（貴人）」とイスラム兵士たちに呼ばれたことに由来する。ロドリゴは、カスティーリャのブルゴス近郊に住む下級貴族の家系に生まれた。サンチェス 2 世（在位 1065〜72 年）の下で、カスティーリャ軍総司令官を拝命する。サンチェスが暗殺され、彼の弟で、カスティーリャ＝レオン国王のアルフォンソ 6 世（1072〜1109 年）が即位するが、ロドリゴは前王の暗殺に新国王が絡んでいるのではないかと詮索していたために、〔次頁〕

ベリア全土の首座大司教座となり、アラビアの学術を求める多くの学者や研究者を引き付け、翻訳活動の中心地となった。イスラム、ユダヤ、ギリシアの知的遺産をテクスト翻訳の形でキリスト教世界に伝えた人たちは「トレド翻訳学派」と呼ばれていた。翻訳の分野は、化学、哲学を嚆矢として、天文学、数学、医学、論理学、光学、占星術、錬金術など広範囲にわたり、こうした翻訳書を取り入れた西欧ラテン世界ははじめて飛躍的な発展を遂げることになった。一一二五年頃から、フランス人の第二代トレド大司教ライムンドゥス[9]が始めたこの翻訳活動は、アラビア語から口語カスティーリャ語、ラテン語で行われたが、これをアルフォンソ一〇世「賢王」[10]は、アラビア語からカスティーリャ語へと方向転換した。そのために、当時「俗語」とされていたカスティーリャ語が文語として洗練されるようになった。カスティーリャ語を公用語とし、カスティーリャ語による文芸活動を積極的に推進したアルフォンソ一〇世は「カスティーリャ語散文の創造者」[11]とも言われている。王自身もガリシア語の宗教詩『聖母マリア頌歌集』を編纂している。

一二世紀後半から、キリスト教徒諸国が対アンダルス統一戦線を結成し、自国の防衛のみならず、アンダルスへの攻撃態勢を構築した。また、一一五五年に、国境線の防衛、再征服、再移民などに中心的な役割を担う、カラトラーバ修道騎士団、続いてアルカンタラ修道騎士団、七〇年にサンティアゴ修道騎士団がシトー修道会やアウグスティヌス修道会の会則に基

〔承前〕新国王から疎んじられ、81年に反逆罪の廉で国外追放される。それ以降、亡命生活が始まる。まず当時アンダルスの支配下にあったサラゴサのフード朝の傭兵隊長に就任し、同じくアンダルスの支配下にあったバレンシアを征服する。当時、半島に侵入してきた7万人の兵力を擁するムラービト朝軍の北進に対してキリスト教諸国は一様に苦境に陥っていた。1086年、ムラービト朝軍はサグラハスの戦いでカスティーリャ軍を粉砕した。この敗北でアルフォンソ6世はロドリゴの実力を再評価し、彼の追放を解除した。彼は国王の許可を得て、サラゴサのフード朝と提携してムラービト朝軍をしばしば撃退し、バレンシアを護り抜いたのだった。ムラービト朝軍がバレンシアを占領したのは、エル・シッドの病死後3年経た1102年であった。

8. 在位レオン王として1065～1109年。カスティーリャ王として1072～1109年。
9. 在位1085～1152年。
10. 在位1252～84年。

づいて創設された。この三大修道騎士団とほぼ並行して、ことにカスティーリャの境界地帯に、王国の軍旗のもとに防御に任務に就く、平民騎士団が誕生した。彼らは、平時においては農業や牧畜業に従事し、戦時においては騎士として軍務に就くことになっていた。

一二一二年、カスティーリャ＝レオン王アルフォンソ八世[12]が率いるキリスト教徒連合軍はハエン北部のラス・ナバス・デ・トロサの戦いでムワッヒド朝軍と激突し、勝利する。この戦いで、約二〇万人のイスラム教徒軍兵士を敗死させたという。レコンキスタの帰趨を決したこの勝利によって、ムワッヒド軍の脅威が取り除かれ、グアダルキビール川流域への進軍に道が開かれることになった。トレド大司教ヒメネス・デ・ラダがキリスト教諸国を歴訪し、ムワッヒド朝との闘いに参加を呼び掛けたという。

この時期からキリスト教諸国がアンダルスとの戦争に余裕ができたのだろうか、戦争とは全く別個の、やがて誕生する近世のスペイン社会の基盤となるさまざまな文化的な組織や事業、あるいは政治体制を立ち上げることになる。一一八八年、レオン王国で初の三院制の身分制議会（コルテス）が開催される。一二一二年、スペイン最初の大学であるパレンシア大学が創立される。一四年、ハイメ一世による、カタルーニャ初の身分制議会が開催される。バルセロナなどの諸都市に自治権を付与する。一六年、ドミニクス・デ・グスマンが創設した、清貧の生活と神学の研究を重んじる「托鉢修道会」ドミニコ会（説教者修道会）が教皇ホノリウス三世によって認

11. アルフォンソ10世名義の書物で最も初期のものは、アラビア語文献に基づく『カリーナとディムナ』であるが、さらに翻訳ではない数々の書物を執筆した。そのジャンルは、法律、歴史、天文学、遊戯（狩猟およびチェス）と多岐にわたる。

12. 在位1158～1214年。

図9　アルフォンソ10世がアラビア語から翻訳した『チェス・サイコロ・盤の書』の挿絵（前出『スペインの歴史』1998年）

可される。一八年、サラマンカ大学が創立される。二一年、ブルゴスでゴシック様式の大聖堂が建堂される。二七年、トレド大聖堂が建堂される。四七年、アラゴンの最初の四院制の身分制議会がウエスカで開催される。五二年、カスティーリャ王国のアルフォンソ一〇世により、古くからの貴族たちの諸特権に対抗して王権による法の運用を強化するため、ローマ法に基づく中央主権的な『七部法典』の編纂が開始される。五四年、レオン大聖堂が建堂される。五六年、セビーリャ大学が創立される。六〇年、バリャドリード大学が創立される。カスティーリャ語による『スペイン史』の編纂が開始される。六五年、バルセロナで「百人会議（クンセイ・ダ・セン）」が創設される。八三年、アラゴン王ペドロ三世[13]がアラゴン貴族に「普遍特権」として諸特権を授与する。九八年、バルセロナ大聖堂が建堂される。一三〇〇年、アラゴン王国の最初の大学、レリダ大学が創立される。

「大レコンキスタ」

一二三二年、ムハンマド一世[14]の支配するナスル朝グラナダ王国が誕生する。これ以降、キリスト教徒諸国軍は、コルドバ（三六年）、ハエン（四六年）、セビーリャ（四八年）、カディス（六二年）などを次々と占領し、アンダルスの中で唯一残ったのは、グラナダ王国であった。

これまで離合集散を繰り返してきたキリスト教徒諸国は、この陣営で覇権を確実なものにしていたカスティーリャ王国、地中海一帯に勢力を拡大

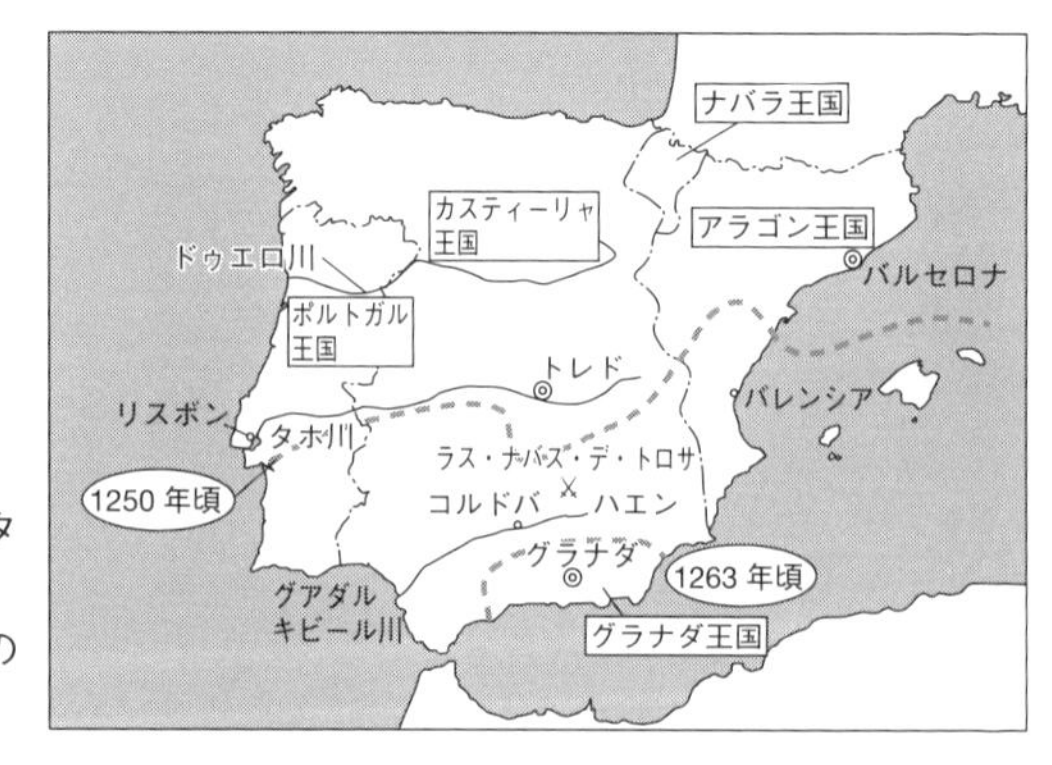

図7　後期レコンキスタのスペイン（年はキリスト教国のその時点での南端）

していたアラゴン連合王国（アラゴン、カタルーニャ、バレンシア）、フランスとアラゴン王国に挟まれたナバラ王国の三か国となった。この陣営にも、一丸となってレコンキスタを推進するにはさまざまな社会的な問題を抱えていた。一三一〇年から四六年まで続いた不作による餓死者の大量発生、それに四八年の東部海岸へのペストの上陸によって、カタルーニャでは、推定であるが、全人口の三五～四〇%、カスティーリャでは一五～二〇%死んでしまう[15]。これは途轍もない人口減少であり、経済は回復不可能な状態に陥ってしまった。こうした社会的な大災害が勃発すると、決まってスケープゴートを見つけ出すのである。「神殺しの下手人であるユダヤ人」だ。この年、バルセロナのユダヤ人居住区が襲撃され、これがカタルーニャ一帯に広がった。

さらにキリスト教徒陣営において、王位継承戦争、国境争議、貴族間の権力闘争などが多発し、すでに一一四三年にカスティーリャから分離独立したポルトガルがこうした紛争に積極的に関与することもあり、いわば内戦状態となることもあった。

イサベル女王とフェルナンド国王の両王家統一

それが一大転機となることが起こった。アラゴン連合国王フアン二世[16]は、長男で王位継承者であるフェルナンドとカスティーリャのイサベル王女とを結婚をさせようとしたのは、フランスがピレネー山脈を越えてカス

図８　若き日のイサベル１世（右）とフェルナンド２世

13. 在位 1276～85 年。
14. 在位 1232～72 年。
15. 前出『スペイン史』1、2008 年、pp.170–171.
16. 在位 1458～79 年。

ティーリャに攻め込んでくるのを危惧していたからだった。一四六九年、一八歳のイサベル王女と一七歳のフェルナンド王太子が結婚する。さらに、七四年のイサベル一世の即位、七九年のフェルナンド二世の登位により、カスティーリャ王国（人口約四五〇万人、領土三九万平方キロ）とアラゴン連合王国（人口九〇万人、領土一一万平方キロ）の同君連合国家がついに実現する。これによって二人の国王による共同統治が始まる。だが、両国の連合は国力からしても著しいアンバランスであり、事実、グラナダ戦争も主力軍はカスティーリャ軍であり、アラゴン連合王国は南進する構えを見せているフランスに対する国防上の軍隊を配置し、グラナダ戦争には補助金を提供するくらいであった。これでも一五世紀後半から政略結婚も含めて推し進められてきた王権強化政策の到達点であった。とはいっても、この二つの国には、それぞれ独自の議会、国内法、行政機構、軍機構、関税、租税システムを維持しており、言ってみれば、「王家の統一」にすぎず、厳密な意味での、「王国の統一」ではなかった。それにしても、この共同統治はきわめて迅速であった。

異端審問所の創設

コンベルソ（改宗ユダヤ人）が「真のキリスト教徒」なのかどうか、つまり背教者ではないか、また彼らの存在や行動がユダヤ人の改宗の妨げになっているのではないかといった宗教的並びに社会的混乱を一掃するため

図９　セビーリャの「異端審問所小路」（大庭真悟撮影）
グアダルキビール川と並行しているこの「小路」の後方部、つまり写真の女性の買いもの客の後方、グアダルキビール川にかかる「イサベル２世橋（通称トリアナ橋）」を市街地から渡り切った右側に「異端審問所市場」という大きな市場があった。1992 年のセビーリャ万博に際し、メイン会場近くになるこの市場が古くなったので、とりあえず市場をトリアナ地区中心部に移転させることになった。そして市場を撤去したところ、何列にもなった地下の個室が現れた。異端審問所の被告たちを監禁するための牢屋だったのだ。

に、コンベルソとユダヤ人の居住地の分離を強制した。一四七八年、教皇シクストゥス四世[17]から異端審問所の設置が認められ、八〇年にスペインで最大のユダヤ人居住地のあるセビーリャで最初の異端審問所を設置し、さらにカスティーリャ、アラゴン、カタルーニャ、バレンシアなどにも設置する。その後、さらに増え、イベリア半島に一六、海外領土のイタリアに二、アメリカに三か所、設置された。これらはすべて王立裁判所であり、その任命権はすべて王権に帰属することとなる。シクストゥス四世から与えられた巨大な教会権力と、裁判手続きが非公開であり、ローマへの上告も許されていないこのスペインの異端審問所に内在する道徳的危険性に関して外部からは、教皇ですらチェックができなかった。ちなみに、一四八〇年代に異端審問所が下した判決に関して、年代記作者プルガールによると、二千人のコンベルソが背教者として火刑され、一万五千人が改悛して教会と和解した[18]という。

スペインで異端審問所の廃止が宣言されたのは、一八一三年のカディスの議会であったが、その後フェルナンド七世[19]の絶対主義体制への復帰により異端審問所が復興したものの、三四年に最終的に廃止することになった。これは、二〇世紀のスペイン内戦期における、共和国側陣営で頻繁に発生した教会や修道院の破壊や焼き討ち、聖職者の殺害といった反教権主義運動の底流となっているのかもしれない。

両国王とカトリック教会の関係は両国王に有利に展開していた。

17. 在位 1471～84 年。
18. 前出『スペイン史』１、2008 年、p.256.
19. 在位 1808、1813～33 年。

図 10　異端審問

一四八六年から九八年にかけてフェルナンド二世が、サンティアゴ、カラトラーバ、アルカンタラの三大修道騎士団の総長に就任し、騎士団が所有している膨大な領地を王領地とし、そこからの収入を国庫に組み入れ、また何百もの騎士分団長の人事任命権も掌握した。また、ローマ教皇は猛烈に反対していたのだが、両国王はそれを一切無視し、司教クラスの高位聖職者の任命権も王権に帰属させていた。結局、出世を望む聖職者はローマ教皇の意向に従うのではなく、両国王の顔色をうかがうようになった。つまり、彼らは「神の僕」ではなく、「両国王の僕」に成り下がってしまったのだった。

一四七九年九月、両国王とポルトガルとの間で、アルカソヴァス条約を締結し、ポルトガル王アフォンソ五世[20]がスペインの王位に関する諸権利を放棄すると同時に、アゾレス諸島、カーボベルデ諸島、マデイラ諸島を領有するのを認める代わりに、カナリアス諸島はカスティーリャに帰属することとなり、カスティーリャの西回り航路開拓のために重要な布石となった。

一四八一年二月、カスティーリャ軍はグラナダ包囲作戦を発動する。九二年一月、さしものの栄華を誇ったアルハンブラ宮殿にイサベル女王とフェルナンド王が入城した。これで七二二年頃から八世紀にわたるレコンキスタが完了したのである。このアルハンブラ宮殿の開け渡しを目撃した群衆の中にジェノヴァ生まれの航海士が混じっていた[21]。

図12　拷問の様子

図11　禁書の焼却処分
（近藤仁之『スペイン・ユダヤ民族史——寛容から不寛容へいたる道』刀水書房、2004年）

このジェノヴァ人こそ、クリストーバル・コロン[22]（コロンブス）である。この年の八月、パロスを出港し、翌年三月、スペインの両王にインディアス「発見」の吉報をもたらしたのだった。

20. 在位 1438～81 年。
21. グラナダ・アルハンブラ宮殿の開城は第４章（p.50）を参照。
　コロンブスはこの情景を次のように語ったという。

　「1492 年のこの年、両陛下は、ヨーロッパを支配していたモーロ人との戦いに終止符を打ち、大都グラナダにおいて戦争を完了せられました。この１月２日、戦勝の結果、両殿下の王旗がその都の城アルハンブラの塔に掲揚されるのを、わたくしは仰ぎ見ました。またわたくしはモーロ王が都の城門に出て参り、両殿下、ならびにわが主君であられる王子殿下の御手に接吻申し上げるありさまを拝察いたしました。」（ラス・カサス『インディアス史』長南実訳、岩波文庫、2009 年）
22. 1451～1506 年。

6 カトリック両王による国家統治

ヨーロッパの覇権を狙ったカトリック両王

一四九六年一二月、ローマ教皇から「西の十字軍」と認定されたレコンキスタを遂行したイサベル女王とフェルナンド国王は「カトリック両王」という褒詞（ほうし）を教皇アレクサンデル六世[1]から贈られる。それにしても、カトリック両王が統治する二つの国は、長い間の対イスラム戦争、それに間歇（かんけつ）的に勃発した内戦や紛争のために、経済的には疲弊していたのだった。経済の立て直しは、喫緊の大事業であった。

カスティーリャ王国の場合、もともと農地の大部分は不毛で、農業は遅れていた。その上人口流入は激しく、食糧の自給自足もままならなかった。一三世紀に造られた「メスタ」と称する移動牧羊業者組合は、夏と冬に牧草を求めて羊を移動させている。カスティーリャの中央高原も移動地帯である。それもレコンキスタの南進にともない次第に移動距離が長くなる。時には武装した羊飼いたちが農地や囲い地に入り込んできて、耕地を荒廃させることもあった。カトリック両王はメスタの特権を支持し、羊群の通行料を徴収した。逼迫した国家財政はこれらの徴収にも頼らざるを得なかった。これでは、カスティーリャの農民が作物も取れず次第に貧困化し、従って購買力も低下し、都市の商業活動も低迷してしまう。その代わりに、

1. 在位 1492～1503 年。

図１　キリスト教徒によるユダヤ風刺
（前出『スペイン・ユダヤ民族史』2004 年）

カスティーリャの羊毛の需要が増して輸出が増大し、カスティーリャ経済の基盤整備に大いに貢献するはずだった。ところが、ユダヤ人に代わってイタリア人やドイツ人の実業家がその利益を専有するようになる。これは単に、メスタや羊製品産業などいう狭い産業分野だけではなくて、ヨーロッパにおいて、レコンキスタという大事業を完遂して新たな地位を占めるであろう、またこれから拡大するであろう海外の版図を支えるために、経済的資産を十二分に活用できる人材を必要とするまさにその時、経済的に最も活発に活動してきた「国王の僕」であるユダヤ人を宗教的理由で問答無用的に国外追放[2]してしまった。

内政面では、カトリック両王が目指す国家目標は、教会や貴族といった既存の特権階級と対峙して国王の権力を強化し、中央集権政治体制を確立することであった。まず上級貴族を国家の中枢的な行政機構から排除することから始める。国王に進言する上級貴族の旧来の王室顧問会議は、国王が直接任命する一二人（高位聖職者一人、騎士三人、法曹界人八人）による国王の政策実施のための官僚組織に変えた。また国内に六五のコレヒドール（国王代官）管区を設置し、両王は、コレヒドールに管区内の司法、行政、軍事にわたる統括管理権を与え、地方行政の掌握を図った。彼らの権力乱用を防止するために業務監視制度を創設した。こうして従来の上級貴族が独占していた地方長官は実質的な権力なしの名誉職にしてしまった。またコルテスに対して何ら重大な譲歩をせずに、法と秩序の回復のた

2．国外追放されるユダヤ人に敵意が向けられたことを次の資料が伝えている。

「伝え聞くところによると、先に余は我が国を退去するユダヤ教徒男女に対する通行証の交付を命じたが、この通行証をもってしても一部の町や村或いは人家のない場所を通る際に、一部の貴族やその他の者から殺傷や財産の強奪といった被害を被るかも知れないと彼らユダヤ教徒は恐れたり心配しているそうである。事実、余が発した先の命令に従って我が国を退去しようとしたユダヤ教徒の多くの者に、このようなことが起きたという伝令も余の許に届いている。また同じように彼らユダヤ教徒は旅の途中の宿や食物も周囲から断られ餓死するかも知れないことや、身につけた財産を狙うものによって殺されることを恐れ心配していると聞く。」（前出『スペイン』1980 年、p.118.）

めに諸都市からの支持をあてにできた。コルテスも王太子承認のための議題以外に開催されなかった。こうした貴族の政治的影響力の排除の極め付きとして、貴族の叛乱が始まった一四六四年四月以降の「恵与(メルセー)」を無効として、該当する王領地や世襲年金の返還を命じた。[3] ただし、ごく少数の上級貴族のみは例外として扱い、彼らには一四六四年四月以前に獲得した所領や権益はそのまま享受させた。こうして、わずかな期間で、両王は新国家の統治機構の整備を断行したのだった。

アラゴン連合王国の場合、カスティーリャ王国の対イスラム戦争と異なり、フェルナンド王の対外政策はピレネー山麓地帯とイタリアの覇権をめぐって、フランスとの積年の対立を踏襲していた。一四九三年のバルセロナ条約によって、六六年から七二年にかけてのカタルーニャ内戦の真っ只中にフランスに掠奪(りゃくだつ)されたセルダーニャとルシヨンをフランス王シャルル八世から返還される。[4] またフランスと国境を接し、一三世紀中葉よりフランスの貴族の家系が王位を継いできたナバラ王国は、カトリック両王にとっては地政学上きわめて重要な併合対象であった。いくたびか外交交渉を重ねるが、失敗に終わったために、一五一二年七月、フランスとの紛争に乗じてアラゴン軍はナバラを軍事占領し、カスティーリャ王国に併合する。翌八月、フェルナンド二世はナバラ王を宣言する。[5] これでナバラは、八二〇年のイニゴ・アリスタ王以来のナバラ王の称号、地域特権、固有の議会や顧問会議、貨幣制度を維持できた。一五八九年、ナバラ王アンリが

図2　追放されたユダヤ人（貴婦人と律法学者）（前出『スペイン・ユダヤ民族史』2004 年）

フランス王アンリ四世[6]として即位し、ブルボン朝初代の王となる。

内政面では、一五世紀中葉には何回もペストに襲われ、カスティーリャと同様に、カタルーニャの全人口五〇万人のうち二〇％も減少してしまい、この急激な人口激減は商業や産業に回復不可能な衰退をもたらした。また農業においても、農民の激減のために、領主が農民に対して封建的束縛を強化し、それに対して農民側も自らの農奴的な状況、「悪しき慣習」として知られている領主権の濫用からの解放を求めて反領主闘争を繰り返した。そしてこの闘争が一層激しくなり、一四八六年一二月、フェルナンド二世は両者の仲介に入り、「グアダルーペ裁定」[7]という画期的な和解案を提示して、この難題を収拾した。これによって、悪しき慣習は有償で廃止され、農民には移動の自由と農地用益権が保証され、領主には地代を金銭で受領できることが確保され、こうして領主制は温存されたのだった。

カトリック両王による宗教の統一

カトリック両王がスペイン統一のために果たした敬虔なる義務は、カトリックによる宗教の統一であった。グラナダ征服の二か月後の一四九二年三月三一日、両王は、七月末日を期限とするユダヤ人の国外追放令を公布する。この布告によって、カスティーリャから約一五万人、アラゴンから約三万人が国外に退去し、彼らの財産は没収された。他方、約五万人がスペインに残りカトリックの洗礼を受けた。彼らは既存のコンベルソと合わ

3．前出『スペイン史』1、2008年、pp.252-253.
4．在位1483～98年。
5．在位824～852年。
6．在位1589～1610年。
7．前出『スペインの歴史』1998年、p.86.

せると、三〇万くらいにおよぶという。堅実な彼らは、教養ある都会ブルジョワジー層を構成したり、主要な商業や金融業、そして手工業などに積極的に従事したり，富や社会的名声を着実に築いていた。なかでも瞠目すべきは、当時のキリスト教一辺倒の中で、一四八三年に初代異端尋問所長官に任命されたドミニコ会士トマス・デ・トルケマーダ[8]は、異端審問制度の発展と、集権的機能の定着に大いに貢献したが、その彼もコンベルソの家系であった。彼ほど著名ではなくても、平均的なキリスト教徒以上に敬虔なコンベルソがいたはずである。そしてキリスト教徒たちは、明らかに経済的に豊かで社会的エリート階級にいるコンベルソに対して、時には嫉妬したり、憎悪したりするが、自分たちは幼児洗礼で代々繋がっている古くからのキリスト教徒であることを誇った。こうした民族的偏見や宗教的優越感などが「血の純血（リンピエサ・デ・サングレ）」という強迫観念を生みだしたのだった。これは信仰といった心の世界ではなくて、自分の肉体の中にユダヤ人やイスラム教徒の血が一滴たりとも混じっていないと主張・宣言することである。

グラナダ戦争に敗北したイスラム教徒は、降伏協定に基づき信仰の自由、イスラムの法律や慣習の尊重、キリスト教への強制的改宗の禁止などが保証されていた。グラナダ大司教エルナンド・デ・タラベラ[9]が首唱した、通例幼児から学び始める『公教要理』の暗唱を中心とする教育と説教によって、そして信心深いキリスト教徒の素朴な日常生活と直に接することによっておのずと感化され改宗するに違いないと穏やかな方針だったが、さ

図３　スペインを追放されるユダヤ人
（関哲行『スペインのユダヤ人』山川出版、2003 年）

したる成果をあげることができなかった。一四九九年一〇月に赴任した枢機卿シスネーロス[10]は、降伏協定をことごとく無視し、キリスト教への強制改宗、モスクのキリスト教会への改築、コーランの焚書など強硬な手段で臨んだ。これに対して、イスラム教徒の不満が高まり、同年一二月、アルバイシンで、翌年一月、アルプハーラスで暴動が起こった。さらに一五〇一年七月に、ロンダで叛乱が勃発した。こうしたイスラム教徒の行動を、降伏協定違反と判断したカトリック両王は、〇二年二月、キリスト教徒になるか、国外退去するかを迫ったイスラム教徒追放令を公布した。その結果、多くのイスラム教徒はキリスト教に改宗し、「モリスコ」（キリスト教支配下のキリスト教に改宗した元イスラム教徒）と呼ばれた[11]。だがしかし、イスラム特有の閉鎖的な社会性のため、両王の期待とは裏腹に、イスラムの外部から見ると、モリスコの改宗問題はスッキリとはいかなかった。

カトリック両王の政略結婚作戦

カスティーリャ王国とアラゴン王国による国家統一と王権強化の二大課題の後に残ったのは、外交政策である。その立役者は、かのマキャベリの『君主論』が「名声と栄光においてキリスト強国第一の王」と激評したフェルナンド二世であった。彼の外交方針は、地中海での覇権確立、大西洋および新大陸への進出、北アフリカの制圧、ポルトガルの統一、そしてフランスの四面楚歌化、であった。後者の二つの課題、つまり陸続きのポルト

8．1420～98年。
9．1428～1507年。
10．1436～1517年。
11．前出『スペインの歴史』1998年、p.87.

図4　コンベルソへの異端審問
（前出『スペイン』1980年）

ガルとフランスの問題を解消するために、カトリック両王は一男、四女の子供たちの結婚を最大限に活用した。政略結婚である。

まず、ポルトガルの統一のために、長女イサベルをポルトガル王太子アフォンソに嫁がせるが、結婚後間もなく王太子が死去する、その数年後、王太子の従兄でポルトガル王マヌエル一世[12]と再婚させる。しかし、イサベルは産褥(さんじょく)死し、誕生したミゲールはカスティーリャ、アラゴン、ポルトガルの三国の王位継承者となるが、わずか二歳で命を落としてしまう。マヌエル一世に、その後、両王の三女マリアが嫁ぐが、ポルトガルの合併は、結局、両王の曽孫フェリペ二世の治世の一五八〇年に実現した。

積年の宿敵フランスを四面楚歌化させるについては二面作戦が発動された。つまりイギリスとの連帯強化と、神聖ローマ帝国のハプスブルク家との同盟樹立である。

一五〇二年、両王の四女カタリーナは、一五歳の時に、イギリス王ヘンリー七世の長男アーサー王太子に嫁ぐが、王太子は結婚の翌年に急死し、彼女は一五歳で未亡人になってしまう。その直後、イギリス王室では信じられない一悶着が起こる。アーサーの急死を知った両王はカタリーナに輿入れ品と一緒に帰国するよう伝える。ところが、一四八五年に新しく王朝を開いたばかりのテューダー家は彼女の持参金などを無断に使い込んでしまったようで、それに何を勘違いしたのか、父親のヘンリー七世が妻を亡くしていたので、カタリーナを嫁にしたいと言い出す始末。勿論、これを

12. 在位 1495～1521 年。
13. 在位 1509～47 年。
14. 在位 1553～58 年。
15. 在位 1556～98 年。
16. 在位 1558～1603 年。
17. 在位 1493～1519 年。

図 5　シスネーロス枢機卿
（マティアス・モレノ画）

聞いた両王は激昂し、こんな茶番めいた話は吹っ飛んでしまう。

一五〇九年、ヘンリー七世の死去により、その後継者である次男が、ヘンリー八世[13]として即位する。この年、カタリーナは、六歳年下の義弟ヘンリー八世と結婚する。こうして、カタリーナ、イギリス式の呼び名ではキャサリンが、ヘンリー八世の最初の妃となった。ヘンリー八世とキャサリンの間に生まれたメアリー王女（後のメアリー一世[14]）はカトリック教徒であり、約三百人ものプロテスタントを火刑に処したために、「ブラッディ・メアリー（血みどろのメアリー）」といわれた。彼女は、スペインの王太子フェリペ（後のフェリペ二世[15]）と結婚する。彼女は世継ぎを生むことなく死去し、その後、フェリペはメアリーの異母妹エリザベス王女に求婚するが、会ったこともない男との結婚なんて、まっぴらと、すげなく断られる。この両者とも世代が変わってメアリー一世の後継として即位した女王エリザベス一世[16]とフェリペ二世とが長い間確執・抗争を繰り返すことになる。

カトリック両王の五人の子供のうち、残るのは、長男フアンと次女のフアナであった。ちょうど都合よくというべきか、ハプスブルク家も、対フランス戦略上、スペインとの結婚政策を摸索していた。「ハプスブルク家中興の祖」と後に言われた皇帝マクシミリアン一世[17]と両王家との縁談話はたちまちまとまった。フアナは、一四九六年、マクシミリアン一世の息子で「美男王」のニックネームを持つフィリップに嫁ぐことになった。フアナ一六歳、フィリップ一八歳であった。この結婚に加えて、翌九七年、フィ

図6　フアン王太子

図7　フィリップとフアナ

リップの妹マルガレーテが両王の長男で王位継承者ファンと結婚する。

このようにカトリック両王家とハプスブルク家との同盟関係の強化を目論んだ相互相続契約を結んだ二重の婚姻関係であったが、マルガレーテが嫁いだ翌年の一四九八年、ファンがサラマンカで結婚祝賀行事に参列中に急死してしまう。このショックで王太子妃マルガレーテは死産してしまう。

両王の子供の中でただ一人生き残ったファナは、まず嫁ぎ先で長女レオノーレ、次いで一五〇〇年に長男カルロスを生む。その後、長女と長男を嫁ぎ先に預けて、スペインで次男フェルディナントをはじめ、三人の娘を次々と出産する。だが、ファナにとって、必ずしも幸せな家庭生活ではなかった。女性問題の絶えない夫フィリップのことで悩まされていて、誰が見てもはっきりわかる程、ファナは精神のバランスを失っていた。可哀そうなことに、長女と長男を預けてきたのも、そのためであった。

一五〇四年、イサベル女王が逝去する。フェルナンド二世がカスティーリャの摂政となり、ファナにカスティーリャの王冠が転がり込むことになる。それで、フェルナンド二世はスペイン生まれの次男フェルディナントを引き連れて、故郷のアラゴン王国に引きこもる。ところが、ファナの夫がカスティーリャ王、フェリペ一世として即位することを宣言し、ファナから国王としての全権を奪おうとする。このような場合に限りファナは正気に戻り、「我は女王なり」と凛としてこれを退けたため、結局、一五〇六年四月、共同統治というところに落ち着く。だが、その年の九月二五日、

図8　マクシミリアン一世と家族（加藤雅彦『図説ハプスブルク帝国』河出書房新社、1995年）後ろは左からマクシミリアン、フィリップ（フェリペ１世）、妃のマリア。前は左から孫のフェルディナント、カール、ハンガリー王子のラヨシュ。カールはのちのカルロス１世（カール５世）である。

ブルゴスで、ポーム（球戯の一種）の後に冷水を呑んで、突然、男盛りの二八歳のフェリペ一世は急死する。この時フアナは二六歳、七人目の子を宿していた。フアナは夫の急死が引き金となって、一層狂ってしまう。フィリップの急死を受けてフェルナンド二世は再び、摂政としてフェルディナントを連れてカスティーリャに戻る。実は、フェルナンド二世はカスティーリャ王国をハプスブルク家の本家に任せるよりは、手塩をかけて育てあげている孫のフェルディナントを国王にさせたいと考えていた。だが、彼はカスティーリャの摂政に過ぎず王位継承に関して口出しはできなかった。

一方、フィリップの遺体はブルゴス近郊にあるカルトゥジオ会修道院の墓地に埋葬された。ところがフアナは遺体を掘り起こし、馬車に積み込み、母イサベルが眠るグラナダの王室霊廟堂に埋葬するために、カスティーリャの野を彷徨い、毎夜、遺体が盗まれていないかどうか確認するために棺の蓋を開けていたという。いよいよ彼女が「フアナ・ラ・ロカ（狂女王フアナ）」と呼ばれたのも当然であった。フェルナンド二世はフアナの狂気はすでに手に負えなくなったと判断し、急遽、カスティーリャ地方のトルデシーリャス城塞に強制的に幽閉する。それでも、彼女はカスティーリャ王[18]であり、フェルナンド二世の逝去（一五一六年）にともない、アラゴン王位[19]も受け継いでいる。五五年、彼女は七五歳で逝去するが、実に四六年間も幽閉されたまま、スペインの正式な女王であり続けていたのである。

18. 在位1504～55年。
19. 在位1516～55年。

図9 《彷徨う狂女王フアナ》（フェルナンド・オルティス画、1877年）

7 ハプスブルク朝スペインの誕生

スペイン王カルロス一世の即位

一五一五年一月五日、満一五歳の誕生日を迎えるほんの少し前、カルロスは成人の年齢に達したことを公に宣言する儀式がブリュッセルで挙行された。この日をもって彼は、ブルゴーニュ公と称することになる。この日以降、彼は領地内の主な都市に「歓喜の入城」を行なった。凱旋門と行列、そして祝宴は民衆を満足させるためには必要であった。彼の宮殿はブリュッセルに置かれた。

一五一六年一月、祖父フェルナンドが逝去する。枢機卿シスネーロスが摂政を務める。これで、スペインをカスティーリャとアラゴンを中心として統一したカトリック両王は泉下の人となった。スペインの実質的な統治者がいなくなると、決まって国内の各地で不満分子が跳梁するものだ。

この摂政体制をチャンスととらえて以前の権力を取り戻そうと上流貴族たちは跋扈した。しかし、彼らを抑え込むには、枢機卿の力では到底及ばない。そこで急遽、祖父の死後二か月後の三月、カルロスが、ブリュッセルでカスティーリャ王国とアラゴン王国の国王カルロス一世として即位する。二つの王国が、はじめて一人の国王に支配されることになった。カルロス一世は、神聖ローマ帝国皇帝マクシミリアン一世[1]の孫にあたり、オー

図1《カール5世(カルロス1世)のアントワープ入城》(ハンス・マカルト画、1878年、ハンブルク美術館蔵)

1. 在位1493～1519年。

ストリアのハプスブルク家の血を引くことになるので、ハプスブルク朝スペインの創始者ということになる。

一五一七年九月、祖父フェルナンドが死去して一年半たってしまったが、実は、少年王カルロスが新しい王国を外国の干渉を受けずに統治するために、列強中の列強であるフランスやイギリスとの交渉がどうしても必要であった。ようやく両国からの了解を得たカルロスは、ポルトガル王に嫁ぐことになっている姉レオノーレとともに、数百人の臣下を従え、四〇隻編制の艦隊に乗り込んで、フリッシンゲン港を出港した。ちなみに、国王カルロスが座乗した艦船は「プルス・ウルトラ（もっと先へ）」号であった。まさに彼の人生の標語でもあったろう。それにしても、スペインへの航海は予想以上の悪天候の連続であった。当初の目的地であるサンタンデール港から相当西方になるアストゥリアスの小村に漂着した。ここからカスティーリャの首都バリャドリードを目指すことになる。まず姉と弟の二人が直行したのは、一一月四日、母フアナが幽閉されているトルデシーリャス城塞であった。二人がフアナと別れたのは、まだ物心もつかない幼い頃であった。今や、カルロスが一七歳、姉は一九歳であった。母と二人の子供とどのような話が交わされたのであろうか。

母フアナの日常的な世話をするのは、スペイン生まれの末娘カタリーナであった。彼女はまだ両親に甘え、少女らしい遊びに興じる一〇歳くらいだった。それなのに、全く牢屋のような所で、しかも狂気に駆られた母フ

図２　現在のバリャドリードの王宮（Ⓒスペイン政府観光局）

アナの世話をしながら、自室で暮らしていた。カルロスと姉はとても心を痛め、カタリーナを散歩や買い物のために城塞の外に連れ出すが、母が彼女の不在に気づき大騒ぎを引き起こしたのだった。カタリーナがこうした地獄のごとき生活から解放されたのは、一五二五年、一八歳でポルトガル王子ジョアンにお輿入れするためにリスボンへ旅立った時であろう。

バリャドリードで、カルロスはたった一人の弟フェルナンド（フェルディナント）と邂逅する。兄弟は幼少の頃から、母の精神病のために、兄はネーデルランドで、弟はスペインで育てられ、はじめての出会いのようだった。今や、二つの王国の国王であると宣言した兄カルロス一世を目の前にして、後見人だった祖父フェルナンド二世がすでに亡くなっているので、フェルナンドは一四年間楽しく暮らした懐かしいスペインを後にしなければならなかった。

一五一七年一一月一八日、カルロスはバリャドリードの王宮に入城し、新国王を一目見ようと集まってきた民衆の前に姿を現した。しかし、彼らとの初対面は惨憺たるものだった。カルロスは一言もスペイン語を喋れなかったからだった。相互に言葉を交わすことがなければ相互の理解も到底不可能であった。もともと後継の新国王にはフェルナンドと期待してきた人々は新参者のカルロスに対して失望を隠さなかった。さらに悪いことに、彼に同行してきたフランドルの扈従（こじゅう）たちはまるで占領国にやってきた将兵のごとく横柄に構え、最初からスペインの民衆を蔑視して相手にしなかっ

図3　カルロスの青年時代（ルーブル美術館蔵、江村洋『カール五世——中世ヨーロッパ最後の栄光』東京書籍、1992年）

た。

翌一五一八年二月、カルロス一世の即位を正式に承認するためにカスティーリャ議会、次いでアラゴン議会が開催された。承認には、五つほどの前提条件付きであった。カルロスの周囲に蝟集しているフランドルの寵臣たちをカスティーリャ王国の高官に任命しないこと、カルロスがカスティーリャ語を習得すること、母フアナを女王と認めること、後継ぎができるまで弟をスペインから出国させないこと、金銀・宝石類を国外に持ち出さないこと、などであった。ともかく、両議会においていろいろと紛糾や混乱が生じたものの、ようやく新王への忠誠の誓いが行われたのだった。

しかし、この一か月後、フェルナンドのカスティーリャ王の即位問題がカスティーリャ人の間で公然と取り沙汰され、ハプスブルク家分裂の可能性を根絶するために、彼はフランドルに送られる。その後、ベーメンおよびハンガリー王[3]に即位する。その間、一五三一年、「ローマ王」に選出される。兄カール五世の退位により神聖ローマ皇帝に推され、五六年、フランクフルトでフェルディナント一世[4]として戴冠することになる。

神聖ローマ帝国皇帝カール五世の即位

一五一九年一月一二日、神聖ローマ帝国皇帝マクシミリアン一世が逝去する。この悲報が二週間後にスペインのカルロスのところに届いた。慣例として、七人の選帝侯が新皇帝を選出する。七人のうち三人は聖職者（大

3．在位 1526～56 年。
4．在位 1556～64 年。

図５　フアナの肖像画（ウィーン美術史美術館蔵、ジョセフ・ペレ『カール五世とハプスブルク帝国』創元社、2002 年）

図４　フィリップ（フェリペ１世、フアナの夫）（ウィーン美術史美術館蔵）

司教）で、残りの四人は世俗の王侯であった。この七人の投票で、四票以上取れば新皇帝に選出される。

有力候補はフランス王フランソワ一世[5]、イギリス王ヘンリー八世、スペイン王カルロス一世[6]など、錚々たる君主たちであった。本命はやはりフランソワ一世だった。すでに彼の陣営は猛烈な買収工作を進めていたからだった。彼に勝つためには彼以上の買収金を用意しなければならなかった。ずばり、凄まじい金権選挙だったのだ。故帝のマクシミリアン一世ととりわけ縁が深く、ハプスブルク家の金庫番といわれたアウグスブルグの豪商フッガー家、それと双璧と言われるヴェルザー家が協力を惜しまなかった。さらにイタリアやドイツの大商人たちもそれに同調した。カルロス陣営が七人の選帝侯に示した買収金額が、フランス王陣営が示した金額より多かったのだろう。一五一九年六月二八日のフランクフルトで行われた皇帝選挙で、カルロスが七票満票で当選する。皇帝カール五世と名乗ることになった。正確には、この選挙の日、彼は「ローマ王」に選出されたのであり、ローマ王は、ローマ教皇によって戴冠されてはじめて、正式に神聖ローマ帝国皇帝となる。

皇帝たる者は古来の慣習に従って、ドイツの古都で司教都市であるアーヘンで戴冠式を挙行しなければならなかった。一五二〇年一〇月二二日、カルロスは、アーヘンで戴冠式を挙行する。スペインから帯同した随員、そしてブルゴーニュで合流した家臣を含めて総勢一千人におよぶ堂々たる行

5．在位 1515～47 年。

6．カルロスに対する同時代人の評価が残っている。
「彼は侵攻に篤く、正義を愛し、悪癖とは無縁であり、遊びごとに興ずることはない。彼が好むのはもっぱら政治であり、いろいろな閣議に頻繁かつ熱心に臨み、しかも会議中はほとんど席を立たない。あらたに自分の版図を拡大しようとする野心は抱いていないが戦争はこれを好み、線上にいることを喜ぶ、特にイスラム教徒との戦いには大いに熱意を燃やしており、また自分の将来を決定するとの考えからイタリアに赴く決意を固めている。彼はことばかずは少なく、あまり自分の意見を述べることはしない。周囲の情勢が自分に有利に展開しても特に悦に入ることも無ければ、苦境に陥ったからと言って意気消沈することもない。また生来の性格として、多人から受けた屈辱をいつまでも覚えていて容易に忘れたりはしない。」（前出『スペイン』1980 年、p.78.）

列がアーヘンの城門をくぐった。新皇帝を歓迎する帝国側も、七人の選帝侯をはじめ、上流貴族、高位聖職者、外国の政府高官、外交官や市の有力者たちであった。厳かな戴冠式において、新皇帝は、帝国を外敵の攻撃から護り抜くこと、キリスト教を擁護することを誓約した。

これで戴冠式がつつがなく終了したものの、厳密に言えば、一五三〇年二月、ボローニャにおいてローマ教皇によって戴冠されるまで身分的には「皇帝として選ばれた者」だった。

それにしても、選挙の話に戻るが、三人の大司教をも含めて、七人の選帝侯はこの時とばかりに途轍もなく貪欲さを発揮した。ちなみに、カルロス陣営が使ったとされる選挙資金は純金約二トン分に相当すると言われている。[7] それでも七人の選帝侯たちはカルロスに投票した理由として、フランソワ一世といった全くの外国人よりはハプスブルクの血を受けた人間のほうが節理にかなっているからだと平然と説明したのだった。

その時、カルロスはわずか一九歳であった。彼の領土は一挙に拡大した。父方の祖父からオーストリアを、父方の祖母からフランドルを含むブルゴーニュを、母方の祖父からアラゴン、ナバラ、ナポリ、ミラノ、サルデニャを、母方の祖母からカスティーリャ、新大陸を引き継ぎ、彼の領土はまさに「陽の沈むことなき大帝国」となったのである。だがこのような未曽有の大帝国を手に入れて優雅に暮らすどころか、これらの領土を治めるために、東奔西走の生涯を送ることになる。一五一七年から五八年の死去

7．82万5000ラインググルデン（菊池良生『ハプスブルク家の光芒』作品社、1997年、p.9.）

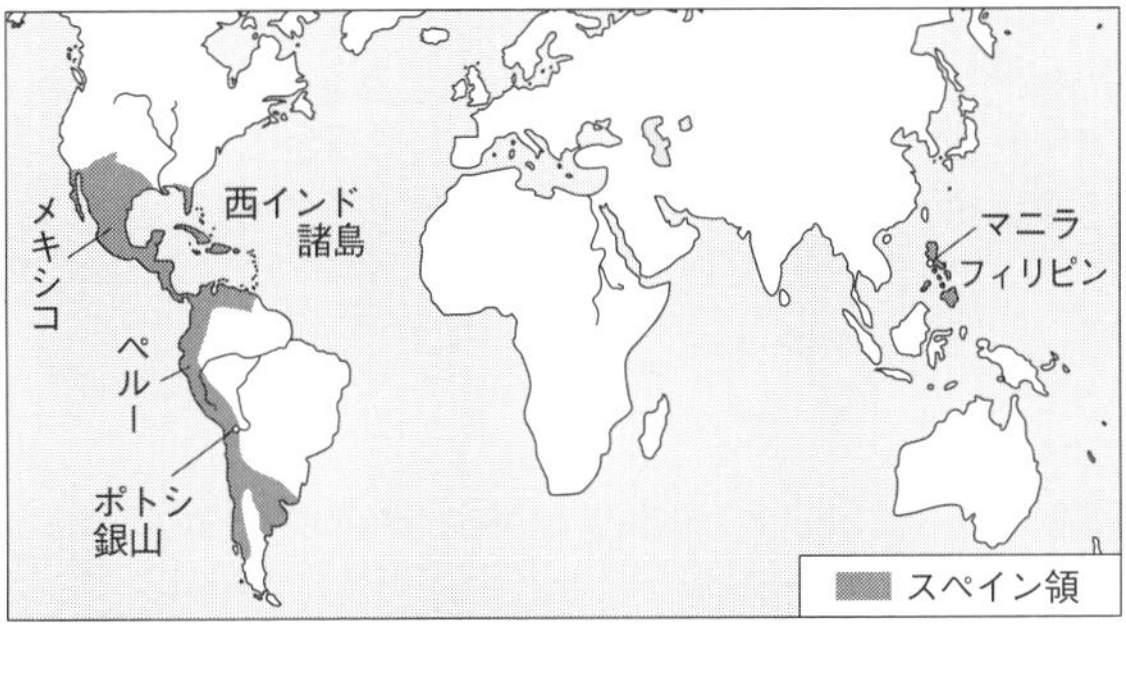

図６　カルロス１世（カール５世）の欧州外の主要領土

に至るまでの四一年間で、最も長くスペインに滞在したが、それでも一七年間にすぎなかった。

カルロスの最初の試練

一五二〇年一〇月二二日のアーヘンの皇帝戴冠式へ出発する準備の話に戻るが、この戴冠式に数百人ほどの臣下と一緒に参列するために、同年四月にサンティアゴで開かれたカスティーリャ議会で上納金を依頼する。それも主要な都市に重点的に割り当てたのだった。各都市の代議員は唐突の要請に驚き、狼狽し、たちまち議会は大混乱に陥った。なかでもトレドの代議員は断固その要請を拒否し、他の都市の代議員もそれに同調し、新国王に対する金銭上の疑惑を検討することにした。

代議員の中には、もともと「外国人の少年国王」であるカルロス一世の政治的手腕に対してあまり評価していなく、その彼が神聖ローマ帝国皇帝カール五世として即位することは、スペインを土台にして蔑ろにすることだという不満もあった。それにカルロスと一緒に入国した国王の側近たちは、自らの権勢の拡大のためにスペインの資産を搾取し、政府の要職、トレドの大司教をはじめ高位聖職者職などを独り占めしているといった不満が飛び出す始末であった。議会をラ・コルーニャに移し、政府側は半数以上の代議員から何とか上納金の承諾に漕ぎつけるが、これに賛成した代議員はそれぞれの都市で罷免され、あるいはセゴビアでは代議員の一人が激

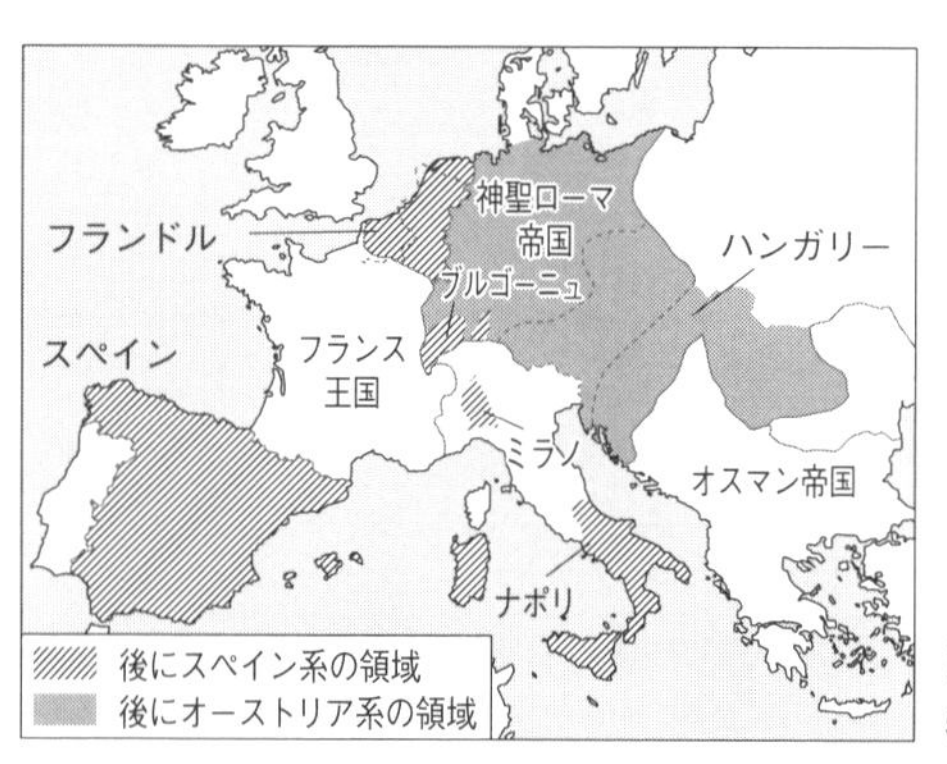

図7　カルロス１世（カール５世）の欧州内の主要領土

高した暴徒に惨殺された。

そのうちにトレドに率いられた都市が「聖会議（サンタ・フンタ）」という対抗政府を結成し、政府と対峙するようになった。カスティーリャの北部、中部の都市が叛乱を起こした。「コムネーロスの乱」といわれる叛乱であった。彼らは議会のもとに結集した王国のほうが、国王にまさる権利を持つと主張したのだった。

カルロスの身を案じた側近は、国王の出帆は五月二〇日と決めた。直ちに国王は自分の不在中に、代理人として、彼の家庭教師であったルーヴァンの司教アドリアン・フロレンゾーン（後の教皇ハドリアヌス六世）[8]を任命して「遅くとも三年以内に戻る」と側近たちに言い残し、慌ただしくドイツへ旅立った。

アドリアンたちは、叛乱軍の過激な攻勢に対峙する術もなく、叛乱軍はトルデシーリャスを占領し、代表者がファナ女王に拝謁した。カルロスを権力の座から引きずり下ろし、彼女を国王に立てて、自らの政府の正統性を掲げようとしたのだった。ところが、彼女は政治のことに全く関心を示さなかった。叛乱者が用意したいかなる書類にも署名をしなかった。ファナ女王との会見は失敗だった。コムネーロスの乱は自然瓦解状態に陥った。その間、アドリアン陣営は、国王の名の下に貴族たちの支援を取り付けて軍勢を立て直し、一五二一年四月、ビリャラールで両軍が激突した。国王軍が叛乱軍に壊滅的な打撃を与え、徹底的に粉砕した。ファン・デ・バ

8．在位1522～23年。

図8 《コムネーロスの処刑》（アントニオ・ヒスベルト画、1860年）

ディーリャをはじめとする首謀者たちは極刑に処されたが、それ以外の関係者はおおむね寛大な措置が取られた。

このコムネーロスの乱とほぼ同時期に、バレンシアやマジョルカでも叛乱がおこった。これは貴族に対する民衆の激しい社会運動であり、両地域で何千人もの死者を出したが、いずれも鎮圧された。貴族は王権に忠実な宮廷貴族に変貌し、王権は一層拡大した。確かに国王カルロスの名のもとに政情は安定したが、ブルジョワ階級の成立の可能性を完全に阻止したといわないまでも、他のヨーロッパ列強と比較して相当遅れをとった。これが、カトリック両王以来のユダヤ人国外退去を含めて、スペインの社会的後進性から脱却できない要因となってしまったといえよう。

一五二一年七月、カルロスは帰国する。すでに反カルロス陣営は完全に排除され、叛乱の土壌も除去された。平和が回復されて、国王の権威は確実なものとなっていた。

図9　マルティン・ルター

カルロス vs プロテスタント

神聖ローマ帝国皇帝カール五世として、はたまたスペイン王カルロス一世として、対処しなければならない重大な懸案の一つは、アウグスティヌス会士でヴィッテンブルク大学教授のルター[9]の宗教改革であった。

一五二一年四月、ドイツの司教都市ヴォルムスで帝国議会が開かれた。議題は、ルター問題であった。その三年半前の一七年一〇月、ルターは免罪符販売に対する批判、教会の腐敗に対する非難など「九五ヵ条の教説」を公表した。ドイツでは、ルターの教説をめぐって甲論乙論、決着がつかないほど沸きに沸いていた。それゆえ、この帝国議会でのカルロスの対応には大いに期待する向きも多かった。ところがルターとの対話は物別れに終わった。ルターはどうしても自説を撤回しなかったからである。カルロスはルターに自由通行証を与えて国会に喚問したのであり、この際、異端なりと言って彼を逮捕して断罪するわけにいかなかった。これがハプスブルク家の伝統であり、矜持であった。ルターの身柄は、いの一番に彼の教説に同意を表明したザクセン選帝侯フリードリヒ三世「賢公」[10]に預けることになった。カルロス自身にとっても、すでに宗教心を放擲し、高位聖職者とは思えぬような、地上の富や安逸な生活を追求するといった日和見主義的な教皇の実状を十分に知悉しながら、ローマ教会を全面的に擁護せざるをえないわけで、内心忸怩たるものがあったろう。議会の翌日、彼はヴォルムスに居残った議員に向かって、これからは断固として異端との戦いに臨むと言明した。だが、こう述べた彼であったが、本心ではドイツの宗教的対立を平和裏に解決しようとした。ちなみに、四七年のミュールベルグの戦いでプロテスタント諸侯同盟軍に勝利するが、問題の解決には至らなかった。さらに、その八年後の五五年の「甲冑におおわれた帝国議会」でアウグスブルグの宗教和議が締結されたが、それは「君主は自分の領国の宗教を選択することができる」という原則が定められ、カルロスもプロテ

9．1483～1548年。

10．在位1486～1525年。

図10　甲冑をまとったカール5世（プラド美術館蔵）

図11　王妃イサベル（プラド美術館蔵）

スタントを容認せざるを得なかったのだった。

ローマの掠奪（サッコ・ディ・ローマ）

イタリアの覇権をめぐるスペインとフランスとの戦いは、いわば宿命というべきであり、カルロスの場合も皇帝選挙のライバルであったフランソワ一世とだけでも、イタリアの領有をめぐって四回も干戈を交えたのだった。

一五二五年二月、ミラノを陥落させ、教皇軍を屈服させたフランス軍は、さらに軍を南に進め、ミラノ南方の都市パヴィアを守備しているスペイン軍を急襲した。両軍が入り乱れて壮烈な白兵戦を展開する。ところが、スペイン軍は、最前線で指揮していた敵の最高司令官であるフランソワ一世を捕虜にする。フランス軍は総崩れとなった。マドリードにいるカルロス王の指令は、今や縲絏（るいせつ）の辱しめを受けているフランス王を、イタリアから直接海路でスペインの東海岸に向かわせるのではなく、わざわざフランス経由でマドリードに護送すべしであった。マドリードで、両国王にとって初めての邂逅であった。翌年一月、フランソワ一世は、和解としてカルロスの姉レオノーレを妃に迎え、自分の二人の息子を人質として差し出すことに同意する。さらに、ブルゴーニュ公国とイタリアのフランス領の放棄を骨子とする「マドリード条約」を締結する。同年三月、スペイン・バスク地方の国境を流れるピダソワ川の中州ファイサーネス島で、聖書に手を

図12　フランソワ1世

おいて条約の履行を明言したフランソワ一世は、二人の息子と入れ変わって、釈放される。一年ぶりの自由の身となった彼は、強制されて結んだマドリード条約を破棄する、と宣言する。

ところが皇帝の軍事的威力を恐れた、メディチ家出身の教皇クレメンス七世[11]までも、マドリード条約の無効性を公認した。当時フランス西部のコニャックに滞在中のフランソワは、密かにローマ教皇、イギリス、ヴェネチア共和国などと「神聖コニャック同盟」を結び、イタリアで皇帝軍に攻撃を仕掛ける。ドイツの農民兵とスペインの歩兵部隊を主力とする傭兵軍である皇帝軍はいくつかの戦場で同盟軍を潰走させ、ついに一五二七年五月、ローマに乱入した。事前の約束通りの俸給が未払いだったために暴徒と化した強欲な傭兵軍は実に九か月近くも、強奪の限りを尽くしたのだった。この聖なる都ローマはさながら生きる地獄となり、完全に廃墟と化した。皇帝軍はこれを「バビロンへの神の罰」と囃し、教皇庁側は「異端者やマラーノの仕業[12]」と激しく非難した。そのうえ、優柔不断な教皇は数人の枢機卿とともに、捕虜となった。ローマ教皇が侵入した傭兵軍の捕虜となる、これこそ前代未聞の珍事であり、大スキャンダルであった。結局、カールが仲介に入り、多額の保釈金を支払い、半年後にようやく釈放されたのである。これが史上最悪の「ローマの掠奪(サッコ・ディ・ローマ)」といわれた事件であった。

既に述べたが、一五三〇年二月ボローニャで、カールはローマ教皇による戴冠式に臨んだ。これは本来ならローマで行われるのだが、三年前の

11. 在位 1523～34 年。
12. 佐藤彰一『宣教のヨーロッパ——大航海時代のイエズス会と托鉢修道会』中公新書、2018 年、p.40.

図 13　サッコ・ディ・ローマ（ローマの掠奪）（メトロポリタン美術館蔵）

「ローマの掠奪」で聖なる都は破壊されたままで、まだ復興されていなかったからである。だが、戴冠した教皇は、例の破廉恥なクレメンス七世であった。この戴冠式後、これで正真正銘の皇帝となったカール五世は、ドイツのアウグスブルグへ赴き、そこで選帝侯たちを何とか説得して、翌三一年に実弟フェルディナントを「ローマ王」に指名してもらう。これ以降、このように皇帝の嗣子ないし近親者は「ローマ王」に選ばれるのが慣習となり、事実上、選帝侯による皇帝選挙は有名無実化してしまう。この制度が崩れたのは、カルロス二世[13]が男系の後継者を残さずに逝去したために、スペイン国王の座がブルボン家に移ってしまったときである。

カール五世の引退

一五五五年一〇月二五日、カール五世はブリュッセルの王宮での退位式において、一九歳で皇帝に即位し、現在までの足跡を顧みて、次のように述べた。「私はドイツへは九度、スペインへは六度、フランスへは四度、アフリカとイギリスへは二度ずつ渡り、また戻った[14]」と。

神聖ローマ帝国皇帝はすでに「ローマ王」である実弟フェルディナントに、ただしカールの生まれ故郷のネーデルランドとスペインは長男フェリペに相続させることにした。それにしても、フェルディナント一世以降、皇帝の冠はカルロス側かフェルディナント側か、どちらが戴くのか。どちらも我が子に帝位を継がせたいと思った。カルロス兄弟は政治能力に秀で

13. 在位 1665～1700 年。
14. 江村洋『ハプスブルク家』講談社現代新書、1990 年、p.116.

図 7　晩年のカール 5 世（アムステルダム国立博物館蔵）

た妹マリアと協議して、兄弟の系統が交互に帝位につくことに落ち着いた。カルロスは満足した。だが、実際にはこれ以降、一度も帝冠がスペインに渡ることはなかった。カール五世の退位時点で、ハプスブルク家はオーストリア・ハプスブルク家とスペイン・ハプスブルク家に系統分裂したのだった。

退位後の終の住処は、スペイン中部のユステにあるヒエロニム会修道院の敷地の中に造られた。カールは、在位中と同様に、修道士さながらの黒衣の長衣がよく似合っていた。それにしても、一五五八年九月になると、カールの健康状態はとみに衰弱し、宿痾（しゅくあ）の痛風のために体を自由に動かされず、トレド大司教から終油の秘蹟を授かり、九月二一日、「プルス・ウルトラ」という人生の標語を残しつつ、静かに息を引き取った。

図8　エル・エスコリアル宮殿（Wikimedia Commons, by Ecemaml, Turismo Madrid Consorcio-Turístico, CCBY2.0）

8 ハプスブルク・スペイン

フェリペ二世

一五五六年一月、父王カルロス一世から王冠を引き継いだフェリペ二世は、神聖ローマ帝国を除くすべての領土、それに父王の残した膨大な負債も継承することになる。即位した翌五七年に第一回破産宣告を行う。国庫財政的には、前途多難なスタートであった。次いで、七五年、九七年の二回とも同様の措置に訴えることになった。そしてもう一つ宿命的な敵がいた。潜在的には最強の軍事力を装備している隣国フランスである。

国内の政治は、平穏無事というべきか安定していた。しかも彼は生粋のカスティーリャ人であり、父が生涯にわたって関与してきたカトリック安寧のためのプロテスタント諸侯との激しい戦いという敬虔なる責務は、叔父である神聖ローマ帝国皇帝フェルディナント一世の双肩にかかっていた。この時期は「黄金世紀」[1]といわれている。

一五五七年、国庫支払い停止宣言と同時に低利の長期公債に切り替えたフェリペ二世は、同盟国イギリスと組んで、サン・カンタンの戦いでフランス・教皇軍に勝利し、二年後にフランスとカトー・カンブレジ和約を結び、スペインはイタリアの領有と覇権を確認し、ネーデルランドの国境を明確に確定できた。六一年、マドリードに遷都する。六三年、サン・カン

図1　フェリペ２世（プラド美術館蔵）

図2　フェリペ３世（p.93）

タンの戦勝を記念して、エル・エスコリアル修道院・離宮・王室礼拝堂の建設を始める。これこそ反宗教改革の旗手を任じるフェリペ二世時代の一大記念碑であろう。こうした国内の比較的平穏な日々もそう長く続かなかった。六六年、スペイン領ネーデルランドで騒乱が起こり、それに連動したプロテスタントによる聖像破壊暴動が各地に広まり、重大な局面を迎えた。国王は、暴徒の鎮圧のためにアルバ公麾下のスペイン軍とイタリア軍を派遣する。アルバ公は「騒乱評議会」を設置し、叛逆者たちには秋霜烈日の罰を下し、さらに絶対主義政治体制の確立を目論んで「一〇分の一税」（商品取引税）の導入を図った。これがさらなる暴動を引き起こし、六八年、オランダ独立戦争[2]、別称八〇年戦争が勃発した。ネーデルランドの独立を公然と支援していたのは、イギリス女王エリザベス一世であった。

フェリペ二世のもう一つの敵は、オスマン帝国であった。一四五三年にビザンツ帝国を制圧したオスマン帝国は、中央ヨーロッパ全域にも澎湃（ほうはい）と侵入した。皇帝カール五世（カルロス一世）の膝元であるウィーンも一五二九年と三二年の二回にわたって直接攻撃された。フェリペ二世時代にはオスマン帝国海軍が地中海を睥睨（へいげい）していた。七一年、スペイン、ヴェネチア、教皇の神聖同盟連合艦隊は、レパント沖の海戦で激しい戦闘のすえオスマン帝国艦隊を壊滅させた。この予想外の勝利はスペイン人たちに、神の御恵（おめぐみ）を戴いているキリスト教徒の中で自分たちが第一人者であるという矜持をもたせたのだった。しかし、現実の海軍力を比較すると、地中海に

1．スペイン黄金世紀（黄金時代）（Siglo de Oro）の時代設定には、諸説があり、それを紹介しておこう。

① 文芸の視点に立って。1499年（フェルナンド・デ・ロハス『ラ・セレスティーナ』の刊行年）から1682年（ムリーリョの死去）まで。

② 政治・経済・軍事などの視点に立って。1525年（ハプスブルク体制が安定した年）から1648年（ウエストファリア条約によりオランダの独立を承認し、スペインの覇権の幕が下りた年）まで。

③ カルロス1世（在位1516～56年）の即位（1516年）から、1659年（フランスとの戦争に敗北し、ピレネー国境の数か所をフランスに割譲し、ルイ14世とフェリペ4世の娘マリア・テレサとの結婚が成立し、ヨーロッパにおけるスペインの地位は完全に失墜したピレネー条約の締結。これ以降「フランスの時代」が始まる）まで。——スペインの歴史家ドミンゲス・オルティースの説。〔次頁〕

おける両軍の膠着状態は一目瞭然、七八年にスペインはオスマン帝国と休戦協定を結ぶ。以降、八〇年と八一年の二回も同様の休戦協定に甘んじる。

一五七八年八月、北アフリカの戦いでポルトガル国王セバスティアン[3]が戦死する。彼は独身だったために、ポルトガル王国は空位となった。このような場合、自分こそ後継者なりと名乗りを上げるのが何人かいるものなのだ。フェリペの母は、ポルトガル王女イサベルであり、彼も王位継承権を持っていた。クラート修道院長アントニオはポルトガル議会の一部と都市の一部の支持を得て、八〇年六月にリスボンに入城し、即位を宣言した。その二か月後の八月、フェリペ二世の命を受けたアルバ公の軍勢がリスボン駐屯中のアントニオ軍を一挙に四散させ、自軍の兵士たちに好きなだけ狼藉を許した。翌九月、フェリペ二世はリスボンでポルトガル国王即位を宣言し、翌年四月、ポルトガル議会でフェリペ一世として承認された。このポルトガル合併で、アジアやアフリカの植民地[4]も合併されることになり、フェリペ二世のカスティーリャは、文字通り「陽の沈むことなき大帝国」となったのである。

瞬く間に版図を拡大したフェリペ二世に挑戦したのは、イギリスの女王エリザベス一世であった。彼女は、反カトリックの立場からネーデルランドの独立派を大々的に支援し、反カスティーリャの立場から、新世界から本国に帰還するスペイン輸送船を強奪するためにドレイク[5]やホーキンズ[6]などのイギリスの私掠船（しりゃくせん）を財政面でも援助していた。そこで、フェリペは、

〔承前〕

④ 1469 年（カトリック両王の結婚）から、1716 年（バスクを除くスペインの法的・政治的一元化が達成されたブルボン朝の中央集権体制発足）まで。——イギリスの歴史家エリオットの説。

芸術一般の「黄金世紀」は 16 世紀から 17 世紀までの、2 世紀と見たい。ただし、政治的には、「太陽の没することなき大帝国」スペインは 16 世紀最後の 4 半世紀には陰りを見せ、1598 年のフェリペ 3 世の戴冠を機に急速に崩壊の途を辿ることになるので、「政治面」での「黄金世紀」は、16 世紀に限られることになろう。大雑把であるが、16 世紀をルネサンス盛期、17 世紀をバロック期、とする場合もある。

2．1568 ～ 1648 年。

3．在位 1557 ～ 78 年。

国家の威信とカトリックの名誉をかけて、イギリスを膺懲（ようちょう）するために、一五八八年、一三〇隻の戦艦と一万一千人の船員、一万九千人の兵士を乗せた「大艦隊（グラン・アルマーダ）」を派遣した。この艦隊はネーデルランドで自陣のパルマ公麾下のスペイン軍将兵を乗せ、彼らがイギリスに侵攻しエリザベス女王を捕縛してローマ教皇の御前に連行することになっていたのだが、最初の出撃段階でなんらかの手違いで上陸軍を大艦隊に載せることすらできず、止むをえず北回りで帰還中に予期せぬ大嵐に遭い、三分の二ほどがほうほうの態で帰着した。この「ドーバーの海戦」と呼ばれる戦いに完勝したイギリス側は国威発揚のために、スペインの大艦隊を「無敵艦隊（インビンシブル・アルマーダ）」と命名し、われわれがそれに勝利したと自画自賛したのだった。一方、一四九二年のグラナダの戦勝以来、神の思し召しを頂き戦勝したというスペイン人のカトリック信仰心に陰りがさしたのは確かであったろう。しかし、この敗北の二年後には、スペイン海軍の再建を果たし、それ以降四〇年間、スペインの大西洋支配は不動であった。

フェリペ二世の「陽の沈むことなき大帝国」は失敗が許されない生命線であった。レコンキスタが完了した一四九二年、幸運にも、コロンブスが新大陸に到達し、これ以降、「コンキスタドール（征服者）」という勇ましいスペイン人たちが新世界に渡ったのだった。当初彼らは、新領土の獲得、金銀財宝の奪取といった現世的な欲望の充足、それと同時にインディオたちへのキリスト教の伝道といった牧者的使命の両面を持ち合わせていた

4．アジア・アフリカの植民地獲得に関して、大航海時代の覇権を求めて、ポルトガルとスペインの間に絶えず熾烈な争いが起こっていた。そこで、1494年、教皇アレクサンデル6世（在位1492～1503年）の仲介でトルデシーリャス条約を締結し、相互に排他的公海水域および征服地域を決定した。

ところが、時がたつにつれて、他のヨーロッパ諸国も活発に植民地獲得に乗り出し、先に決めた「トルデシーリャス線」は太平洋のどこかが問題になり、しかも他のヨーロッパ諸国の動きも警戒しなくてはならず、1529年、スペインとポルトガルが同盟を強化するために改めてサラゴサ条約を締結した。これにより、35万ドゥカードと引き換えにモルッカ諸島はポルトガルに譲渡され、スペインはアジアの香料貿易を独占するのを断念することになった。

5．1540？～96年。

6．1532～95年。

が、次第に前者のみが優先するようになる。それに彼らは、個人事業主だったので、彼らの活動は投機的な企てになりがちであった。ちなみに、エルナン・コルテス[7]は、総勢六百人の部下を引き連れて、一五二一年八月、アステカ王国を滅ぼし、翌二二年一〇月、カスティーリャ国王カルロス一世より、ヌエバ・エスパーニャ（メキシコ）の総督に任じられた。しかし三五年、ヌエバ・エスパーニャ副王領の設定と共に権力から疎外された。また、三二年一一月、フランシスコ・ピサロ[8]は一八〇人の部下を引き連れて王位継承をめぐって内乱が続いているインカ帝国に入り、一万人以上のインディオを殺害し、アタワルパ王を捕らえ、大量の金銀財宝を釈放の身代金として獲得した後、偶像崇拝などの理由で処刑し、翌三三年一一月、クスコに入り、インカ帝国を滅ぼした。三五年、「諸王の都」（現リマ）を建都した。コンキスタドールの征服が完了すると、王室は彼らに戦利品の「五分の一（キント・レアル）」を求めた。やがて征服地において王権を確立するために本国から官吏を派遣し、次第にコンキスタドールの権限を削減するようになった。

ところで、新大陸において一五四五年のペルーのポトシ、四六～四八年に北メキシコのサカテーカス、グアナフアトなどで豊かな銀の大鉱脈が発見された。六〇年頃から始まった採掘はインディオたちの強制労働でまかなった。またほぼ同時に水銀アマルガム精錬法も導入され、生産量は最盛時に年約四五万キロに達し、世界の総生産の八〇％を超えた。この大量の銀はスペイン船団によって本国に運ばれた。一六六〇年までの一六〇年間

【余談 1】「黄金世紀」の文学（小説）

・騎士道小説　ミゲール・セルバンテス（1547～1616年）『ドン・キホーテ』（前編・1605年、後編・1615年）

・牧人小説　セルバンテス『ラ・ガラテーア』（1585年）
　ロペ・デ・ベガ（1562～1635年）『アルカディア』（1598年）

・悪漢小説（ピカレスク・ロマン）
　作者不明『ラサリーリョ・デ・トルメスの幸運と不運の生涯』（1554年）

・神秘文学　アビラのテレサ（1515～82年）『自叙伝』

7．1485？～1547年。

8．1475？～1541年。

9．在位1598～1621年。

に、一六〇〇万キロ（ヨーロッパの銀保有量の三倍に相当する）がセビーリャに到達した。その四〇%はカスティーリャ王国の取り分であったが、その大半は外国から購入した借金の返済に充当され、国内にほとんど残らなかったという。残されたのは、激しいインフレと「価格革命」だけであり、これらが直撃したのは一般庶民であった。

フェリペ三世

一五九八年九月、フェリペ二世の死去により、彼の長男がフェリペ三世[9]として即位する。「怠惰王」というニックネームを頂戴した彼は狩猟に熱中するが、もともと政治に関心は薄く、国政をカスティーリャの有力貴族サルバドルに委ね、「レルマ公爵[10]」と称させた。これが悪名高い「寵臣（ヴァリド）政治」の始まりであり、これ以降、王の寵臣による専制政治が、次の国王フェリペ四世[11]も含めて一七世紀スペイン政治の主流となる。レルマ公爵は私利私欲を最優先する途方もない寵臣だった。一六〇一年、宮廷をバリャドリードに移す（〇六年四月まで）。フェリペ二世時代の側近の影響力を排除し、宮廷内の要職を自分の一族に任命した。

レルマ公爵は、フェリペ三世が即位した翌一五九九年、先代王と同様、逼迫した王室財政の窮余の策として、銀と銅の合金だったペリョン貨を銅のみで鋳造し、一六〇三年にはペリョン銅貨に二倍の価格を刻印するという措置をとった。勿論、これも途轍（とてつ）もないインフレを惹起（じゃっき）したのだった。[12]

10. 1553～1625年。
11. 在位1621～65年。
12. 前出『スペイン史』1、2008年、p.334.

図3　セルバンテス

LA VIDA
DE LAZARILLO
DE TORMES.
Y de sus fortunas y aduersidades.
En Milan, Ad instanza de Antoño de Antoni
M. D. LXXXVII.

図4『ラサリーリョ・デ・トルメスの幸運と不運の生涯』表紙

一六〇九年、財政逼迫のためにオランダと一二年間の休戦協定を結ぶ。敵対していたフランスやイギリスとも講和条約を締結し、国家財政の負担となるような対外戦争をできるだけ回避できた。この束の間の休戦状態の時期は「スペインの平和（パクス・イスパニカ）」と呼ばれている。

国内では強力な宗教的統一を図り、モリスコの追放を開始した。モリスコ側の一斉蜂起を警戒して個々別々の地域において期間も別々に、しかも短期間で実施された。最初の追放令の公布は一六〇九年九月のバレンシアで、翌年一月までに約一三万人が北アフリカなどへ追放された。まずモリスコは、三日以内に指定された集合場所に集合するよう命じられ、その際携行可能な私物の持ち出しは容認された。次いで、ムルシア、アンダルシア、アラゴン、カタルーニャ、カスティーリャ、エストレマドゥーラなどと続き、これらが終了したのは、一三年一〇月、追放されたモリスコは約三〇万人であった。[13]優秀な農民や手工業者、商人たちであったモリスコの国外追放はスペイン経済を痛撃し、その影響は多方面に及んだ。

それにしても、ヴァリドの地位や対外政策をめぐって、宮廷内の名門貴族間の争いが日増しに苛烈となり、一六一八年、平和路線主義者のレルマ公爵が失脚し、オーストリア・ハプスブルク家と同調してスペインもヨーロッパにおける覇権拡大の政策に転換した。ちょうどカトリックとプロテスタントの対立をめぐってヨーロッパ全域を巻き込む三〇年戦争（一六一八-四八）にスペインは、フランスやイギリスが対応に逡巡してい

【余談 2】「黄金世紀」の文学（詩）

・ルイス・デ・ゴンゴラ（1561～1627 年）

《誇飾主義》の創始者。この上なく難解な詩人。「ゴンゴリスモ（ゴンゴラ主義）」という用語があるくらい。ゴンゴラの死後 300 年を機に、20 世紀に 10 人余りの若手詩人たちの「27 年の世代」によって再評価された。

【余談 3】「黄金世紀」の画壇

・フランシスコ・デ・スルバラン（1598～1664 年）《褐色の聖母》《神の子羊》《ポルトガルの聖イサベル（p.97）》

・バルトロメ・エステバン・ムリーリョ（1618～82 年）《虱を取る少年》《小鳥のいる聖家族》《貝殻を持つ幼児たち》《無原罪の御宿り（p.97）》

・ディエゴ・ベラスケス（1599～1660 年）《セビーリャの水売り》《ラス・メニーナス（p.96）》《織女たち》《ブレダ開城》《軍神マルス》

る間に、カトリック擁護のために神聖ローマ帝国側の戦列に加わり、緒戦段階では連勝を重ねる。二一年三月、フェリペ三世はポルトガルから戻った直後に重体に陥り、泉下の人となる。

フェリペ四世

一六二一年三月、フェリペ三世の一六歳の長男が、フェリペ四世[14]として即位する。国王を支えるために寵臣オリバーレス伯公爵が政治の実権を握る。彼が推進する「日の沈むことなき大帝国」の再建は、もはや「邯鄲の夢」に過ぎなかった。宮廷画家に登用されたベラスケスが描いた数枚のフェリペ四世の肖像画は、いずれもスペイン帝国の頂点に君臨する国王としているが、実際のフェリペ四世は統治者としては無気力で無能、放埓な生活を懲りずに繰り返す色魔、文芸擁護者・愛好者という点では詩人、金に糸目をつけない美術愛好家、愛の遍歴ごとに罪の意識にかられ、右手で胸を静かに軽く打つ敬虔なカトリック教徒、といえよう。

一六二一年四月、オランダとの休戦条約の期限が切れ、戦争を再開する。四〇年代になると、対外戦争継続のために兵力や軍資金を強制的に集めようとするオリバーレスの中央集権的な政策に対して各地で不満が嵩じ叛乱が勃発する。四〇年六月七日の「キリストの聖体の日」にバルセロナで、聖体行列に参加していた民衆が暴動を起こし、副王サンタ・クローマ伯と数人の側近を殺害した。この事件が契機となり、カスティーリャは軍隊を

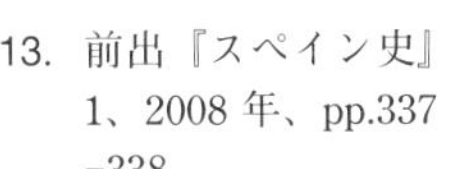
13. 前出『スペイン史』1、2008年、pp.337–338.

14. 在位1621～1665年。

図5　フェリペ4世（プラド美術館蔵）

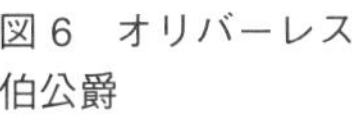
図6　オリバーレス伯公爵

派遣して、カタルーニャを制圧する構えを見せる。それに対して、一〇月にカタルーニャ議会常設代表部（ジャナリタット）はフランスと防衛協約を結び、翌四一年一月、フランスのルイ一三世[14]を自らの国王に戴くと宣言した。叛乱は一三年間も続き、五二年一〇月にバルセロナが降伏した。翌五三年、フェリペ四世は、カタルーニャの諸特権を尊重すると誓約し、これで叛乱が終息した。

　話を四〇年に戻すが、四〇年六月のカタルーニャの叛乱、四〇年十二月、ポルトガルでも叛乱が起ったが、カスティーリャ軍は対フランス戦線とカタルーニャの叛乱鎮圧のために、ポルトガルに派兵できず、叛乱者陣営の王宮占拠から五日後にブラガンサ公爵がポルトガル王ジョアン四世[15]として即位する。最終的には、六八年のリスボン条約でポルトガルの独立を正式に承認する。こうした反カスティーリャ叛乱は、四一年のアンダルシア、四七年のスペイン領のナポリとシチリア、四八年のアラゴン、など各地で起こった。五九年一一月、フランスとの和平のためにスペインはフランス・スペイン国境を流れるピダソア川の中州、ファイサーネス島（一五二六年三月、フランスのフランソワ一世がマドリード条約に署名して、二人の息子を人質にしてようやく解放された島）で、一四項目からなるピレネー条約を締結する。それには、ルイ一四世[16]とフェリペ四世の長女マリア・テレサ王女の婚姻に関する項目も含まれていた。それは、「カトリック王は、キリスト教王に五〇万エスクードの持参金を約束する」。その代わりに、マリア・テレサは事実上、スペインの王位継承に関する権利を永久に放棄する、

14. 在位 1610～43 年。
15. 在位 1640～56 年。
16. 在位 1643～1715 年。

図 7 《ラス・メニーナス》（ベラスケス画、1656 年、プラド美術館蔵）

とあった。フェリペ四世は、不倶戴天の敵であるフランス王家へ愛娘を嫁がせるのだが、彼女がスペイン王家の相続権を持っていれば、やがてそれがフランス王家のものとなることを危惧していたからである。しかし、スペインは多額の持参金を調達できなかった。そのため、四〇年後の一七〇〇年にハプスブルクからブルボンへの王朝交代がすんなりと行われた。

カルロス二世

一六四九年、フェリペ四世は、皇帝フェルディナント三世の娘マリア・アンナと結婚するが、彼女は実の姪であった。六一年一一月六日、二人の間に生まれたカルロスは、「呪われた王（エル・エチサード）」と影口を叩かれるほど、生来心身ともに病弱であったが、六五年九月一七日、フェリペ四世の死去によってなんと四歳でカルロス二世[17]として即位した。彼が一四歳になるまでマリア・アンナが摂政を務めることになった。カルロスは二度結婚するが、嗣子を持てなかった。国王の後継者をめぐって宮廷での権力闘争や陰謀が繰り返され、またヨーロッパの列強も介入した。結局、カルロス二世は、「陽の沈むことなき大帝国」の不分割を条件として、ブルボン家のフィリップ（「太陽王」ルイ一四世の孫で、フェリペ四世の曽孫）に譲位するという遺言書に署名して、一七〇〇年一一月一日、三九歳になるほんの数日前、薄幸な生涯を閉じたのであり、ハプスブルク家スペインの終焉でもあった。

17. 在位 1665～1700 年。

図 8 《無原罪の御宿り》（ムリーリョ画、1678 年、プラド美術館蔵）

図 9 《ポルトガルの聖イサベル》（スルバラン画、1640 年、プラド美術館蔵）

9 ブルボン朝スペインの誕生

スペイン継承戦争

一七〇〇年一一月二四日、カルロス二世の遺言で太陽王ルイ一四世の孫アンジュー公フィリップがフェリペ五世[1]として即位する。これでハプスブルク朝スペインからブルボン朝スペインへと王朝が交替することになるが、ハプスブルク朝スペインの血筋が途絶えたということではない。新国王は、フェリペ四世の曾孫に当たる。フェリペ四世の娘マリア・テレサはルイ一四世の王妃だからである。だが、このような王朝系譜という前代未聞の大転換点に関して、列強諸国は内心穏やかならず、切歯扼腕したのだった。

列強諸国はフェリペ五世がフランス国王を兼任しないという条件で新国王の即位を承認したのだった。ところが、ルイ一四世がこの条件を蔑ろにしたのか、あるいは列強の干渉に不満を表明したかったのか、フェリペ五世のフランス王位継承権の放棄を撤回すると示唆してみたり、フィリップの名のもとに、オランダ軍が駐留しているフランドルをフランス軍に占領させようとするなどの動きを見せた。こうしたルイ一四世の不用意な言動が、今やヨーロッパのバランス・オブ・パワーに関して神経質になっている列強諸国を刺激したのだった。イギリス、オランダ、オーストリアは、

図1 《フェリペ5世の家族》（ヴァン・ロー画、1743年、プラド美術館蔵）

ルイ一四世陣営と対峙して一七〇一年九月ハーグにて「大同盟」を結成し、次いで翌〇二年五月、フランスとスペインに対して宣戦を布告し、自らのスペイン国王としてハプスブルク家のカール大公を擁立した。〇三年一一月、カール大公はウィーンでスペイン国王カルロス三世と自ら宣言した。

すでに一七〇一年イタリアで戦端が開かれた「スペイン継承戦争[2]」中の〇三年に、ポルトガルとサヴォイア公国が大同盟軍の戦列に加わった。これは伝統的な王位継承戦争とは異なり、スペインの覇権をめぐって、また海外の植民地の権益争奪戦をも加わり、ヨーロッパ中を巻き込むことになった。戦場は、スペイン、イタリア、南ドイツ、オランダ、さらに北海、地中海、大西洋にも及ぶ、まさに史上初の世界戦争であった。〇四年、カール大公が大同盟軍を指揮してポルトガルに上陸し、戦争の中心はイベリア半島に移る。この攻撃作戦に援軍を投入したイギリス軍は海上からはアンダルシアを攻撃し、ジブラルタルを占領する。スペイン国内では、スペインの統一を望むカスティーリャとナバラはフェリペ五世軍を支持し、一方、中央集権に反対するアラゴン、カタルーニャ、バレンシア、マジョルカなどのアラゴン連合王国はカール大同盟軍を支持する。カタルーニャが大同盟軍側に廻ったのは、一六四〇年の叛乱時にカタルーニャに駐留したフランス軍への悪しき記憶、フェリペ五世の中央集権的王権政治に対する危惧と反発などからだった。緒戦は大同盟軍が有利に展開する。カタルーニャ議会は〇五年七月のイギリスの提案を受けて、同年一一月にバルセロナに

1．在位1700～24、復位1724～46年。
2．1701～14年。

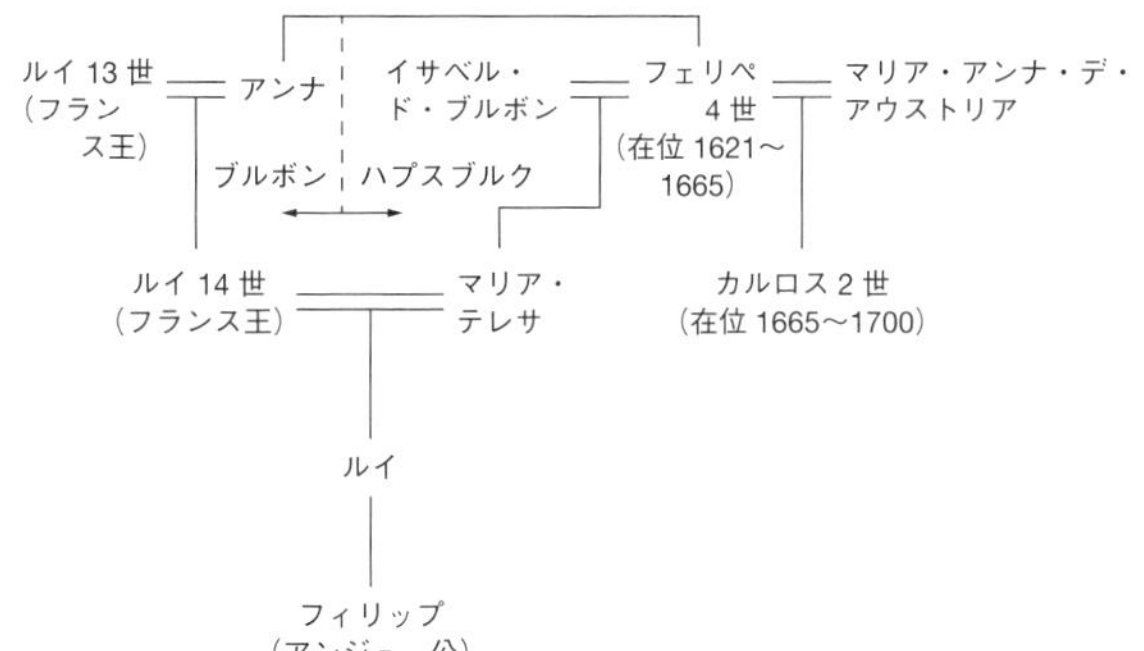

図2　ハプスブルク朝とブルボン朝：系図

上陸したカール大同盟軍を迎え入れ、カールをスペイン国王として承認した。これとほぼ同時にアラゴンとバレンシアもこれに従った。こうしてスペインは二つに分裂し、マドリードとバルセロナにそれぞれ宮廷が置かれることになる。これがスペイン国内の王位をめぐる、スペイン継承戦争の幕開けであった。〇六年、大同盟軍はポルトガルからマドリードを攻略し、フェリペはカスティーリャ北部の古都ブルゴスへ退却する。その後、大同盟軍は一時、マドリードを制圧したものの、カスティーリャ議会の支持を得られず、この地の支配はかなわなかった。そうこうしているうちに、フランス軍事顧問団がカスティーリャ軍を急遽再編し、フランス軍もフェリペ陣営の戦列に加わり、フェリペ五世軍が反攻を開始する。〇七年四月、バレンシア南西約九〇キロのアルマンサの戦いでフェリペ軍は大勝し、バレンシア王国、アラゴン王国を征服する。その二か月後の六月、この二王国の諸特権は廃止された。同年一一月、バルセロナ西方一一〇キロにあるローマ時代からの古都レリダの占領によってイベリア半島の戦争の帰趨はフェリペ軍に傾いたのだった。一一年になり、カール指揮の大同盟軍が支配しているのは、カタルーニャとマジョルカだけであった。

イベリア半島外の継承戦争は、半島とは真逆の展開であった。一七〇八年、大同盟軍は意気揚々とサルデニャをはじめ、シチリア、メノルカを制圧し、フランドルでも優利に展開し、さらにフランスの大凶作が加わり、フェリペ五世を遠隔操作していたルイ一四世も撤退、敗戦を考えたという。

図3　ヴェルサイユ宮殿でのフェリペ5世の即位宣言

ところが、一七一一年四月、事態が急変する。カール大公の実兄の神聖ローマ帝国皇帝ヨーゼフ一世[3]が死去し、カールが後継者カール六世[4]として戴冠した。この青天の霹靂で、戦争は一気に終結へと向かう。これでカールが神聖ローマ帝国とスペイン王国を治めることになるのを危惧したイギリスが主導して、一二年に和平交渉が始まり、翌一三年四月、皇帝を除く大同盟軍諸国とフランスとのあいだでユトレヒト条約が締結され、大同盟軍はカタルーニャから撤退し、翌一四年三月、皇帝カール六世とルイ一四世とのあいだでラシュタット条約が締結される。この二つの条約で、スペインは、オーストリアにスペイン領フランドル、ナポリ、サルデニャ、ミラノを、イギリスに賠償としてジブラルタルとバレアレス諸島のメノルカと三〇年期限の新大陸のアシエント（アフリカ黒人奴隷貿易を独占する権利）を、サヴォイア公国にシチリアを割譲し、スペインはフランスと合併しないことを条件に、ブルボン王家を戴くことを追認された。

　ユトレヒト条約を締結したとはいえ、バルセロナとカタルーニャのいくつかの都市は中央集権的なブルボン王家に対する抵抗を決め、一四か月におよぶ籠城が始まる、ついに一七一四年九月一一日、抵抗勢力の一〇倍の軍勢を投入したカスティーリャとフランス連合軍がバルセロナを制圧する。フェリペ五世は、カタルーニャ語の使用禁止、バルセロナ大学の市外への移転などを公布する。つまりブルボン王朝は、カタルーニャ・アイデンティティを抹殺し、カタルーニャをスペインの一地方としてブルボン王

3．在位 1701～11 年。
4．在位 1711～40 年。

図4　バルセロナの抵抗

朝の国家に組み込んでしまったのだった。この「九月一一日（オンザ・ダ・サテンブラ）」は、その後、一九世紀末から一九三〇年代にかけて起こったカタルーニャ民族主義運動に際して、カタルーニャの主体性を回復させるスローガンとなった。

フェリペ五世の新国家基本令

王位継承戦争のさなかの一七〇七年七月、フェリペ五世は「新国家基本令」を、アラゴン連合王国を構成するアラゴン王国とバレンシア王国に、一五年一二月マジョルカ王国に、やがて一六年一月に、カタルーニャ公国に布告し、これによって諸王国は独自の制度や地方諸特権（フエロ）を喪失し、カスティーリャ王国の法体系を基盤とする国家としての政治的、法的一元化を志向することになるのだった。これで、従来のハプスブルク朝スペインのような、一人の君主のもとに独自の政治体制を持ついくつかの諸王国が並存する「複合王政国家」から、「中央集権国家」になったのである。ただし、継承戦争においてフェリペ五世に与していたナバラ王国とバスク諸県は、その忠誠への報酬として、地方諸特権と従来からの固有の政治的諸機関の存続が許された。これが、一八世紀全般にわたる行政改革の出発点となった。名実ともにブルボン朝スペインがスタートすることになったのである。スペインの公用語は唯一スペイン語（カスティーリャ語）と定められ、カスティーリャの法律や行政制度が全国に施行された。その上でフランス式の官僚制度も導入され、中央政府の権限強化が図られた。

図５　マドリードの王宮
（©スペイン政府観光局）

カルロス二世時代にすでに寵臣は「大臣」と呼ばれつつあったが、この寵臣制度に代わって正式に五つの省（陸軍、海軍＝インディアス、外務、法務、財務）の大臣制度が確立し、各大臣は、王の任命と解任を受け、職務の遂行に関して王に対して責任を負うものとされた。地方の行財政を管轄するために、王に直属する地方管轄官制度を設置した。地方管轄官は、徴税と国内の経済の活性化という任務を担っていた。具体的には、地方当局の掌握、王立工場への便宜供与、農業と牧羊業の発展の促進、地図の作成、人口調査の実施、都市計画の作成と支援など実に広範な権限を有していた。

一七一四年一月、二六歳の王妃マリア・ルイザが長年の宿痾の結核で亡くなり、同年一二月、フェリペ五世はイタリアのパルマ公国のエリザベッタ・ファルネーゼと再婚する。ファルネーゼは非常に聡明な女性で、数か国語をあやつり、政治的な能力も備わっており、時として夫のフェリペ五世の代わりをすることもあった。フェリペ五世がファルネーゼと結婚したことで、スペインに対するフランスの影響力が低下し、かてて加えて、一五年九月、最大の後援者であるルイ一四世が死去する。これで脱フランスという流れが決定的になった。それに、フェリペ五世の宿痾の鬱病が激しくなると、国政はファルネーゼの独断場となった。スペインの外交方針としては、ユトレヒト条約によって失われた領土を回復することと、インディアスおよび大西洋上で不法行為を働いているイギリスからスペインを守り貫くことであったが、ファルネーゼは国王とのあいだに生まれた王子たちを、

図６　ジブラルタル

図７　（現在の）ジブラルタルへの検問所
（CC BY-SA 30, by Arne Koehler）

イタリア諸国の王に就かせようと多くの戦争を仕掛け、カルロスとフェリペの二人の王子をイタリア諸国の国王に即位させることに成功した。

フェルナンド六世の平和外交政策

一七二四年一月、フェリペ五世は、重い鬱病のために突然退位し、ルイス王太子がルイス一世として即位するが、天然痘が原因で、わずか七か月後に急死する。フェリペ五世は、やむなく同年九月に復位する。ベルサイユ宮殿に模してセゴビア近くのラ・グランハに建てた離宮から余儀なくマドリードに戻った。

一七四六年七月九日、フェリペ五世は死去し、マリア・ルイザとの間の第二王子がフェルナンド六世[5]として即位する。主にファルネーゼ時代から続いていた戦争を終結させ、四八年のアーヘンの和約後、中立外交に徹し、国内に平和をもたらした。イギリスとフランスとが鋭く対立していた時代であり、両国との均衡を維持するために二人のきわめて有能な政治家を起用した。外交的手腕抜群の親英派カルバハールと内政通で親仏派エンセナーダ伯爵であった。特にエンセナーダ伯爵は、税制の刷新と公共事業の推進、財政の健全化、海軍の再建、諸学の復興、農業の振興など、国力強化のための政策を矢継ぎ早に実施した。その結果、ようやく国家財政は立ち直り、軍備に出費が嵩んだものの、国の収入は支出を上回った。また海軍はフランスと比肩するくらいになり、スペインが大西洋上の海運国とし

5．在位 1746～59 年。
6．ナポリ王カルロ 7 世として在位 1734～59 年、カルロス 3 世として在位 1759～88 年。

図 8　エンセナーダ伯爵

て返り咲く基盤を作った。また、国家と教権との関係、つまり双方の権限範囲の確定は、スペイン国家主権の確立にとって、とりわけ重要であった。五三年、ローマ教皇庁と政教協約が締結され、高位聖職者推挙権を国王が獲得することができた。一七五八年、王妃バルバラ・デ・ブラガンサがガンで、四七歳で亡くなった。彼女の死が原因であろうか、フェルナンド六世は、父王と同じ鬱病に罹り、彼女の死からちょうど一年後の五九年八月、半狂乱状態で、嗣子のいないまま、四六歳で死去する。それにしても、彼の治世はわずか一三年間であったが、カトリック両王から始まるスペインの歴史の中では実に実り豊かな、平和な治世であった。また、頭脳明晰で教養のある国王フェルナンド六世の政治は、次のカルロス三世の施政を成功させる基盤となったといえよう。

カルロス三世の啓蒙専制主義政治

フェルナンド六世の後継者は、彼の異母弟であり、エリザベッタ・ファルネーゼの第一王子でナポリ王カルロ七世が、一七五九年、カルロス三世[6]として即位する。カルロス三世がほかの一八世紀のスペイン国王と異なるのは、スペイン王に即位した時点で、すでに二五年間もナポリ王として経験を積んでいたことである。カルロス三世は、母親の熱心な教育方針であったのだろう、幼年時代からナポリという豊かな文化都市で十分な教育を受け、ラテン語、イタリア語、フランス語などの諸外国語をはじめ、数学、

図9　フェルナンド6世（プラド美術館蔵）

図10　ラ・グランハ離宮（CC-BY SA 3.0 Wikimedia Commons）

地理学、歴史学、教会史などを学んだ。年端も行かぬ子供だったのに、こうした知識を身につけたに相違ないが、ある時どのようなニックネームが好きかと聞かれて即座に「エル・サビオ（賢人）」と返答したという。

カルロス三世が、ナポリ王カルロ七世として優れた才能を発揮して善政をしき、一八世紀ナポリ文化は他の追随を許さぬほどの大輪の花を咲かせたのだった。また彼は新進気鋭な啓蒙思想家たちと接触していた。

啓蒙専制君主カルロス三世は「すべては国民のために、ただし国民の参加なしに」という立場から、フランス重農主義、イギリス重商主義の影響を受けた有能な人材を側近として登用し、数々の改革を実施した。それにしても、当時のスペインにおいては、広汎なブルジョワ階級の欠如、大学の知識人たちの硬直性と保守性、途轍もない教会の重圧などが、新しい啓蒙思想の伝播を妨げていた。こうした状況下で啓蒙思想による社会的改革をするには、王権のような強力な権力が主導するより方法がない。それが啓蒙専制主義といわれるものである。

カルロス三世の改革は、先代のフェルナンド六世の改革路線の延長線上にあった。従って、外交政策も、当初はその政策を引き継ぐはずであったが、即位したときは、オーストリア、フランス、ロシアの陣営とプロイセン、イギリスとの陣営との「七年戦争」（一七五六〜六三）の真っ只中であり、六一年、イギリスの植民地拡大政策への危機感からフランスとの同盟関係である第三回「家族協定」を結び、イギリスに宣戦布告する。しかし、

図 11　カルロス 3 世

図 12　長外套（マント）の裁断

この戦争でフランス、スペインは完敗し、六三年のパリ条約で、スペインはイギリスにフロリダを割譲し、ポルトガルにサクラメントを返却する。

カルロス三世はナポリ時代からの側近の、シチリア出身のエスキラーチェを財務大臣に任命した。ところが、一七六五年に彼が発表した小麦販売の自由化政策のために市場投機と買占め、そして穀物不足を誘発してしまい、それに小麦の不作とが相まって、食料不足と食料価格の騰貴（とうき）による生活者の不安、まさにエスキラーチェのような外国人の政府高官に対する反感、従来の伝統的な服装だった長外套（なががいとう）と鍔広（つばひろ）帽子の着用をマドリードで禁止する服装取締令に対する反発などが民衆の怒りを駆り立て、六六年三月二三日の「枝の祝日」の行列に参列するはずの民衆と首都警備隊との間で衝突が生じ、暴徒化した民衆はエスキラーチェ邸に押しかけた。翌日、さらに民衆の勢いが激しくなり、数十人の死者を出した。これ以上の拡大を危惧したカルロス三世は、エスキラーチェの罷免、生活物資の値下げ、服装取締令の撤廃などを約束する。「七年戦争」の敗北とエスキラーチェ暴動を体験した国王は、本格的に宗教改革に着手する。まず、教会であるが、彼は断固たる国王教権主義者として、教会に対する国王の大権を主張し、具体的には、高位聖職者の任命権、異端審問所の管理権、修道院の設立許可権をローマ教皇庁に毅然として要求する。伝統主義的思想閉塞に陥り、さらに国家の内部に宗教的権力の構築を目論んでいると非難されながらも固陋（ころう）にも教皇権至上主義を標榜し続け、創設以来ローマに総本部を置いて

図13　追放されるイエスズ会士①

いるイエズス会士を、一七六七年三月の勅令で、スペインおよびインディアスから追放し、その数は五二七一人に及んだ。[7] 同会が所有する教会や修道院などは、取り壊されて広場になった。

当時のスペインの経済基盤の中心は、農業であった。それ故、フランス重農主義の洗礼を受けていたカルロス三世の側近の啓蒙主義者たちは、焦眉の課題として農業問題に特別な関心を払った。小規模自作農の育成、不在地主による小作人追放の厳禁、農業用灌漑の拡充、メスタ（移動牧羊組合会議）の特権濫用の制限、教会や修道院所領に対する縮小改革など、卓見あふれる政策提案であったが、これらは、所詮、政府内の議論に留まっていた。貴族、大地主、教会などからの猛烈な反対があったからだった。スペインの農地問題は、いわばスペイン社会の宿痾のようなものであり、新大陸の搾取以来、額に汗を流して生計を得ることを蔑視する感性を身につけてしまったスペインの有力者たちは自分の大規模な領地に農業労働者を働かせることにしていた。これからは何も新しい改革は生まれず、こうした状況が二〇世紀にも続き、一九三一年四月に誕生したスペイン第二共和国が始めた農地改革も挫折せざるを得なかったのだった。つまり旧体制の秩序構造の抜本的改革は難しかったのである。

インディアス貿易に関しては、イギリスの重商主義にならって、大改革が図られた。従来のアンダルシアが独占していた体制を破棄し、スペイン本国一三港、インディアス二二港に交易権を認め、これによってインディ

7．前出『スペイン史』1、2008 年、p.394.

図 14　追放されるイエズス会士②

アス貿易を活性化し、またサン・カルロス銀行を創設し、貿易の自由化、商工業の振興を図った。

カルロス三世の都市整備は、ナポリ王での実績からしてもいわば彼の十八番(おはこ)であり、ヨーロッパの優れていたものを積極的に導入し、マドリードのメイン道路の整備、噴水や記念碑の設置、遊歩道の拡充などを行い、現在も、マドリード植物園の正門、マドリード天文台、マドリードのトレド橋、プラド美術館など、当時の新古典主義建築の粋を遺している。また、セビーリャの北西一〇キロにあるイタリカの発掘を推進した。

教育は、啓蒙主義者の最優先的課題であった。従来の貴族や聖職者の傲慢な無関心、民衆の無知という真っ暗闇の中での教育改革であった。それにもかかわらず、まず万人に開かれた初等義務教育が次第に教会や修道院から離れ、公教育機関による合理的教育と技術教育が主流を占めるようになった。

言語政策としては、フェリペ五世の新国家基本令の一環として、スペインの公用語はカスティーリャ語と決められたが、カルロス三世はさらに厳密に、一七六八年の勅令で、スペインのすべての学校で言語アカデミー編纂の『カスティーリャ語文法』を使って教えるべしとし、しかも、この言語教育はインディアスやフィリピンでも強制されたのである。

カルロス三世が体現した啓蒙専制主義的政策は、従来の特権保持者が強硬に抵抗した農地改革を除けば、全体的にみると、それなりの成果があったといえよう。

図16　マハ(小粋なマドリード娘)と闘牛士

図15　上流階級の女性

10 スペイン独立戦争と絶対王政への復帰

カルロス四世と宰相ゴドイ

カルロス四世は、カルロス三世と王妃マリア・アマリア・デ・サホニアの第二子として、一七四八年ナポリで生まれる。彼の兄フェリペは知能の発育の問題とてんかんがあって、そのため王位に就けず、代わってカルロスが王位に就くことになる。一七六五年、カルロスはパルマ公の娘マリア・ルイサと結婚する。

一七八八年一二月、カルロス三世は逝去し、父王の後を継いで四〇歳でカルロス四世[1]として即位する。その翌年に隣国フランスで信じられない大事件が勃発した。フランス革命である。そのために、父王[2]から進められてきた啓蒙専制主義改革が頓挫してしまう。父王の側近中の側近であるフロリダブランカ[3]首相はフランスから共和主義思想や革命的思想に関する出版物の流入を阻止するために国境に軍隊を配備した。こうした国境閉鎖はフランスに対する敵対的介入であり、カルロスにとっては同盟国の喪失であり、さらに従兄弟のルイ一六世[4]の命を危険にさらすことになる。そこでカルロスは以前から親しかったフランス駐在大使アランダを呼び寄せ首相に任命する。アランダはフランスに対して最初は宥和政策を取ったが、共和制が勝利するや否や、中立政策をとるようになる。こうした優柔不断な姿

1．在位 1788～1808 年。

2．J. T. トレンドは、カルロス親子（3 世・4 世）について以下のように述べている。「1598 年のフェリペ 2 世の死以降、本当の統治能力のあるスペイン国王は、たった一人しかいなかった。1759 年から 1788 年まで在位のカルロス 3 世である。しかしながら、この王の偉大な建設的事業も、また彼が注意深く選んだ大臣たちの事業も、彼の跡継ぎの反応によってまたたく間に帳消しになってしまった。カルロス 4 世はわずかに偉大な画家ゴヤの大成功した――しかも愚劣な――モデルとして、記憶されているだけである。」（堀田善衛『ゴヤ 2　マドリード・砂漠と緑』新潮社、1975 年、p.135.）

3．1728～1808 年。

4．在位 1774～92 年。

5．1767～1851 年。

勢に不信感を抱いたカルロスはアランダ首相を罷免する。

次に国王が宰相に抜擢したのは、弱冠二五歳の、一介の近衛将校マヌエル・ゴドイだった[5]。彼はバダホスの小貴族の出身であった。

フランス革命に何ら対処できなかったカルロス四世は、ゴドイに、実際に宰相以上の独裁的権限を与えたのだったが、何故そのようなことをしたのだろうか。ゴドイをこのように出世させたのは、実は王妃マリア・ルイサの強い要望だった。ずばり、王妃の愛人だったと言われている。王妃がゴドイをはじめて見初めたのは、彼女が三四歳、彼が一八歳の時であった。それから七年で、ゴドイは宰相、スペインでは最初の独裁者になったのである、といった話は巷間ではよく語られていたそうだが、実際本当かどうかわからない[6]。

確かにゴドイは王妃の異常なほどの寵愛を受けていたに違いないが、カルロスは、父王時代からの老年の政治家たちに失望し、彼らの行った改革を一掃したいと思っていた。カルロスに対するゴドイの忠誠心が彼の心を鷲掴みにしていたからだったのだろう。ゴドイの最優先使命は、国王夫妻が何よりも望んでいることだが、危機が迫っているルイ一六世の救出であった。ゴドイはそのために中立政策をはじめ、さまざまな策を弄するが、一七九三年一月、ルイ一六世は処刑される。同年三月、義憤にかられたカルロスは、他のヨーロッパ絶対主義諸国と同盟を締結してフランスに宣戦布告する。ところが、その二年後、干戈（かんか）を交えている両陣営とも疲弊し、

6．首席宮廷画家ゴヤの《カルロス四世の家族》は、1800年に描いた絵であるが、画面中央にマリア・ルイサ、それと並ぶように少し斜めに構えていたカルロス4世がいる。この宮廷人の配列に関して、例えば、井上靖の『カルロス四世の家族——小説家の美術ノート』（中公文庫、1989年）は、次のように述べている。

「妃と幼い王女は、ひと固まりになり、カルロス4世をいくらか押しのけるようにして、中央に位置しなければならなかった。どう考えても、それが真実の姿であった。幼い王子と王女がカルロス4世の子供ではないということは、世間一般の風評であった。妃とカルロス4世の間には、幼い王子がひとり立っているだけで、その背後はあいている。画面の他の部分は、どこも登場人物たちが重なり合い、多少蠢きあっている感じだが、ここの部分だけはあいている。“ここは幼い者たちの父親ゴドイが立つ場所です。近寄ってはいけませぬ”妃が心の中でそんなことを夫カルロス4世に言っているかのようである。しかし、そういうことを言っているのは、実は妃ではなく、ゴヤであったかもしれない。」〔次頁〕

とりわけスペイン側は度重なる敗北と財政赤字のために国全体に厭戦（えんせん）気分がみなぎり、ゴドイはフランス側の提案を受けて九五年七月、「バーゼル講和」を締結する。この功で、ゴドイは「平和公（プリンシペ・デ・ラ・パス）」の称号を受ける。確かにフランスと和議が成立したものの、今度はイギリスと敵対するはめになる。

一方、ゴドイは一連の国内改革に乗り出す。教会・修道院や公共団体の所有地の売却、異端審問所の活動および権限の制限、「祖国経済協会」の普及、芸術家や知識人の育成と保護などであった。外交ではフランスと数次にわたって同盟を結び、とりわけ一八〇四年一二月のナポレオン皇帝戴冠以降、ゴドイは彼に忠誠を誓い、彼のいわば傀儡（かいらい）となり、翌〇五年のトラファルガーの海戦で、ネルソン提督指揮のイギリス海軍によってフランス・スペイン連合艦隊が撃破される。この敗北で、父王時代に再建したスペインの海軍はほぼ壊滅状態となり、アメリカ植民地との連絡も途絶え、スペインの経済も危機に陥った。しかも宗主国スペインが不在となったアメリカ植民地において、俄かに独立の気運が高まってきた。

一八〇七年一〇月二七日、大陸封鎖の強化を構想していたナポレオンは、今やイギリスの同盟国であったポルトガルを制圧するために、七万のフランス軍がスペインを通過し、ポルトガルを三等分にした暁には、その一部をゴドイに渡すというフォンテーヌブロー条約を密かに結ぶ。この条約が成立する数日前に、宮廷内で八方塞がりを打破するための陰謀が発覚する。〇七年一〇月三一日、エル・エスコリアル離宮のカルロス四世の机の上に、

〔承前〕井上靖は、ゴヤが認識した「亡びの運命」について、こう述べている。

「ゴヤは確かに貴族たちの肖像を描いたのである。しかし、それをあまりにも見事に仕上げてしまったので、モデルたちは歴史のなかを生き始めなければならないことになってしまったのである。謂ってみればゴヤは、その登場人物の運命まで描いてしまったようなものである。モデルたちの未来には、関知しない筈であったが、ゴヤはその未来に対しても責任をもってしまったのである。しかも見事な責任の持ち方である。ゴヤ以外に誰も曾ての日のスペインの栄光と権勢を、このようには描き得なかったと思う。歴史家も、文学者も、誰もこのようにはやれなかった。

ゴヤはモデルになっている 13 人の貴族たちの運命まで描いてしまっているが、同じ言い方をすれば、その栄光や権勢というものの運命まで、それが内包する亡びの予感まで、ゴヤは描いてしまったのである。」（前出『カルロス四世の家族』1989 年、pp.20–21.）

7．在位 1808 年、復位 1814～33 年。

フェルナンド王太子の陰謀を告げる無署名の書簡が置かれてあった。フェルナンドの取り巻きたちが、フランス皇帝の承認のもとに、カルロス四世にフェルナンドへの譲位を認めさせようとする内容だった。その書簡を読んで激昂した国王は王太子を逮捕する。一一月五日、王太子は陰謀実行予定者である貴族の名前を自供して、国家反逆罪による刑の執行をようやく免れる。これが「エル・エスコリアルの陰謀」である。

翌一八〇八年三月一七日、反ゴドイ派の貴族に率いられた大衆はアランフェスに滞在中のゴドイを襲った。後に「アランフェスの蜂起」と呼ばれる事件である。この事件の二日後の一九日、ゴドイを失脚させたフェルナンド王太子は、父王から王位を奪い、フェルナンド七世[7]として即位する。

これより少し前に、失脚前のゴドイとナポレオンの密約（フォンテーヌブロー条約）によって、ナポレオンから全権を委ねられたミュラ元帥とジェノー元帥麾下の一〇万のフランス軍がスペイン北部および中部の主要都市を次々と制圧し、その地に駐屯していた。ナポレオンの義弟で、フランス遠征軍総司令官であるミュラ元帥は、「アランフェスの蜂起」の知らせを受け取るや否やマドリードに自軍を進め、三月二三日に首都を制圧する。フェルナンドのマドリード入城の前日であった。

スペイン独立戦争

いよいよフランス皇帝ナポレオンのスペイン王位の簒奪（さんだつ）作戦が始まる。

図１　《カルロス４世の家族》（ゴヤ画、1800-01年、プラド美術館蔵）

王冠をめぐる父子の骨肉の争いもナポレオンの手にかかると、ひとたまりもなかった。このプロセスを時系列にたどってみよう。

一八〇八年四月一〇日、カルロス四世が退位を撤回する。これで、結局、ナポレオンの同意なくして王冠は安泰ではないと自覚したフェルナンド七世は、ミュラ元帥の助言を受け容れ、ナポレオンとの会談に臨むためにフランス国境の町バイヨンヌに赴く。四月三〇日、ナポレオンは、カルロスに対して、妃とゴドイを連れて、バイヨンヌに来るよう命ずる。ミュラ元帥麾下のフランス軍に占領されたマドリードは完全な無政府状態に陥ってしまう。ナポレオンはマドリード在住の王族たちにパリに移ることを命じる。五月二日、フランス軍によって王族たちがパリに強制連行されようとしたとき、幼いドン・フランシスコ王子がマドリードを離れるのを嫌がり泣き叫んだ。これがまるで合図であるかのように、今まで静かに耐え凌いでいたマドリード市民が突如フランス軍傘下のアフリカ傭兵部隊に襲いかかったのだ。

しかし、市民が引き起こした暴動は数時間で鎮圧され、翌五月三日の暴動で、数百人の犠牲者を出した。フランシスコ・ゴヤの《一八〇八年五月二日》と《一八〇八年五月三日》に紛れもなく活写されているように、この大事件こそ全ヨーロッパの独裁者たらんと目論むフランス皇帝ナポレオンに対する宣戦布告であり、六年間にわたる「独立戦争」の開幕を告げるものであった。このマドリードの事件はたちまち四方八方に伝えられ、ま

8．川成洋『図説スペインの歴史』河出書房新社、1994年、p.69.

図2　アランフェス王宮
（Ⓒスペイン政府観光局）

たフェルナンドがナポレオンに幽閉されたという情報が混乱した中で伝えられ、反フランス運動はさながら燎原の火のように拡散することになった。五月五日、カルロス四世は王位の諸権利をナポレオンに譲渡する。翌六日、ナポレオンがフェルナンド七世に対してカルロス四世に王位返還を強要する。これでスペインの王冠はナポレオンの手中に納まったのである。

五月、スペイン全土のうちフランス軍の占領を免れた地域では、縲絏の身となった国王フェルナンド七世の名のもとに各地の抵抗組織として「地区評議会」が結成され、さらにその上部組織として一三か所に「地方評議会」が創設される。

六月三日付の『ラ・ガゼータ・デ・マドリード』紙に、ナポレオンは次のような声明文を掲載する。

> スペイン人諸君。諸君の国は長期に及ぶ苦難の果てに、滅亡の淵に立っていた。余は、この目でスペインの諸悪を見てきたが、これよりそれらの矯正にあたる所存である。諸君の君主たちはスペインの王位に関する権利をことごとく予に譲渡された。したがって、諸君の栄えある国とそれを収める権限は今や余の掌中にある。[8]

六月四日、ナポレオンは、当時ナポリとシチリアの両国王だった実兄ジョゼフ・ボナパルトをスペイン王、ホセ一世[9]として即位させる。スペイン王

図3 《マドリード、1808年5月2日》（ゴヤ画、1814年、プラド美術館蔵）

図4 《マドリード、1808年5月3日》（ゴヤ画、1814年、プラド美術館蔵）

朝系図では「簒奪王」として省かれている。妻のジュリー・クラリーは夫ともにスペインで暮らすことを拒み、ホセ一世は単身でスペイン入りすることになる。六月一五日、ナポレオンはバイヨンヌにスペイン人の「名士議会」を召集し、新王朝を承認させる。七月七日、ナポレオンは、ホセ一世の名の下で、バイヨンヌ憲法を公布する。この憲法は、フランス憲法を下敷きにしてつくられ、法の下の平等、税負担と公職就任の平等などが明記されている。

七月一九日、スペインのカスターニョス将軍はバイレンでデュポン将軍麾下のフランス軍を大敗させ、一万七千人の兵士を捕虜にする。これは、ナポレオン軍の野戦での最初の敗北であった。九月二五日、フランスに対する抵抗組織としてアランフェスに「中央評議会」が設置される。議長にフロリダブランカ伯爵[10]が就任し、議員は各地方から二名が選出される。「中央評議会」は、フェルナンド七世を正当なスペイン王として承認し、国王が帰国するまで、国王の権力を代行することになった。

一八〇八年一二月、ナポレオンは戦況打開のために、三〇万人もの「大陸軍」を率いてスペインに侵攻し、まずマドリードを占領し、さらに最も抵抗が激しかったサラゴサとジローナを平定し、南部を除くスペイン全土がホセ一世の支配下に入ることになった。しかし、一八一二年六月になり、ナポレオンは、ロシア遠征のために大陸軍を編成する必要に迫られてスペインに駐留する軍隊を削減する。同年七月、リスボンを占領したフランス

9．在位 1808～13 年。
10．1728～1808 年。
11．1769～1852 年。
12．在位 1801～25 年。

図５《トラファルガーの海戦》（ターナー画、1806-08 年、テート・ギャラリー蔵）(p.112)

軍を完全に粉砕し、そこを拠点にスペイン侵攻の機会をうかがっていたウェリントン公爵麾下[11]のイギリス軍が、七月二一日、アラピレスの戦闘でフランス軍を撃破し、大勝利を収め、ホセ一世はマドリードから退去する。翌一三年六月、ホセ一世はフランス国境に逃れて、退位する。八月、フランス軍も全軍スペインから撤退する。一二月一一日、ナポレオンはスペインとの講和のためのヴァランセー条約を締結し、フェルナンド七世に王位を返還する。

対フランス・レジスタンスに挺身していた国民は、独裁者ゴドイを倒したフェルナンド七世の帰還を待ち望んでいた。スペインの民衆は、スペイン独立戦争（ナポレオン側からは「半島戦争」と呼ばれていた）に勝利したのである。ナポレオンの不敗神話を打ち破ったスペインの民衆のレジスタンスは国外でも絶大な人気を博したのだった。ちなみに、「ナポレオンに抵抗する勇気をスペインから得た」と感嘆したのは、ロシア皇帝アレクサンドル一世[12]であった。

カディス議会と一八一二年憲法（カディス憲法）

一八一〇年一月二九日、中央評議会は今後の国の在り方と運命を決めるための議会を招集することを決定し、中央評議会は解散した。九月二三日、イギリス艦隊の援助を受けながら、フランス軍の包囲作戦に抵抗していた唯一の非占領都市カディスで議会が開かれた。これは従来の身分制の議会

図6　フェルナンド7世の帰国（スペイン国立ロマン主義美術館蔵）

ではなく、各地区の代表者ら百余名からなる単一の国民議会という形式をとった。議員は、戦火を逃れてカディスに集まってきた知識人、弁護士、実業家、聖職者、大学教授、貴族たちであり、また新大陸からの参加者もいた。最初の会合で「国民主権は議会にある」の原則を承認した。

その二年後の一八一二年三月一九日、自由主義的理念を基調とする、スペインで最初の憲法であるカディス憲法（別名、一八一二年憲法）が発布された。この日が「聖ヨゼフ」の祝日であったので、カディス憲法は、「ラ・ペパ」（ホセの愛称ペペの女性形）という愛称で流布するようになった。この憲法には、国民主権、穏健的な立憲君主制、一院制の議会、三権分立、中央集権主義による政治、行政制度の画一化、カトリックの国教化、出版の自由、納税と兵役の義務、男子普通選挙、異端審問所の廃止などが規定されていた。さらにこの憲法の特徴として「スペイン国民とは、両半球のすべてのスペイン人の集合である」[13]とされ、スペイン領アメリカは植民地ではなくスペイン王国固有の領土であり、議会への代表権を持つと規定されていたのである。

カディス憲法は、民主的な憲法を持たなかった時代につくられたさまざまな法典から完全に断絶していたが、それまで成文憲法を持たなかったスペインにとって画期的な憲法であった。カディス憲法は一九世紀の世界で、最も進歩的な憲法といわれているが、否定的な側面も指摘されている。それは、憲法を制定した議員たちは現実に侵略者であるフランス軍と命がけ

13. 前出『スペイン史』2、2008年、p.70.

図7　フェルナンド7世
（プラド美術館蔵）

で戦っている国民との意思の疎通が皆目なかった点である。といっても、カディス憲法はこれ以降いろいろな場面で自由主義の旗印として高く掲げられた。ちなみに、スペインの植民地だった中南米諸国は、自らの独立運動の最前列にカディス憲法を掲げたのだった。

フェルナンド七世の治世①――「絶対主義復帰の六年間」(一八一四〜二〇)

一八一四年三月二二日、独立戦争に勝利した喜びが国内に満ち溢れているなか、「望まれたる国王(レイ・デセアド)」とも言われたフェルナンド七世が国民の歓呼に迎えられてスペインの土地を踏んだ。マドリードに移った議会は復位の条件として、フェルナンド七世に一八一二年憲法(カディス憲法)の遵守を要求した。それとは裏腹に、フェルナンド七世はカディス議会が指示する国内での行程を無視し、地方都市を巡行することにした。四月一二日、バレンシアで、絶対王制主義者のエリオ将軍[14]の歓迎を受け、自由主義者たちから「追従派(反改革派)」と呼ばれていた自称「王党派」議員六九人の「ペルシャ人の声明」という絶対王制を求める要望書を受け取った。五月四日、こうした絶対王制支持派の動きに乗じて、フェルナンド七世は一八一二年憲法とカディス議会の全法令を無効とする旨の勅令を発布して、意気揚々と首都に帰還した。直ちに絶対王制への復帰を宣言すると同時に自由主義者に対する弾圧を開始した。そして異端審問所を含むアンシャン・レジームのすべての機関と制度を復活させた。カルロス三世期に国外追放さ

14. 1767〜1822年。

図8　《1812年憲法の寓意》(ゴヤ画、スウェーデン国立美術館蔵)

れたイエズス会も復帰し、再び教育界を牛耳るようになる。

自由主義者の多くは亡命を余儀なくされ、国内に踏みとどまった者はやがて経済的に苦しむ都市ブルジョワジーと呼応して、一八一二年憲法の復活のための秘密結社を結成した。こうした運動が一部の開明的で自由主義的な軍上層部と提携し、一八一四年から一九年まで、毎年クーデター宣言（プロヌンシアミエント）が行われたがいずれも失敗に終わった。ところが、一八二〇年一月、アメリカ植民地の独立運動を鎮圧するためにセビーリャに待機していた部隊を率いるラファエル・デ・リエゴ大佐[15]が国王に一八一二年憲法の遵守を要求するプロヌンシアミエントを発表する。「リエゴの叛乱」と言われているが、これに呼応して、叛乱が全国的に広まり、収拾不可能な様相を呈してきた。一八二〇年三月、国王は一八一二年憲法の遵守の宣言を正式に行った。

フェルナンド七世の治世②——「自由主義の三年間」（一八二〇〜二三）

フェルナンド七世に任命された新政府はまず選挙を実施した。自由主義者が多数を占める議会が作られ、すみやかに一八一二年憲法に基づくさまざまな自由主義的政策が実施された。カディス議会の復活、異端審問所の廃止、一部修道院の閉鎖、結社の自由の承認、イエズス会の閉鎖と追放、行政機構の改編、農村における封建制の一掃、商工業の自由化などであった。治安維持と立憲的改革の擁護のために全国民兵隊（ミリシア・ナシオナル）も創設した。

15. 1785～1823年。

図9《処刑された自由主義者》（アントニオ・ヒスベルト画、プラド美術館蔵）

こうした諸改革に対して、もともと賛同していなかったフェルナンド七世は、当初は憲法で認められた国王の拒否権を発動し、可能な限り法案を廃案にさせたのだった。それにしても、このような受動的な状況を逆転させるために、ナポレオン失脚後の国際秩序を決めた反動的なウィーン体制[16]の基盤となった神聖同盟[17]（ロシア、プロイセン、オーストリア）へ援助を要請した。スペインにおける自由主義改革の進行を恐れた神聖同盟は、フランスに軍の出動を委ねる。

一八二三年四月、フランスはアングレーム公の指揮する「聖ルイの一〇万の息子たち」という名の軍隊をスペインに派遣する。フランス軍は、スペインの国王絶対派の支援を受けて、反自由主義的な教会の介入によって民衆が全く抵抗しなかったこともあって、何の障害もなくイベリア半島を横断して、カディスに到着した。こうした敵軍の進攻という危機的状況において、自由主義者内部で亀裂が生じていた。立憲君主制のもとで慎重な改革を主張する「穏健派」と、国民主権を揺るぎなき信条とする「進歩派」に分かれていた。それにしても守勢に立たされた自由主義政府は無理やりフェルナンド七世を帯同させてマドリードからセビーリャ、さらにカディスへと万難を排して移動するが、九月になってフランス軍の攻勢に敗れ、やむなく国王を解放する。これで、「自由主義の三年間」は終了する。こうして啓蒙専制主義改革、その後に続いた自由主義改革もともに挫折したのだった。

16. ウィーン会議は、1814年9月～15年6月まで開かれたヨーロッパ諸国の国際会議。ロシア、オーストリア、プロイセン、イギリスの4大国が事実上の決定権を持って指導したが、領土配分をめぐって諸国の利害は対立し、「会議は踊る、されど進まず」と評された。15年3月のナポレオンのエルバ島脱出、帝位復帰事件を機に諸国は妥協し、同年6月9日、革命前の支配関係を正当とすることと、一国が突出しないようヨーロッパ諸国の勢力均衡を図ることを2大原則とする、会議議定書121条が調印された。
17. ウィーン会議を契機として、1815年9月26日にロシア皇帝、オーストリア皇帝、プロイセン王の3人の間に結ばれた同盟。キリスト教の正義と愛の平和の原則に基づいて、三国の君主が相互に協力すること、と決められた。やがてイギリス王、ローマ教皇、トルコ皇帝を除く、ヨーロッパのすべての君主が加入することになる。

フェルナンド七世の治世③――「忌むべき一〇年間」(一八二三〜三三)

一八二三年一〇月、再びフェルナンド七世の王権主義的治世が始まる。彼は自由主義者、さらには親フランス派に対して今まで以上に厳しい弾圧で臨んだ。行政機構や軍隊の粛清も行われ、監視を専門とする特別委員会が創設され、自由主義理念を支持したと思しき人々に対する弾圧は全国津々浦々にまで広がった。

再び、多くの自由主義者たちはフランス、イギリスへ亡命を余儀なくされた。「自由主義の三年間」のきっかけを作ったリエゴ大佐は再度クーデターを起こすが、今度は失敗したために、一八二三年一一月七日、刑場の露と消える。彼の功績を讃えて、《リエゴ讃歌》[18]がつくられた。これはやがて起こった反ブルボン王朝闘争で、スペインの《ラ・マルセイエーズ》[19]ともいわれ、スペイン国民が自らの政治の担当者になる可能性を謳ったものである。ちなみに、この《リエゴ讃歌》は、一九三一年四月のスペイン第二共和国誕生に際して、共和国国歌となった。

このフェルナンドの国政は、彼の死去する一八三三年まで、一〇年間も続き、スペイン近代史の中では悪政の見本のようなものであり、それで「忌むべき一〇年間」と呼ばれている。フェルナンドの懸案であった自由主義者への対応は執拗な弾圧で決着をつけたものの、もう一つ経済問題があった。国家財政が逼迫してきたのは、今まで経済的搾取のターゲットだった

18. 《リエゴ讃歌》
沈着にして　闊達なる
勇敢にして　豪放なる
兵士たるわれら
いざ戦いの歌を歌わん
われらの歌を
世界は崇(あが)め
われらの内に
エル・シードの子らを見ん
(橋本一郎訳)

図10　刑場に連行されるリエゴ大佐

アメリカ植民地の独立である。一八一〇年以降、次々と植民地が独立し、二四年のペルーのアヤクーチョでスペイン軍に決定的な打撃をあたえ、ペルーの独立が確定する。これでスペインに残された海外植民地は、世界最大の砂糖産出地であるキューバ、それに「スペインの内海」と認識している西太平洋の貿易や航海の最重要な中継地であるフィリピンだけとなった。フェルナンドは財政再建のために、財務大臣ロペス・バジェステロースをはじめ穏健な自由主義者の起用などの施策を講じなければならなかった。二九年に国立サン・フェルナンド銀行の創設、商法の公布、三一年のマドリード証券取引所の開設など経済活性化と財政の健全化を図るが[20]、これらが、頑迷固陋(がんめいころう)な「王党派」の不満を高じさせることになった。

ところで、フェルナンドは、今まで三回結婚したが、いずれも若くして死んでしまい世継ぎも残さなかった。それで一八二九年、マリア・クリスティーナを四人目の王妃に迎え、三〇年一〇月、ようやく長女イサベルが誕生する。その年の三月、フェルナンドは仮に生まれる子供が娘であっても、自分の子供に王位を継がせたく、一七一三年以来順守されてきた、女子相続を否定する「サリカ法」を破棄すると宣言した。この宣言に対して、それまで子供にめぐまれなかったフェルナンドの後継者として、彼の実弟カルロスが就くべきだ、なぜならブルボン家の女子継承禁止令はいまだ有効だからだと主張する勢力が台頭してきた。これが、フェルナンドとカルロスとの間に王位継承をめぐる第一次カルリスタ戦争（一八三三～三九）

19. フランスの国歌。1792年、ストラスブールの士官ルージェ・ド・リールが作詞作曲した。《ライン軍軍歌》と名付けられたが、同年夏、マルセイユの連盟兵がパリにこの歌を歌って入ってきたために、この名が生まれた。

20. この頃のスペインの産業界は次のようであった。

「南北アメリカの植民地が独立したために、スペインは大きな損害を被ったが、それを穴埋めしたのは、砂糖産出地のキューバであった。一世代で砂糖の生産が倍増し、カカオとタバコの生産も増加した。ヘレスワインは質量ともに改良され、ヘレスとサンタ・マリア港が初めて鉄道で結ばれた。カタルーニャは再び紡績と綿織物の中心地になり、技術の性能も改良された。バヘルは再建され再び毛織物の重要な中心地になった。バルセロナのギナプラタの織物工場や、エレディア家がマラガに作ったスペイン最初の溶鉱炉のような産業への投資が続いた。」（Comellas, José Luis y Luis Suáres, *Historia de los espanoles*, Ariel, 2003, p.178.）

へと展開することになる。

一八三三年九月、臨終の床にあったフェルナンド七世は、「今や、スペインの火炎瓶の栓が抜かれた」と指摘したそうである。はたせるかな、彼は的確な予言者となった。そして彼の死後、「この王が《望まれたる王》と呼ばれたのは、時代の皮肉である」と、ある年代記に書かれたのだった。

ところで、少し時間がさかのぼるが、ナポレオンにさんざん虚仮(こけ)にされたカルロス四世夫妻とゴドイはその後どうなったのだろうか。

ナポレオンに復位を願ったものの、全く相手にされず、ナポレオンの言うところの「カルロス夫妻とゴドイの三位一体」はフランス政府から年金を受けて、フランス各地を転々とした。一八一四年三月、フェルナンドがスペイン王に即位したのを知ると、カルロス四世は早速、長子フェルナンド王に自分たちも帰国して余生を祖国で過ごしたい旨の手紙を送るが、梨のつぶてだった。カルロスは生まれ故郷のナポリに戻った。不思議なことに、カルロスとマリア・ルイサはそれぞれの亡命先で同じ一八一九年に死亡した。そしてゴドイは一八五一年、八四歳でパリで泉下の人となった。[21]

21. 川成洋・坂東省次・桑原真夫『スペイン王権史』中公選書、2013年、p.135.

図11　ホセ1世（p.115）（ヴェルサイユ宮殿蔵）

図12　フェルナンド7世（スペイン銀行蔵）

11 カルリスタ戦争と混乱の王政

カルリスタ戦争の始まり

一八三三年九月二九日、フェルナンド七世が死去する。一〇月二五日、わずか三歳の長女イサベルがイサベル二世[1]として即位する。マリア・クリスティーナは摂政となる。しかし、フェルナンドの実弟、「ドン・カルロス」ことカルロス・マリア・イシドロはすでに同月一日、イサベルの王位継承に反対し、自らカルロス五世を僭称していた。こうしてカルロス支持派が全国で武装叛乱を起こした。「第一次カルリスタ戦争」である。この国内基盤を消耗させる内戦が三九年まで続く。カルリスタは、「神、祖国、地方特権」をスローガンとし、伝統主義的で反自由主義的な武装集団であった。カルリスタの蜂起を受けて、マリア・クリスティーナは当初からイサベルの王位継承を維持するために、絶対王制支持派を頼りにしていたが、次いで、かつて絶対主義者から不倶戴天の敵とみなされていた自由主義者にも支援を要請する。こうして早くも自由主義者が政界へ復帰するチャンスが到来したのだった。やがて立憲君主制が始まり、そのために摂政政治は後退し、自由主義者の政治指導が主力となった。だが、よくあるように自由主義者は穏健派と進歩派に分裂し、両派による主導権争いが次第に激化していくのである。

1．在位1833～68年。

図1　イサベル2世

図2　摂政マリア・クリスティーナ

こうしたスペインの王位継承をめぐる内戦には決まって列強が干渉してくる。カルロス側ではオーストリア、ロシア、プロイセンが支持し、マドリード政府側はフランス、イギリス、ポルトガルと四か国同盟を締結する。とりわけイギリスは一万人の義勇兵をバスク地方に派遣する。一八三六年一二月、政府軍を率いたエスパルテーロ将軍は、カルリスタ軍に包囲されたビルバオを解放した。将軍は当初、マリア・クリスティーナ支持の穏健派と目されていたが、実は進歩派であり、四〇年一〇月、彼が主導したクーデターで進歩派が穏健派を政権から引きずり下ろす。マリア・クリスティーナは断固として穏健派を支持したために、進歩派は王権や穏健派と激しく対立し、政権を奪取する。進歩派は摂政の交代と閣僚の処分を要求する。マリア・クリスティーナは失脚し、二人の娘をスペインに残しパリに亡命する。将軍が首相兼臨時摂政に就任し、さらに翌年五月、正式の摂政に就任し、全権を握る。四三年になると、進歩派と穏健派が合同して反エスパルテーロ勢力を結集し、各地で武装蜂起がおこり、彼はロンドンに亡命する。三人目の摂政を任命していなかったので、議会はイサベル二世の成人を早めることを決定し、一三歳で正式な女王となると宣言した。

一八四三年一一月、一三歳になったイサベル二世は成人式を挙げ、親政を開始する。そうはいっても、軍人の政治における発言力が高まり、それも軍事力を背景にした将軍たちの統治が、イサベル二世の治世末まで続くことになる。翌四四年四月、マリア・クリスティーナが三年半ぶりにマド

図3　貴族院

2．1848年2月、パリのブルジョワ共和派と小市民、労働者よりなる民衆が、1830年7月に誕生した「七月王政」を倒し共和政府を樹立した革命。「七月革命」で王位に就いたルイ・フィリップ（在位1830～48）は、この「二月革命」で追放され、イギリスに亡命しそこで亡くなった。

リードに戻る。これを契機に、穏健派のナルバーエス将軍が首相となる。

一八四六年、イサベル二世は一六歳になり、結婚する。相手は八歳年長の従兄弟、フランシスコ・デ・アシス・デ・ブルボンであった。実は、イサベルは、ブルボン家王朝の合意的統一のために「第一次カルリスタ戦争」の立役者ドン・カルロスの長男カルロス・ルイスと結婚することになっていたが、それも立ち消えとなってしまった。現実の夫であるフランシスコには、さまざまな忌まわしい噂が飛び交い、一方イサベル二世も恋多きという噂が絶えることがなかった。政略結婚とはいえ、前途多難な結婚生活であった。

一八四四年から始まるイサベル二世の治世は二五年に及び、それを政権担当者ごとに大雑把に三つの期間に仕分けることができる。

最初の「穏健派の一〇年間」（一八四四〜五四）は、一〇年間続いた割には政治的安定性を欠く政権であった。かてて加えて、宮廷と政府に汚職や買収がはびこっていた。五四年六月、オドンネル将軍ら進歩派軍高官のクーデターが勃発し、進歩派の「マンサナーレス宣言」が諸都市で配布され、各都市で民衆の暴動が発生する。この間の新しい政界の動きとしては、四八年に反王制勢力となる共和派が誕生し、次いで民主派が主要都市に誕生し、四九年四月にマドリードで民主党が創設される。隣国のフランスも、四八年二月に「二月革命」[2]が起こり、ルイ・フィリップが退位、追放された。

一八五四年七月、イサベル二世がロンドンに亡命中のエスパルテーロを

図4　「神、祖国、国王」とぬいとられたカルリスタの軍旗

図5　ドン・カルロス（カルロス・マリア・イシドロ、カルロス5世）

召喚し、進歩派が政権を掌握する。しかし、この「進歩派の二年間」の五六年七月、バリャドリードで起こった食糧暴動での対応をめぐってオドンネル将軍と対立したエスパルテーロが退陣し、再びロンドンに戻った。イサベル二世はオドンネルに政権を委ねる。同年一〇月、オドンネル政権は女王と対立し同政権は崩壊する。女王は後継首班として穏健派のナルバーエス将軍を指名する。

続く「一二年間」（一八五六〜六八）の最初の二年間は穏健派が担当し、その後の政権は新党の自由主義連合が六三年三月まで担当する。この政党は、五四年六月、穏健派と進歩派の中道志向のグループが下野したオドンネルのもと結集し、政権奪取を狙っていた。これに民主党や共和派もいよいよ本格的な政治活動を開始し、政界は党派間の主導権争いが苛烈になっていった。

第二次カルリスタ戦争、第三次カルリスタ戦争

一八六〇年四月、カルロス六世を僭称するカルロス・ルイスの指揮する四千人の武装勢力がエブロ川河口に上陸する。「第二次カルリスタ戦争」の開始である。開戦の劈頭（へきとう）、カルロス・ルイスと弟フェルナンドが縲絏（るいせつ）の身となり、王位を継承する権利の放棄を余儀なく承諾し、終戦となった。

一八六八年四月のナルバーエス将軍の死去以降、スペインの政治は混迷と彷徨を重ね、金融危機を誘発し、かてて加えて農作物の不況が社会の不

図6　カルリスタの兵士達

安を一層高めていった。

一八六八年九月一八日、イサベル二世がバスク地方の「ビスケー湾の真珠」と言われた高級避暑地サン・セバスティアンに逗留中に、進歩派のプリム将軍とセラーノ将軍、それにトペーテ提督が軍港カディスでプロヌンシアミエントを宣言する。彼らの「名誉あるスペイン万歳！」のスローガンに呼応してアンダルシア各地の守備隊も叛乱軍側に加勢した。同月二八日、セラーノ将軍の率いる叛乱軍はアルコレアで国王軍を破り、マドリードに駒を進める。同月二九日、マドリードで革命評議会が結成され、ブルボン王朝の打倒が宣言された。三〇日、イサベル二世は退位を決意し、フランスへ亡命する。約一七〇年続いたブルボン朝スペインのあっけない終焉であった。こうしてほぼ無血状態でイサベル二世の退位に成功したために、「名誉革命」と呼ばれる。この「名誉革命」を嚆矢として、一八七四年一月の第一共和制の崩壊までの期間を「革命の六年間」と言われている。

一八六八年一〇月、セラーノ将軍を首班とする臨時政府が発足する。翌年一月、憲法制定議会議員選出選挙が行われる。二五歳以上の男子五百万人が投票した。ところが選挙結果は予想外であった。勝利したのは共和派ではなくて、王制支持の進歩派が七〇％を占めたのだった。それでも民主王制を規定する「一八六九年憲法」が制定された。それには、男子普通選挙、政教分離、宗教の自由などの条文が明記されていて、当時のヨーロッパでは最も進んだ民主的憲法であった。次いで、セラーノが摂政に、プリ

図7　ナルバーエス将軍

図8　サン・セバスティアン（Ⓒスペイン政府観光局）

ムが首相と陸軍大臣に就任する。新政権にとって最大の課題は後継国王選出であった。

これこそ千載一遇のチャンスとばかりに、一八六九年夏、カルロス七世を僭称するマドリード公爵（ドン・カルロスの孫）カルロス・マリアは、伝統主義者、保守主義者、カトリック信徒などの長年のカルロス支持者を糾合し、自らの王位継承を旗印にして、カルリスタ勢力に武装蜂起を促した。バスク、ナバラ、カタルーニャ、アラゴン、バレンシアなどで大掛かりな戦闘が展開された。「第三次カルリスタ戦争」である。カルリスタ軍を撃退すべく政府軍の戦術や戦力が次第に敵を凌ぐようになり、彼らをバスク地方に追い込んだが、それでもカルリスタ軍の武力抵抗は続く。

後継国王選出に際して、今までの「カルリスタ戦争」の経験から、もとよりブルボン家候補者は除外することが大前提であった。イサベル二世の妹婿モンパンシエー公爵、ポルトガルのフェルナンド・デ・コブルゴなどの名が挙がっていた。とにかく外国から君主を捜す方が良いと決めたプリム首相は、四方八方手を尽くすが、結局イタリア・サヴォイア家のアオスタ公爵アマデオを候補者として折衝する。弱冠二五歳のインテリ青年のアマデオはスペイン国民を代表する議会の信任投票で信任されることを条件に、国王の候補者になることを受諾した。一八七〇年一一月、議会での投票の結果、六一・四％の支持であった。議会はアマデオを国王アマデオ一世として承認したのだった。ところが、一二月二七日、彼の後見人である

図９　プリム将軍

図10　プリム将軍
（名誉革命の寓意）

プリム首相がマドリードで共和派の二人組に銃撃され、三〇日に死去する。翌年一月二日、アマデオがカルタヘナに上陸した途端、プリム首相暗殺事件を知らされる。アマデオはマドリードのアトーチャ大聖堂で今や亡きプリムと対面したのだった。

一八七一年一月から始まったアマデオ一世の治世は困難の連続であった。プリムの継承首班は自由主義連合の継承の立憲派プラセデス・マテオ・サガスタと、進歩派と民主派との糾合した急進派ルイス・ソリーリャが相互に政権を担当したが、時には両陣営が厳しく対立することもあり、政治は安定することはなかった。これではアマデオ一世は、スペインが抱える深刻な諸問題に対処するための必要な支持を全く持てなかった。さらに、この二年間に六回も内閣が変わり、三回も選挙が行われたのだった。翌七三年二月一一日、わずか二年と四九日続いた王位を放棄し、退位を決断する。

二月一一日、スペイン国会でのアマデオ一世のスペイン国王退位演説には、次のような痛烈な批判が含まれている。

余がスペインの王冠を戴いてから長い二年間が過ぎたが、スペインは絶え間ない戦いの中にあり、余が強く熱望する平和と幸福の時代から日々遠ざかっているようだ。もし幸福の敵が異邦人であれば、余は忍耐強い兵士たちを率い、敵との戦いの先頭に立つであろう。しかし、国民

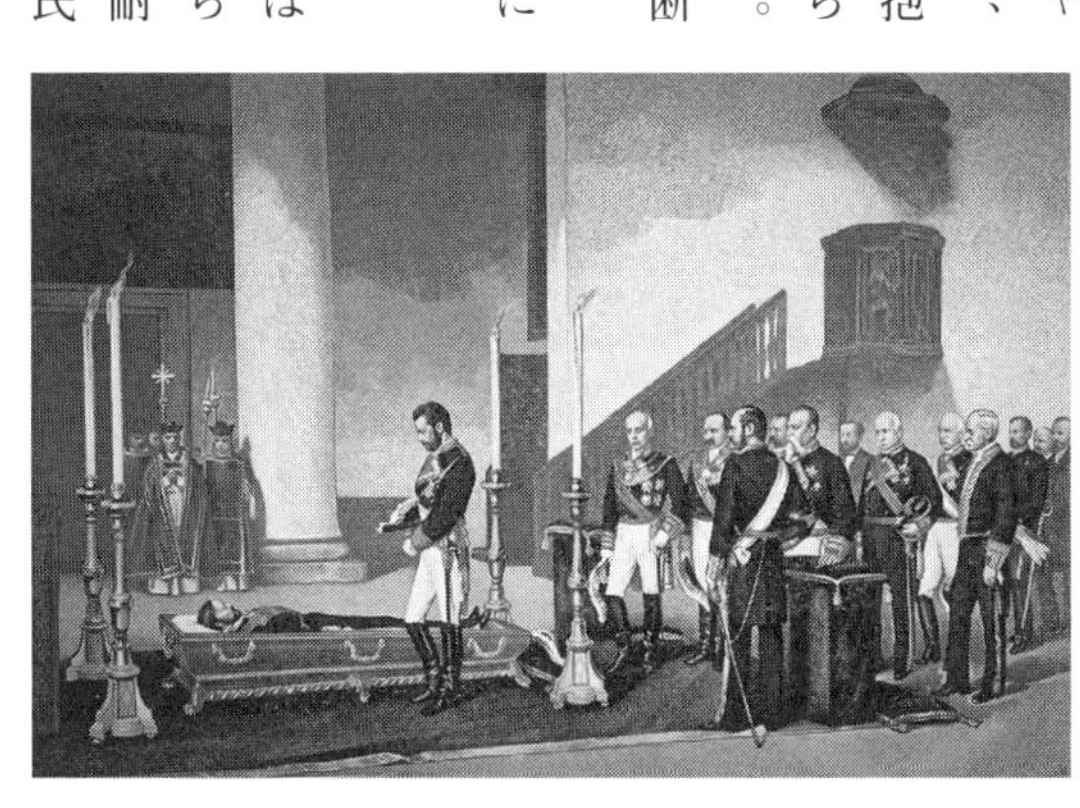

図11《プリム首相の遺体と対面するアマデオ》(アントニオ・ヒスベルト＆M. ゴメス画、マドリード歴史博物館蔵)

にとっての悪害を剣・筆・言葉によって悪化させ、永続させている者はみなスペイン人であり、全員が祖国という甘美な名を引き合いに出し、争い、祖国の安寧を揺るがしている。戦いの轟きのさなかで、諸政党の混乱した、耳をつんざく、相反する叫び声の中で、そして世論における多くの対立する意思表明の中で、何が真実であるかを当てることは不可能である。[3]（後略）

こうして、「アマデオの二年間」は終わった。だが彼はスペイン最初の民主主義の国王であり、血統からではなく政治で選ばれた国王であった。この日、アマデオは、妻マリア・ビクトリアと子供たちと一緒にリスボンへ向かった。さらに、この日、議会では、突然の国王退位に対処するために、議会の上下両院が合同して「国民議会」と命名し、そこで賛成二五八、反対三二の圧倒的大差で共和制樹立を宣言した。

3．前出『スペインの歴史』2014年、p.175.

図12　アマデオ１世

12 第一共和制と王政復古

第一共和制

一八七三年二月一一日、急進派と今まで少数勢力に過ぎなかった共和派の提携によって新政府が樹立され、初代大統領にエスタニスラオ・フィゲラスが就任した。いよいよスペイン第一共和国の発足である。(一九三一年四月に発足の共和制と峻別するために「第一共和制」と呼ばれている)。五月に憲法制定議会選挙が実施され、共和派が三四八議席を確保し、圧倒的多数を占める。六月一日、憲法制定議会が開かれ、スペインが「連邦共和国」であることを宣言し、憲法草案を作成に着手する。六月一一日、ピ・イ・マルガイが大統領に選出される。

一八七三年六月頃から、共和主義が強固に根づいた地域では、第一インターナショナル[1]・バクーニン派[2]、つまりアナキズムの影響もあって、革命的気運に駆り立てられ急進化した住民が各地に大幅な権限を持った「カントン(自治区)」を設置し、さらに完全な自治を要求するカントナリスタ(地域自治主義者)の叛乱が起こった。こうした政治運動は時期尚早であり、法秩序を乱すものと判断した共和国政府は、彼らの叛乱を武力鎮圧するが、これに賛成できないピ・イ・マルガルは七月一八日に大統領を辞任する。彼の後継のサルメロンも、カントナリスタの叛乱に対して軍事作戦

1. 1864年9月にロンドンで結成された、世界初の国際的な労働者の大衆組織で、正式には「国際労働者協会」という。創立宣言と規約はマルクス(1818～83年)が執筆した。創立時からマルクス派とプルードン(1809～65年、フランスの社会主義者。「二月革命」後は代議士)派との対立があった。その後マルクス派に反対するバクーニン派が台頭し、72年のハーグ大会で協会は実質的には活動を停止した。
2. バクーニン(1814～76年)
   ロシアのアナキスト革命家。貴族の長男として生まれ、陸軍士官学校を卒業し少尉となるが、そこを追放されベルリンで哲学を研究する。ドイツの「三月革命」に連座した廉でシベリア流刑。脱走して第一インターナショナルに参加するが、マルクスのプロレタリア独裁論に反対したため除名され、「自由な労働者の自由な連合」を標榜するアナキスト運動を展開した。

で臨んだが、その指導者への死刑判決書に署名できず、九月七日に大統領を辞職する。その後継のカステラール大統領は、治安維持のために軍司令官に広範な権限を与え、そのことで、七四年一月三日、議会に大統領の不信任案が提出され、不信任一二〇票に対して信任一〇〇票となり、彼の退陣が決定した。カントナリスタへの過酷な鎮圧で勇名を馳せたマヌエル・パビーア将軍は、中道左派の政権が誕生するのを危惧し、武装した治安警備隊を率いて議場に乱入し、軍事力によって議会を解散させた。第一共和政は事実上倒壊する。

それにしても、第一共和制は、誕生した一八七三年二月一一日から翌年の一月八日までの、一一か月の短命だった。わずか一一か月の間で、既述したように、フィゲラス（在任二月一一日〜六月一一日）、ピ・イ・マルガル（六月一一日〜七月一八日）、サルメロン（七月一八日〜九月七日）、カステラール（九月七日〜七四年一月三日）、セラーノ（一月三日〜八日）と大統領が五人も交代したことからも、誕生したばかりの第一共和制はいかに脆弱で不安定な政権だったかを如実に物語っている。

一八七四年一二月二九日、サグントにおいて、同じくカントナリスタの鎮圧軍の指揮官だったマルティネス・カンポス将軍がプロヌンシアミエントを発して、イサベル二世の息子アルフォンソをスペインの国王に即位させる「王政復古」を宣言したのだった。

3．在位 1874〜85 年。

図1　アルフォンソ12 世

図2　アルフォンソ12 世夫妻

王制復古――アルフォンソ一二世体制

アルフォンソ一二世が生まれたのは、一八五七年一一月二八日、マドリードの宮殿であった。彼が一一歳の時に、六八年九月一九日の「名誉革命」によって、家族とともにフランスに亡命する。パリでは、ルイ・ナポレオン三世の皇妃ウージェニー[4]がイサベル一家をあたたかく迎え入れた。彼女はグラナダの名門貴族モンティホ伯爵家の次女だったからだ。七〇年、イザベル夫妻は離婚する。

女王としての的確な政治的判断力の欠如によるブルボン王家の廃位、亡命、離婚、子供の教育などイサベル一家の予想外の難事にきちんと対処し、しかも王政復古の立役者となったのが、カノバス・デル・カスティーリョであった。彼は国王がスペインに到着するまで摂政の任についていた。混迷し、凋落の運命を辿るスペインを復興させる唯一の道はアルフォンソを王位に継け、現実のヨーロッパ諸国の政治の実状にもっと即した体制を確立することであると考えていた。それで、一八七〇年、イサベルを説得して王位を王太子アルフォンソに譲らせた。カノバスが理想とする国政は、何よりもイギリス式の立憲君主制、議会は二院制、二大政党による国政の維持、軍部の政治への介入禁止、などであった。

カノバスのすすめを受けて、一八七四年夏、アルフォンソはイギリスのサンドハースト王立士官学校に入学する。ところが、同年一二月、既に述

4．ウージェニー（1826～1920年）

幼い頃からその美しさに定評があり、やがてパリの社交界にデビューする。ルイ・ナポレオンが大統領の頃、彼女は17歳年長のルイと結婚する。1852年12月、ルイは皇帝（在位1852～70年）に即位する。ウージェニーもファーストレディから皇妃になる。だが、パリの社交界、とりわけ貴族の夫人から「精神異常の赤毛娘」とか「スペイン女」と陰口をたたかれる。70年のプロイセン・フランス戦争に敗北し、10万人の将兵と共に皇帝と皇太子の降伏と戦争捕虜、共和革命の勃発とパリ総督トロシュ将軍を首班とする国防政府の樹立を経て、ついに第二帝政は崩壊する。しかも頼みとする皇帝と皇太子は隣国プロイセンに囚われの身だった。ウージェニーはひそかにパリを脱出し、イギリスに亡命する。やがて捕虜の身から解放された夫と息子がイギリスにわたることができ、ようやく親子3人で平和な日々を送るようになる。1873年、ルイ・ナポレオンは急死する。〔次頁〕

べたように「王制復古」が宣言され、急遽、帰国することになった。翌年一月九日、バルセロナに到着、五日後の一四日、国民の歓喜の中「平和をもたらす王」としてアルフォンソ一二世はマドリードに入城した。

一八七六年二月、新国王アルフォンソ一二世が軍勢を率いてパンプローナに入城すると、カルリスタ軍の総師カルロス七世はフランスに亡命する。これで三次にわたる「カルリスタ戦争」が終焉したのだった。

その二年後の七八年、アルフォンソ一二世は、母イサベルやカノバスの反対を押し切って、モンパンシエー公爵の娘で従姉妹にあたるマリア・デ・ラス・メルセーデスと結婚するが、わずか五か月後に王妃は急逝する。王妃の逝去を悼んだ人々はその悲しみを童謡に託して詠ったという。国王は、その翌年、ハプスブルク・ロレーヌ家のマリア・クリスティーナと再婚する。

アルフォンソ一二世のもと、カノバス新体制はその骨格になる「一八七六年憲法」を制定する。この憲法によると、主権は議会と国王で分有する。王権には、法律の拒否権、議会との共同立法権、閣僚の任命権などが含まれる。議会は上院と下院の二院制、カトリックは国教、政権交代の方策としてのクーデターの放棄などが規定されている。軍には軍備に関する自立性、軍内部の身分に関する絶対的な独立性が認められるが、同時に、国王が軍隊の目に見える象徴にして最高指揮官として認められている。

国政に関しては、イギリスの二大政党をモデルにして、カノバスの穏健

図3　ウージェニーの結婚式

〔承前〕ウージェニーは94歳となり、生まれ育ったアンダルシアの太陽を体全体で受け止めたいという残された唯一の願望を成就させるために、ヨットでジブラルタルへ向かう。スペイン国王アルフォンソ13世は彼女のためにジブラルタルからセビーリャまでの特別列車を仕立てるが、彼女は風景をよく見たいとの希望で自動車を所望した。だが、その旅の途中で1920年7月11日朝、不帰の客となる。(川成洋『スペイン――その民族とこころ』悠思社、1992年、pp.28–31.)

派を母体とする一八七五年結成の保守党、それに対抗する勢力としてプラセデス・マテオ・サガスタの八〇年結成の合同自由党との二大政党が国政に関与した。この二大政党はともに支配体制の安定を目指すという点では基本的には一致していた。統一的・中央集権的国家の求めていた両党は、合意によって、それぞれに補完的な役割を担った。

一八八五年一一月二四日、国王の死去後に政治体制が不安定になるであろうという懸念から、アルフォンソ一二世が死の床にあったエル・パルド宮で、マルティネス・カンポス将軍の仲介で、平和的な二大政党輪番制を取り決める「パルド協定」が調印される。

アルフォンソ一二世は、イギリス国王の真似をして、国政に一切関与せずに、もっぱら国民と交わろうとした。時には側近の熱心な忠告を無視して、コレラが流行したときに感染患者を見舞ったり、あるいは大規模な自然災害に際して罹災者を励ましたり、その他多様な社会福祉事業に参加したために、国民から非常に愛されていたが、一八八五年一一月二五日、肺結核により、二八歳の若さで敢え無く急逝する。王妃マリア・クリスティーナが摂政になる。その二か月後、カノバス首相が、ライバルのサガスタに政権を譲る。サガスタ自由党内閣は新議会を招集し、一連の自由主義ブルジョワ的法令を制定する。次いで九〇年、カノバスが再び政権を担当する。

この時期の対外問題といえば、なんといっても、「永遠に忠実な島」としてスペインが温存を図っていたキューバの独立問題であった。砂糖産業に

図4　カノバス

図5　サガスタ

多額の投資を行い、キューバ砂糖の最大の輸出国でもあり、カリブ海を自分の内海とみなしているアメリカは、キューバの背後で動いているために、スペインは迂闊にも手を出せず、神経質にならざるを得なかった。一八七六年一一月、マルティネス・カンポス将軍麾下の二万五千人のスペイン軍がキューバの叛乱を武力鎮圧する。その二年後の七八年二月、キューバにある程度の自治を認める「サンホン和約」を締結するが、スペイン側に履行する姿勢が見えなかったために、数次に渡ってゲリラ活動が再燃し、アメリカは絶えずキューバの独立をスペインに要求していた。

国王アルフォンソ一二世の死去から一〇年後の一八九五年二月二四日のカーニバルの日、「キューバの使徒」といわれ、九二年にキューバ革命党を創設したホセ・マルティ[5]の指導でキューバの独立戦争が始まった。スペインはカンポス将軍麾下の一二万五千人の鎮圧部隊を投入する。この遠征隊は兵站線の不十分な確保、不慣れな熱帯気候などで多大な困難に直面しながら戦った。その翌年、カンポス将軍に代わったバレリアーノ・ウェイレル将軍は、強硬な戦列を構築し、仮借なき弾圧と掃討作戦を遂行する。四〇万人余りのキューバ側の死者の大半は、この作戦の犠牲者であった。九七年、ウェイレル将軍はキューバ全土をほぼ制圧する。アメリカの直接干渉を危惧したカノバス首相は、スペインの宗主権下にキューバに自治権を与えると約束する。それでも独立運動は沈静化しなかった。この年、アメリカの共和党の新大統領マッキンレーは、スペインにキューバの売却を

5．ホセ・マルティ（1853～95年5月19日）
キューバの詩人、思想家、革命家。

16歳で独立運動に入り、42歳で死亡するまで、キューバとラテン・アメリカの独立運動に生涯を捧げた。92年、キューバ革命党を結成してその代表となった。これは民主主義的な綱領と機能を持ち、当時としては極めて近代的な政党として、ヨーロッパの労働運動や労働者政党に先んずるような組織であった。

91年に発表した論文「われらのアメリカ」において、北アメリカを「彼らのアメリカ」と呼んで「われらのアメリカ」（ラテン・アメリカ）と対置し、北アメリカのラテン・アメリカ介入をいち早く帝国主義と規定した。

図6　ホセ・マルティの切手
（大貫良夫ほか監修『ラテン・アメリカを知る事典』新版、平凡社、2013年、p.413.）

要求し、これが受け入れない場合は、実力行使もありうると言明した。アメリカとのあいだで戦争が不可避のように思えたのだった。

こうした緊迫したキューバ情勢のほかに、スペインが一五七一年以来、実質的に植民地としてきたフィリピンの独立問題がスペインを悩ませていた。一八九六年八月、フィリピンでエミリオ・アギナルド[6]（初代フィリピン共和国大統領）の独立叛乱がおこり、スペインは直ちに鎮圧部隊を投入し、一時的であるが叛乱を平定することができた。

だが、これらの二か所の植民地の独立問題は、意外と早く、しかもスペイン側の惨敗という形で、決着を見たのだった。

米西戦争

キューバの完全独立を支持するアメリカの強烈な教唆を受けて、キューバの独立叛乱軍は武力によって独立を勝ち取る覚悟を固めていた。アメリカのキューバ支援はあまりにも露骨だった。スペインの軍部はアメリカと一戦交えればひとたまりもないと率直に認めていた。また対米戦争やむなしと主張する狭隘なナショナリズムを批判した共和主義者ピ・イ・マルガルや、戦争の危険性を訴えた自由党党首ホセ・カナレハスらは圧倒的少数派に過ぎなかった。だが、アメリカの軍事力を過小評価したスペインの新聞界は反米論陣[7]を張り、民衆は反米デモに沸き立っていた。両国の関係は、次第に険悪となり、一触即発的状態までに発展した。

6．エミリオ・アギナルド（1869～1964年）

1869年3月、カビテ州カウィット町で生まれる。父親は同町の町長を務め、アギナルド自身も若くして町長となる。95年、秘密結社カティプナンに加入。革命運動に身を投じる。

1898年9月、憲法を制定して初代大統領に就任する。同年末、パリ条約によるアメリカの裏切りにより同国に宣戦布告。以降、ルソン島中部、北部を転戦したが、1901年3月、イサベラ州でアメリカ軍に逮捕され、降伏した。第2次大戦中は日本軍に全面的に協力した。1964年2月に死去。

7．バルセロナの有力紙『ラ・バングアルディア』（1898年4月2日）はこう述べている。〔次頁〕

図7　エミリオ・アギナルド

一八九八年一月二五日、アメリカの巡洋艦メイン号がキューバ在住のアメリカ人の保護を目的にハバナ港に入港した。これに応えてスペインもビスカージャ号をニューヨーク港に派遣して主権国家としての威信を示したのだった。ところが、二月一五日夜、ハバナ港に停泊中のメイン号で原因不明の爆発が起こった。艦の前方を吹き飛ばし、二六〇人――乗組員の四分の三近く――が死亡した。[8] アメリカ側の主張によれば、スペイン海軍の機雷に触れたためだとなるが、現在の通説では、これは単なる事故となっている。スペインの陰謀による機雷爆発説を否定する摂政マリア・クリスティーナとスペイン政府の見解はいっさい聞き入れなかった。アメリカの新聞界は「リメンバー・メイン」というキャッチフレーズを掲げ主戦論を展開し、世論も「スペインを膺懲(ようちょう)すべし！」へと大きく舵を切った。間もなくアメリカから宣戦布告と同様の最後通牒を突き付けられたスペインは、国の威信を守るためにこれを受けて立った。とうとう四月二四日、アメリカは宣戦布告をした。

この戦争は瞬く間にアメリカの勝利で終わった。アメリカ海軍の軍艦は鋼鉄製で強力な兵器を備え、艦数も多かった。スペイン海軍の軍艦の大半が木造船で、艦数も少なかった。海戦の舞台はフロリダから数時間だったが、スペインからは何日もかかる長い航海であった。これでは戦闘にならなかった。サンティアーゴ港沖の両艦隊の海戦は、なんと、わずか四時間で、スペイン艦隊が全滅したという。[9]

〔承前〕「いまやもう望みは消えた。この一文が読者の目に触れるころには、マッキンレー氏がスペインに対する最後通牒のなかで宣言した合法的侵略行為は完了しているであろう。暴力による我が国への侵略が間もなく実行に移されようとしている。スペイン政府は戦争回避のために人間の力で能うる限りのことはした。よってこの戦争で流されるであろう血については、神の前にも歴史の前にも、その責任はスペイン政府に帰せられるべきものではない」（前出『スペイン』1980 年、p.284.）

8．ダン・ジョーンズ、マリナ・アマラル『彩色写真で見る世界の歴史』堤理華訳、原書房、2019 年、p.165.

9．余談になるが、このサンティアーゴ海戦に当時、ワシントン日本大使館駐在海軍武官の秋山真之大尉（1868～1918、後に海軍中将）が、サンティアーゴ港閉鎖作戦に観戦武官として従軍し、その後、日露戦争の旅順港閉鎖作戦に先任参謀として、機雷敷設などの指導にあたった。（楠木誠一郎『秋山好古と秋山真之――日露戦争を勝利に導いた兄弟』PHP 文庫、2011 年、pp.167-176.）

アメリカの対スペイン宣戦布告（四月二五日）ののち、香港にあったデューイの艦隊が、五月一日にマニラ港に侵攻してスペイン艦隊を撃滅・降伏させた。八月一二日、ワシントンでスペイン代理国としてのフランスによって、スペインとアメリカとの休戦協定が結ばれ、一二月一〇日、パリで両国は講和条約に調印した。これによって、スペインはキューバの独立を承認し、アメリカにプエルト・リコとグアム島を割譲し、フィリピンを二千万ドルで売却した。なお、このパリ講和会議にキューバは呼ばれなかった。一九〇二年五月、確かにキューバは独立したが、独立と同時に制定された憲法に、アメリカの干渉権や海軍基地提供の義務を明記した「プラット修正」を強引に押し付け、キューバを半ば植民地状態にしてしまった。

パリ講和条約の翌一八九九年、スペインは、島民がスペインに叛乱を引き起こしていた太平洋上のカロリン諸島をはじめ、マリアナ諸島、パラオ諸島などの領土をドイツに売却した。[10] こうして米西戦争に無様に完敗したスペインは「陽の沈むことなき大帝国」と謳われたフェリペ二世の強大な海外植民地の喪失、植民地帝国の完膚なき崩壊を甘受しなければなかった。海外植民地を持ったヨーロッパ列強の中で、最初に宗主国の地位を降りたのは、ほかならぬスペインであった。

確かに米西戦争に敗北したスペインは、ピレネー山脈の南に逼塞する三流国に転落した。一般的に「九八年の不幸」と言われたこの時期、ヨーロッパの列強はアフリカやアジアにどんどん植民地を拡張する帝国主義路線を

図８　米西戦争の風刺画

図９　爆発したメイン号

奔走しながらも、隣接国家同士で軍事同盟、通商同盟を締結し、さらには植民地軍の創設と増強に着手し、来るべき二〇世紀に向かって驀進（ばくしん）していたのだった。

敗北の影響は従来からのアナキズム指導の労働界にも現れた。スペインの国内的団結というか、一種のナショナリズムのようなものが必要であるという認識から、これらと対立するアナキズム運動が否定されて後退し、逆に社会主義運動が拡大した。すでに一八七九年創設の社会労働党（PSOE）系の一八八八年結成の労働総同盟（UGT）は、組合員を二年間で六千人から二万六千人と大幅に増加させた。アナキズムは、労働組合を主体とする大衆路線を採用したアナルコ・サンディカリズムへと方向を変え、政治闘争主義に邁進していった。

国政では、米西戦争勃発の一年半前、一八九七年八月八日、王政復古とアルフォンソ一二世体制の立役者である、保守党党首カノバスが、サン・セバスティアン近くの湯治場サンタ・アゲダで休養中、イタリア人アナキストのミケーレ・アンジョリーロの凶弾に斃（たお）れた。このアナキストは、パリ在住のキューバ独立派の活動家と関係があった。カノパスの暗殺で政界も大いに動揺したが、殊に九八年の、米西戦争敗北後、サガスタ政権は完全に自信喪失に陥り、摂政マリア・クリスティーナは、この政権に代わって、保守党の新党首フランシスコ・シルベーラに政権を委ねた。新政権は政治の刷新を標榜し、以前に政治に関わってこなかった人材を登用し、一

10. 余談だが、第一次世界大戦の勃発の翌月、1914 年 8 月、日本はドイツに宣戦布告し、太平洋上にあったドイツ領のカロリン諸島を、日本海軍が占領してしまった。

図10　カノバス暗殺（Wikimedia Commons, By Ginés, V. CC BY-SA 3.0）

定の成果をあげることができたものの、生活必需品への増税と戦時中の債務に対する新税導入などで納税者のストライキが発生し、また閣僚の中にはこれらの新規政策に異を唱えて辞任する者もいた。ともかくシルベーラ政権は、一九〇一年まで続き、その後自由党が政権を担当する。こうして、二大政党交代制はいかなる改革、再生にも全く無力だったことを示したのだった。この現実は、見方を変えれば、スペインの現状を前向きに捉え直すチャンスでもあった。それを自らの喫緊の使命ないし課題と捉えたのは、今まで何ら現実社会と繋がりを持たなかった若い知識人グループだった。彼らは「九八年の世代」と呼ばれた。

九八年の世代

スペイン人がそれぞれ体験せざるを得なかった「九八年の不幸」をいかにして克服すべきか。別言すれば、いかにしてスペインを近代化し、再生に導くか。そのためには、従来の保守党や自由党による欺瞞的なブルジョワ実利主義的政治に真っ向から反対しなくてはならない。それが荒廃した祖国刷新の第一段階であった。

「九八年の世代」のメンバーは、一八六〇年から七五年の間の生まれで、三七歳で「ヨーロッパ四大学」の一つ、サラマンカ大学総長に就任したミゲル・デ・ウナムノ（哲学者）、アソリン（ホセ・マルティネス・ルイス、評論家）、マチャード兄弟（詩人）、ピオ・バロハ（作家）、ラミロ・デ・マ

図11「98年の世代」（左からウナムノ、アソリン、A. マチャード）

ニストゥ（評論家）、メネンデス・ピタル（評論家）、ノーベル文学賞受賞者ハシント・ベナベンテ（劇作家・作家）、バリェ＝インクラン（劇作家・詩人作家）、グリーオ・デ・レゴヨス（画家）など、スペイン文壇や画壇の綺羅星のような知識人であった。

確かに彼らはひたすら理論追求に専念する思弁派の知識人であった。それ故、彼らの主張はばらばらだったので、現実の政治を動かす力にはなりえなかった。そうはいっても、「九八年の世代」は、スペイン文学史上の二〇世紀初頭の「モデルニスモ」[10]運動とあいまって、スペインの「第二の黄金世紀」または「銀の世紀」と呼ぶのにふさわしい文化運動を開花させたのだった。

10. モデルニスモといえば、スペインのほぼ同じ時期に2つの異なる分野に存在した。

まず、「文学」のモデルニスモはラテン・アメリカで生まれた豊かな色彩と音楽性を備えた「象徴主義」の変奏ともいえる詩形である。1916年、ニカラグアの詩人ルベン・ダリーオがスペインにもたらした。スペインでは、アントニオ・マチャード、1956年にノーベル文学賞を受賞したフアン・ラモン・ヒメネスなどの詩人がその影響を受けた作品を発表した。

もうひとつは、19世紀末から20世紀初頭にかけてのカタルーニャを中心に盛んとなった美術、室内装飾を含めた建築である。これはカタルーニャの再生、すなわち「カタルーニャ・レナシェンサ（ルネサンス）」運動と一体となって一層大きな広がりを見せた。建築家としてはアントニ・ガウディ、ドメネク・イ・モンタネール、プーチ・イ・カダファルクなどが著名な建築物を残している。

13 第一次世界大戦と立憲君主政の崩壊

アルフォンソ一三世

一八八六年五月一七日午前一一時三〇分、王太子誕生でスペインじゅうが湧きに沸いた。先代国王アルフォンソ一二世の逝去からほぼ半年後、待ちに待った直系王子の誕生だったからだ。首都マドリードでは、王女誕生なら一五発だったが、二一発の祝砲が鳴り響いたのだった。

一九〇二年五月一七日、一六歳になったアルフォンソ一三世[1]は親政を開始する。その頃は、まだ米西戦争から立ち直っていなかった。それにしても、即位間もない頃のアルフォンソ一三世は、父王と同様、貴賤を問わず国民にあたたかい声をかける気さくな国王で、「政治を抜きにすれば、国王は確かに好人物である」という評判を得ていた。〇六年五月三一日、イギリスの今は亡きビクトリア女王の孫にあたる、バッテンベルク家のマリア・ビクトリア・エウヘニア王女と結婚する。ところが、この結婚パレードで、街路の見物人から、花束に見せかけた爆丸が投げつけられた。幸運にも、国王と王妃には被害はなかったが、側近数名がその犠牲となった。二人の前途を予告するような忌まわしい事件であった。

国内政治においても、すでに述べたごとく、一九〇三年、自由党のサガスタ党首が死亡し、これで、保守党とともにカリスマ性を持つ絶大な指導

1．アルフォンソ13世（在位1886～1931年）の治世の社会状況について、ロンドン大学教授のアントニー・ビーヴァーはこう述べている。

「20世紀初頭のスペインは、全人口1850万のうち、50万以上が20世紀最初の10年間に新世界に移民するほど貧しかった。平均寿命はおよそ35歳。これはフェルナンドとイサベルの時代と同じだった。地域によって大きな違いがあったが非識字率は全体で平均64パーセントだった。スペインの生業人口の三分の二はまだ農業に従事していた。だが、地主と小作人のあいだにあったのは、所有地の問題と緊張関係だけではなかった。500万人の農場主と農民には、地方によって、生活水準・技術水準の気の遠くなるような違いがあった。アンダルシア、エストレマドゥラ、ラ・マンチャでは、農業は原始的でいたずらに労力を要した」（アントニー・ビーヴァー『スペイン内戦　1936-1939』上、根岸隆夫訳、みすず書房、2011年、p.10.）

者を失い、安定した政権交代の時期は終わったのだった。

ところで、一八四八年に制定された選挙制度以来、「カシケ」[2]と呼ばれる「地方ボス」が、立候補者、あるいは政権政党のために、有権者に恐喝や買収、扇動や利益誘導などで票を動かしていた。この悪名高い「カシケ」を通じて汚れた選挙が横行していた。こうした中央政治家と地方ボスの癒着による選挙システムである「カシキスモ」は、全議席のほぼ四分の三を占める一人区、すなわち農村区で有効かつ強力に機能していた。この「カシキスモ」と密接不可分な関係であった二大政党制という政治形態は、現実には虚構以外なにものでもなかった。アルフォンソ一三世の治世になっても、二大政党を支えていた「カシキスモ」は温存され、これを活用して次期指導者間の反目、対立が生まれ、次第に分裂状態に陥っていく。

この頃、二大政党以外の在野勢力や反体制派も台頭してきた。一九〇一年、カタルーニャ地方の自治権を要求するブルジョワ政党、リーガ（地方主義連盟）が結成された。リーガは、既存の労働者や農民の運動をカタルーニャ民族主義の方向へ組み込むことに成功し、カタルーニャにおいては、二大政党に代わるものとなった。〇六年、リーガは反政府勢力を結集して広範な選挙同盟「カタルーニャの連帯」を結成し、翌年四月の選挙に大勝利を収めた。また、バスク地方も自治運動が高揚し、一八九五年に「バスク国民党（PNV）」が結成され、カトリシズムの立場を堅持しつつ、伝統的な自治の特権を要求した。こうして地方自治を求める本格的で非妥協的

2．「カシケ」は、もともとはカリブ海とメソアメリカに起源をもつ言葉で、「インディオの長」という意味である。

図1　アルフォンソ13世結婚式パレードの爆破現場

図2　アルフォンソ13世

な運動がカタルーニャとバスクの両地方で噴出しそうであった。

悲劇の一週間

一九〇九年七月九日、モロッコのリフ山地の鉱山地帯でスペイン軍とベルベル住民とが激突し、翌一〇日、モロッコのメリーリャのスペイン軍駐屯地を強化するために、保守党のアントニオ・マウラ[3]政権は既婚の予備役を招集し、バルセロナ港から出帆させた。この出兵に労働者や農民が反対運動を展開する。この運動には、確かに徴兵反対運動であったが、米西戦争の影響もあって反戦運動、厭戦気分も加わり、さらに長年政治権力と結託してきたカトリック教会勢力の一掃を目指す反教権主義運動も加わった。

具体的には、七月二六日から一週間、バルセロナにおいてゼネストが宣告され、民衆による路上バリケード、八〇余りの教会や修道院、その関連施設の焼き討ち、教区墓地の破壊など大掛かりな騒乱事件が相次いで起こった。この混乱の中で一一三人の死者、三四一人の負傷者を出したこの事件を「悲劇の一週間」という。マウラ政府が全土に戒厳令を布告し、鎮圧軍隊をバルセロナに投入し、最終的に、八月二日、これらの運動を武力で押さえた。しかし、その後の政府と軍による弾圧は凄まじかった。マウラ政府は労働者・共和主義者の施設を封鎖して数千人を投獄し、軍事法廷は首謀者を裁き、一七人の被告に死刑判決を下したが、実際に処刑をしたのは、五人だった。その中に、スペインが生んだ世界的教育実践家で、非

3．1853～1925年。

図4　スペイン軍のモロッコ出兵

図3　「悲劇の一週間」中のバルセロナ

宗教色で科学主義を基調とする「近代学校」の創設者フランシスコ・フェレルが含まれていた。彼は著名なアナキストであったために、同年一〇月一三日早朝、「悲劇の一週間」事件の扇動者という廉で、一二人の特務班銃殺隊の銃口の前で「近代学校、万歳！」と叫んで倒れたのである。フェレルは、この事件の勃発するかなり以前から、ロンドンやケンブリッジで執筆と講演の日々を過ごし、この事件の終息した数日後、親戚の病気見舞いにバルセロナに戻ってきたところを逮捕されたのだ。実は彼がロンドンに発つ前に、自分が「近代学校」の図書館司書として雇った青年を解雇したのであるが、その青年が「悲劇の一週間」の事件で逮捕され、捜査当局は彼からフェレルが黒幕だという自供を過酷な拷問のあげく獲得したのである。言うまでもないが、フェレルは冤罪を被ったのだった。

フェレルの処刑は国際的な憤慨を招き、フランス政府をはじめ、ローマ、ミラノ、ウィーンなどでスペイン政府に対する抗議デモ、反スペイン・キャンペーンが繰り広げられた。保守党のマウラ政権は窮地に陥り、国王はマウラを罷免し、自由党のモレーを首相に任命する。保守党最大人物が政治の主流から外れたのは、二大政党制の機能を著しく低下させることになった。モレーの就任四か月後に、同じ自由党のホセ・カナレハス[4]が首相に就任する。スペインの近代化の遅れを取り戻すために、彼は議会内の革新勢力のまとめ役を果たし、いくつかの社会改革を試みた。教会に対する国家の法的権威の優位性を確認する。具体的には、聖職者俸給など国庫負担の

図5　パリのスペイン大使館に押しかけたフェレルの処刑に対する抗議デモの様子

見直しを教皇庁に提案する。教育改革のために修道会の関与を制限する。新たな修道会の創設を当分禁止するなどであった。一九一二年、鉄道労働者の全国ストライキをめぐって、労働者を敵に回したために、自分が心を打ち込んだ一連の政治改革の成果を確認する前に、アナキストのテロの犠牲になった。これで、彼が考えていたプチ・ブルジョワ層の急進主義に基づいた王制という試みにひとまず終止符が打たれたのだった。彼の死後、自由党は首導権争いのために分裂してしまう。

第一次世界大戦と一七年の危機

一九一四年七月二八日、当時は「大戦争（グレート・ウォー）」と呼ばれた初めての大戦、第一次世界大戦が勃発する。スペイン政府はいち早く「絶対中立」を宣言する。自由党や左翼勢力はイギリスやフランスを、保守党や軍部、教会はドイツを支持したために、国内で統一ができず、参戦すべき同盟関係や植民地との利害関係を持たず、そして何よりもモロッコ戦争に兵力を投入せざるを得なく、参戦すべき軍事力を持っていなかったためである。イギリスの政治家ディビッド・ロイド・ジョージは、一九一四年のヨーロッパ諸国は「懸念や狼狽の跡を全く残さず、瀬戸際を越えて、煮えたぎる戦争の大釜のなかへずるずると落ちた[5]」と回想しているが、スペインは例外的で、賢明な選択を行った。

戦争開始時点から、交戦諸国からの需要が増大し、スペインの産業は活

4．1845～1912年。

5．イアン・カーショー『地獄の淵から――ヨーロッパ史 1914-1949』三浦元博・竹田保孝訳、白水社、2017年、p.35.

図6　フェレルの処刑（1932年、『ラスケーリャ・ダ・ラ・トラッチャ』〔カタルーニャの雑誌〕の挿絵）

発となり、経済を健全化する格好のチャンスとなった。特需景気を受けて、一九一五年から一九年にかけて、初めて輸出超過を記録し、戦争景気は国内の資本蓄積を推し進めた。しかし、国内の激しい物価騰貴は賃金の上昇を上回り、輸出優先による日常必需品の品不足と価格上昇、そして天井知らずのインフレは国民生活を圧迫した。都会の労働者は賃上げの要求をせざるを得ず、それも次第に先鋭化していった。

一九一六年一二月、UGTと、一一年に結成されたアナルコ・サンディカリスト[6]労働組合CNT（全国労働連合）の共同ゼネストは、モロッコ戦争反対、それに物価抑制を要求するものだった。それまで自然発生的だった労働争議が組織化され、労働運動は活発になった。翌一七年八月、CNTの支援を受けてUGTによるプロレタリア革命を掲げて組織的なゼネストが発令される。ストライキはマドリード、ビルバオ、バルセロナ、サラゴサ、オビエドなどの大都市から、全国各地に拡散した「革命ゼネスト」は、臨時政府の樹立、王制の廃止を含む政治体制の抜本的変革を要求した。これに対して政府側は、戒厳令を布告し、八〇人以上の死者、二千人以上の逮捕者を出し、ゼネストは武力鎮圧された。そして「一七年の危機」は収拾されたのであった。これ以降、社会主義者たちの直接行動は下火になり、改良主義的方針へ逆戻りするようになった。しかし、ロシア十月革命とソビエト政権の樹立がスペインに伝わり、再び労働者階級のあいだに革命的気運を盛り上げた。一九一八年から二〇年までの「ボリシェヴィキの

6．アナルコ・サンディカリストは、労働者の議会につながる政治活動を否定し、ゼネストなど労働者の直接行動により資本主義を打倒し、労働組合の地域的連合による産業の管理をめざす。そして、これが次第に、国家の否定、個人の自由な結合を主張するようになった。

7．1856～1921 年。

8．前出『スペインの歴史』昭和堂、1998 年、p.195.

三年間」といわれる期間に、アンダルシア一帯で農地を持たない日雇い農業労働者による一連の激しい争議が頻発し、また大土地所有者の側もアウトロー的な争議鎮圧請負人を雇い入れてそれに対抗したために、争議が際限なく続き、社会的混乱が一層暴力的になった。

一九一八年十一月の第一次世界大戦の終結による国外市場の喪失によって経済状況が悪化した一九一九年から二三年までに大掛かりな労働争議やストライキが七二回も起こり、政権は一三回も交代した。こうしたストライキを抑えるために保守党のエドゥアルド・ダト[7]政権は徹底的な弾圧政策で対応した。警察や治安警備隊が「逃亡法（レイ・デ・フガス）」という悪法を使って、逮捕した容疑者を逃亡したと称して後から射殺するという不法なやり方が急増した。二一年三月、オートバイに乗った三人のアナキストの「殺し屋」がダト首相を暗殺した。その犯人の一人がこう語ったという。「自分が撃ったのはダトではなくて、レイ・デ・フガスを公布した首相だった」。

このダト暗殺の四か月後の一九二一年七月、スペイン領モロッコのアヌアルにおいて、アブドゥル・クリムの率いるモロッコ解放軍はシルベストレ将軍麾下のスペイン軍を殲滅し、将軍を含めて一万人[8]を戦死させた。さらに悪いことに、この「アヌアル事件」でスペイン軍は従来の占領地域のほとんどを失った。この責任をめぐって、政府、議会、軍部のあいだに厳しい対立を生み、内閣は頻繁に交替した。議会内外にも激しい責任論争が湧き起こり、国民のあいだでは当然であるが、モロッコ植民地を、対外的

図7　ダト

図8　ダトの暗殺された車

威信の維持のために必要としている政府側からも、はたまた、モロッコ駐屯軍を支持する「アフリカニスタス」派とそれに反対する派との対立が激しく、植民地縮小論や放棄論を堂々と放言するありさまだった。「アヌアル事件」の真相、とりわけ敗北の真相が詳らかになるにつれ、軍部の腐敗、情勢判断の誤謬、軍事情報の欠陥などが次々と暴露され、ついに軍部と密接な関係にあったアルフォンソ一三世が非難の的となった。

このような明日をも知れぬ不協和音の真っ只中で、一九二三年九月一二日夜、カタルーニャ方面司令官プリモ・デ・リベラ将軍がクーデター宣言を発し、国内の社会的な秩序回復とモロッコ問題解決のために、軍事政権の樹立を要求した。そして、マドリード政府が狼狽し逡巡している間に、二五年三月まで継続する全スペインへの戒厳令を布告する。[9] このクーデターの成否は、首相の任命・罷免権を持つ国王の判断にかかっていた。

プリモ・デ・リベラの独裁政治

一九二三年九月一四日、王室の避暑地のあるサン・セバスティアンからマドリードに戻ったアルフォンソ一三世は、モロッコ駐屯軍の懲戒処分と議会の開催を求める政府の提案を即座に却下し、翌一五日、国王はプリモ・デ・リベラ将軍をマドリードに迎えて、首相に任命する。この瞬間、ほぼ半世紀に及ぶ立憲君主制は崩壊し、軍事独裁制が始まったのである。

プリモ・デ・リベラは、軍事独裁政権の樹立と同時に、「一八七六年憲

9．前出『スペイン史』2、2008年、p.88.

10．前出『スペイン史』2、2008年、p.62.

図9　プリモ・デ・リベラ

図10　アヌアル事件

法」の停止を宣言し、議会を解散し、政権による検閲を強化する。軍人による「軍事評議会」を組織し、軍政を敷くことにする。

国政に関してまず着手することは、国の再生のために、従来から連綿として続いてきた二大政党制とそれに癒着しているカシキスモの壊滅を断行することであった。これができるのは、一八九八年の米西戦争の敗北から再生しなければならないと主張する再生主義派の代表的思想家ホアキン・コスタが言うところの、強力なパーソナリティを持つ「鉄の外科医」[10]であり、現在となっては、プリモ・デ・リベラ以外にありえない。そのうえ彼は、国王と軍部、右翼政治家と財界の重鎮から支持されていた。

翌二四年四月、プリモ・デ・リベラは、「愛国、宗教、王制」のスローガンのもとに、独裁下の翼賛政党「愛国同盟（ＵＰ）」を結成するよう、地域行政の代表者に働きかける。しかし、この政党の入党者の大部分は旧来の政治家であったので、まず旧支配層の一掃を目指すという建前からすれば、妥協したのだろうか、かなり曖昧であった。また、労働運動の鎮静化のために、カタルーニャとアンダルシアの両地域で膨大な組合員を擁するＣＮＴを非合法化し、独裁体制に現実的協力主義を選択したＵＧＴには新政権への協力を取り付ける。社会労働党の重鎮で、のちに第二共和国首相になるラルゴ・カバリェーロ[11]も労働関係の政府顧問として協力することになる。カタルーニャとバスクの民族自治独立運動には、労働運動と同様に強権で臨んだ。急進的な民族主義者を弾圧し、カタラン（カタルーニャ語）

11. 1869〜1946年。

図11　プリモ・デ・リベラ（左）と国王（中央）

やバスク語の使用を禁止する。これは、カトリックの聖職者にも例外とはならなかった。例えば、神父がカタランやバスク語を使ってミサで説教したり、あるいは教会の日曜学校などで子供たちに『公教要理』を教えていたりするのが発覚すると弾圧された。この政策は、のちにカタルーニャやバスクの民族主義と厳しい対立を生むことになる。

モロッコの民族独立運動に関して、一九二五年九月、フランス軍との共同軍事協定を締結し、両軍は一一年以来の課題だったアルホセイマ湾上陸作戦に成功し、これでアブドゥル・クリムの支配地域を二つに分断することができた。モロッコ作戦に成功したプリモ・デ・リベラは、軍事独裁者としての地位を確保し、国家財政も安定するようになる。国民から政権の続投を付託されたと判断し、同年一二月、自分の政治路線の枠組みでの新しい政治組織体、つまり「文民政府」あるいは「文官独裁者政府」というべきものに移行しようとして、カルボ・ソテロ[12]の大蔵大臣任命を嚆矢として、その他多くの民間人——テクノクラート、弁護士、会計士、経済学者——を主要ポストに任命した。この新内閣の政策スローガンは「政策より実務」であった。この内閣は、再生主義の立場から、積極的な経済政策をとり、経済的繁栄が独裁制の正当性の証明になるとプリモ・デ・リベラは目論んでいた。二六年五月、アブドゥル・クリムが降伏し、モロッコ独立戦争は終結する。第一次世界大戦後のヨーロッパ全体の経済回復という好条件に恵まれ、スペイン経済も大きく好転した。政府は国債を発行し、大

12. 1893～1936年。

図12　スペイン軍の上陸中のアルホセイマ湾

規模な公共事業のもとで、内需拡大とともに産業基盤の整備を行った。国家介入主義に基づく保護主義的な経済政策を積極的かつ多方面に展開した。例えば、石油産業については、一九二七年に創設した「石油公社（CAMPSA）」に独占権を与え、税収の増加を図った。また柑橘類と鉄鉱石の輸出の持ち直りによって、国際収支も改善された。

プリモ・デ・リベラ体制は経済的繁栄によって、社会の安寧を確保しえたとしても、所詮、軍事力を背景とする政権にしか過ぎず、独裁制を正当化する政治イデオロギーも政治体制をも構築せぬうちに、反独裁勢力が台頭してきた。それらは、立憲体制下の政治家たち、大学教授や学生といった知識人たち、カタルーニャやバスク、さらにはガリシアの民族主義者たち、非合法化され地下活動を強いられているCNTの活動家たち、一九二六年二月により急進的な共和主義を標榜して結成した「共和同盟」の活動家たち、二七年七月に結成したイベリア・アナキスト連盟（FAI）の活動家たち、など広範に及んだ。そしてプリモ・デ・リベラの出身母体である軍部内部からも、二六年六月、反独裁派のクーデターである「聖ヨハネ祭蜂起」が起こるが、これは失敗に終わった。二九年一月、保守党のサンチェス・ゲーラを指導者に、さまざまな政治集団が結集して体制転覆のクーデターを企てたが、首謀者は投降し、失敗に終わった。しかし、こうした反独裁運動には、今や、単に軍事独裁政権の打倒のみならず、国王の退位と憲法制定議会の召集の要求も含まれていた。当然、このような動きを武力

図13　ラルゴ・カバリェーロ（フランス国立図書館蔵）

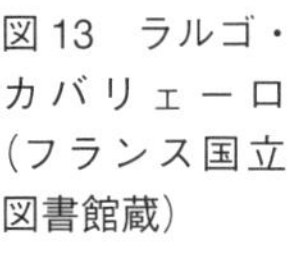

図14　スペイン領モロッコ

で封じ込めつつも、政府は独自の憲法草案を国民諮問会議に付託した。この国民諮問会議は、二七年九月に政権の完璧なコントロールのもとで、基本法草案を練る機関として創設された。だがしかし、今や国民諮問会議は、独裁政権を見限ったのだろうか、この憲法草案の検討を拒否する構えを見せたのだった。

このように八方塞がりの真っ只中のプリモ・デ・リベラにいわば止めを刺すような事件が起こった。一九二九年の世界恐慌であった。国債発行に依存して公共事業などに巨額な支出をおこなっていた国家財政は、一挙に悪化し、スペインの通貨であるペセタの国際的為替相場では暴落し、外貨の引き揚げが始まり、スペイン経済は深刻な不況に陥った。

今やプリモ・デ・リベラは、あらゆる分野から批判や糾弾の集中砲火を浴びせられた。軍中央からも不満が噴出した。かつて「私のムッソリーニ」と褒めそやしていた国王は、プリモ・デ・リベラに辞職を促した。つまり、国王は彼を切り捨てることで、自分の政治的威信を保とうとしたのである。

翌一九三〇年一月になり、プリモ・デ・リベラは、軍中央に支持を求めたが、にべもなく拒絶される。同月二一日、彼の右腕であった大蔵大臣カルボ・ソテロが辞職する。その一週間後の二八日、プリモ・デ・リベラは「二三二六日間、絶え間なく続いた責任と苦労から解放され、しばしの休息を求めて」と言い残して辞職する。三月一六日、亡命先のパリの二流ホテルで心臓麻痺のため死亡した。

図 15　アルフォンソ 13 世（左）とプリモ・デ・リベラ
（CC BY-SA 3.0 de, ドイツ連邦公文書館蔵）

14 スペイン第二共和国

アルフォンソ一三世の亡命とスペイン第二共和国の誕生

一九三〇年一月、アルフォンソ一三世は、プリモ・デ・リベラの辞職後、ダマソ・ベレンゲール将軍に組閣を命じた。国王は、軍事独裁以前の立憲体制（一八七六年憲法体制）への復帰を望んでいたが、自ら独裁制を許した国王に対して、有力政治家から市井の民衆にいたるまでの、国民各層からの反発は強かった。

一九三〇年八月、スペイン王室の夏の宮殿の所在地、スペイン政府の主要機関および在西大・公使館の避暑地であるサン・セバスティアンで、共和制を要求する「サン・セバスティアン協定」が締結された。この協定にはプリモ・デ・リベラ独裁体制下を生き延びた社会労働党（ＰＳＯＥ）、労働総同盟（ＵＧＴ）を中心に共和主義諸政党、地方自治主義諸政党などが参加した。ＵＧＴは共和国樹立を求めるゼネストを呼びかけ、一二月一二日が決行日と決められていたが、三日間延期されることになった。しかし、この延期の知らせが徹底されていなかったために、ハカ守備隊のガラン大尉とエルナンデス大尉は、一二日朝六時に部下を率いて武装蜂起するが、結局、降伏せざるを得なかった。軍法会議で国家反逆罪の廉で死刑を宣告され、処刑された。こうして、二人の大尉は共和国の大義に斃（たお）れた最初の

図１　裁判を聞くガラン（前列・右）とエルナンデス（前列・右から２人目）（Photo Research Institute 蔵）

犠牲者となった。この不幸な事件を契機に共和制を要求する声は一段と高まり、さらにオルテガ・イ・ガゼーやアントニオ・マチャードなど著名な知識人たちが「共和国奉仕団」という組織を結成し、若き共和派の活動家たちを支援した。翌年二月一二日、こうした国民の動きにいささか動揺した国王はベレンゲール首相を更迭し、ファン・アスナール提督に政権を委ねる。アスナール政権にとっても何ら積極的な打開策があるはずがなく、政治的混迷から脱却する一策として、四月一二日に統一地方選挙を実施すると決定した。この選挙は、政権側からすれば、国民の不満を解消させる一種の「ガス抜き」装置になると目論んでいたが、国民の側からすれば、この選挙こそ国家体制のありようを表明する手段と見做していた。つまり王制か共和制かを自らの意思で決定する、事実上の国民投票となったのである。

四月一二日の選挙は、少なくともアスナール政権の予想に反する結果を示した。農村部では、悪名高きカシーケ（地方の有力者）が有効的に動き回り、国王支持派が多数を獲得したが、大票田である都市部では共和派が圧倒的に優勢を占め、統一地方選挙は共和制支持派が大勝した。

四月一四日早朝、バスク地方の小都市エイバルで共和国樹立が宣言され、それがたちまち燎原の火のごとくスペイン全土に伝えられ、共和国誕生が各地で高らかに宣言される。まずバルセロナで、次いでマドリードの中央官庁や家々には、後の共和国国旗となる「赤・黄・紫の三色旗」が掲げら

図２　オルテガ・イ・ガゼー

図３　アルカラ・サモラ（フランス国立図書館蔵）

れた。また後に共和国国歌になる《リエゴ讃歌》を謳う民衆が街路を練り歩いていた。「サン・セバスティアン協定」の総括責任者であるアルカラ・サモラが国王の側近を通じて、国王として取るべき態度を日没まで決めるよう要請する。国王は賢明な選択をし、退去する準備に取り掛かった。「余は、臣民の愛を失ったことを知った」と宣言し、地中海沿岸のカルタヘナ港へと向かった。国王アルフォンソ一三世の国外退去によって、スペイン第二共和国が誕生したのである。実に平和的な無血革命であった。こうして一七〇〇年に始まったブルボン朝スペインは静かに幕が下りたのである。

「サン・セバスティアン協定」に基づいて、直ちに臨時政府が組織され、その首班となったのはアルカラ・サモラであった。彼はコルドバ出身の敬虔なカトリック教徒の地主階級に属し、右派共和主義者であった。

六月二八日、憲法制定議会選挙の結果、共和制支持者が過半数を占めた。新議員たちは、おおむね憲政の純粋さを守ろうとする意欲に燃えた知識人や法律家、大学教授、文学者、科学者などであり、第二共和国はまさしく「知識人の共和国」と言われたのだった。一〇月一四日、憲法草案のカトリック教会条項をめぐって、政府内で対立が生じ、アルカラ・サモラは首相を辞任し、陸相マニュエル・アサーニャが首相に就任する。一二月九日、当時「最も民主的」と呼ばれたドイツのワイマール憲法を模範とした、第二共和国憲法が公布された。第一条には「スペインはすべての階級の勤労者による民主主義共和国である」と謳われていた。この条文は、さぞかし

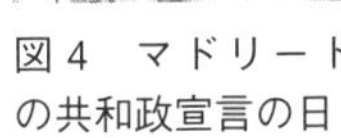

図4　マドリードの共和政宣言の日

図5　バルセロナの共和政宣言の日

有産家階級には驚きであったろう。共和国憲法にのっとり、初代大統領にアルカラ・サモラ、首相にマニュエル・アサーニャがそれぞれ就任した。

「改革の二年間」

第一次アサーニャ内閣は、右派共和派が閣外に去ったので、左派共和派と社会労働党との連合内閣であり、長年の夢だったスペインの後進性の脱却のために、国軍改革、宗教改革、教育改革、地方自治改革、農地改革の五大改革に着手する。これを共和国の最初の二年間で何とか達成しようと「改革の二年間」と称したのだった。

まず、国軍改革としては、将軍をも含む将校の削減を図り、自主退役の機会を与え、約一万人がそれに応じた。方面軍管区の師団への縮小・再編制、中将位の廃止、アフリカニスタス（モロッコ駐屯軍）の優遇措置の廃止、義務兵役期間の短縮、陸軍士官学校の縮小と廃校、プリモ・デ・リベラ軍事独裁時代の昇任制の見直し、今や市井の民衆弾圧機構と化している治安警備隊に対応するための準軍隊組織の突撃警備隊の創設。こうした強引な改革が軍部に燻っていた反共和派的気質を増強させることになった。

宗教改革としては、非宗教の自由結婚と離婚の承認、義務教育の教室から十字架の撤去、外国に忠誠を誓う修道会、とりわけイエズス会の解散と資産の没収、墓地の世俗化、『公教要理』教育の廃止などであった。

教育改革としては、教会や修道会による教育機関の独占を排除するため

図６　マニュエル・アサーニャ

に、一九三三年の初頭には、約一万校の小学校を創設し、それに見合う有資格の教員を育成することが課題であった。これは、先の宗教改革と同様に、教会当局と鋭い対立を生んだ。また、当時の非識字率は国全体で六四％であり、識字教育も共和国の緊急の使命であった。

地方自治改革としては、国王の亡命と同時に、カタルーニャでは「カタルーニャ共和国」が宣言された。こうした事態を受けて、一九三二年九月、カタルーニャ自治政府法が制定され、共和国内のカタルーニャ自治政府（ジャナリタット）が成立した。また、バスク地方は、スペイン内戦の緒戦段階の、三六年一〇月一日の共和国政府のバスク自治法の公布まで待たねばならなかった。

農地改革は喫緊（きっきん）の課題であった。スペインは後進的な農業国であり、しかも「スペインの半分が食べて働かない、残りの半分は働いて食べない」状態だった。農地改革の目標は、ラティフンディオ（大土地所有制度）の解体と農地を分配すること、つまり農地を持っていない農業労働者に農地をあてがうことであった、それには、政府側に土地の国有化のための収用権を前提とするが、閣僚の中には地主の私有財産権の尊重という立場を放擲するわけにいかないという主張する者もいて、現実のところ、土地の収用は避けざるを得なかった。これでは農地改革は一歩たりとも進まなかった。

アサーニャ政権がこのように立ち往生しているうちに、反政府勢力が着実に力を付けていた。一九三一年一〇月にイタリアのファシスト党を模範

図7　ホセ・マリア・ヒル・ロブレス（中央）

にした「国家サンディカリスト攻撃会議（ＪＯＮＳ）」、三三年一月に王党派が「スペイン革新党」、同年三月にホセ・マリア・ヒル・ロブレスが「スペイン右翼連合（ＣＥＤＡ）」を結成する。さらに同年一〇月にプリモ・デ・リベラ将軍の長男で、マドリードの弁護士ホセ・アントニオ・プリモ・デ・リベラが「スペイン・ファランヘ党」を創設する。これらの政治勢力は、明らかにアサーニャ政権と敵対し、その粉砕を至上命令にしていた。こうした勢力と別に、軍部も不穏な動きを見せ始めていた。一九三二年八月、国境警備隊総監ホセ・サンフルホ将軍はセビーリャで反共和制クーデターを起こす。だがこの作戦自体はとても杜撰で、みじめな失敗に終わる。サンフルホはポルトガルへ逃亡途中で逮捕され、死刑の判決を受けるが、直ちに禁固刑に減刑される。[1]

アサーニャ政権の行く手を阻む勢力は右翼だけではなった。一九三三年一月、アナキストのＣＮＴは政府の農地改革に不満を持った農民たちに革命的ストライキを呼びかける。ストライキの最中の一月一二日、カディス県カサス・ビエハス村で、アナキスト農民の一団が治安警備隊の詰め所を包囲し、銃撃戦が始まった。カディスから急派された治安警備隊が包囲中のアナキストを容赦なく殺害する。結局、この事件は二一人の農民と三人の治安警備隊が死亡する大惨事となった。アサーニャの失政は明らかだった。アサーニャ政権の志向した政治的、社会的大改革は、時期尚早であった。「改革の二年間」は、改革どころか、左右両勢力の対立を激化させたのだった。

1．その後、サンフルホ将軍はポルトガルに亡命する。そして1936年7月20日、ポルトガルからブルゴスへ向かう飛行機が離陸するに際して、墜落死する。

図8　ホセ・アントニオ・プリモ・デ・リベラ

図9　サンフルホ将軍（左から2人目）

「暗黒の二年間」とアストゥリアスの一〇月革命

一九三三年一一月の総選挙に向けて、右派はCEDAを中心に結集していたが、左派は分裂の真っ只中にあった。カサス・ビエハス事件を契機として、議会制民主主義の欺瞞性を断罪し、国家権力の否定を党是とするアナキストは、組織を挙げて投票の棄権を呼びかけた。全体の棄権率は三二・五％、カディス県では六六％、バルセロナ県では四〇％であった。さらに婦人選挙権が初めて認められ、婦人票が右派に有利にはたらいた。議席は右派が二四〇、中間派が一三二、左派が九九で、右派の圧倒的勝利に終わった。これでスペインの政局は、大きく右旋回することとなった。

右派で第一党に躍り出たのは、一一五議席を獲得したCEDAであった。ところが、反共和主義者ホセ・マリア・ヒル・ロブレス党首を蛇蝎のごとく嫌悪していた大統領アルカラ・サモラは組閣を第二党の急進党のアレハンドロ・レルー党首に委ねた。一二月一六日、レルー単独内閣が成立したが、議会ではCEDAの協力は不可欠だった。新政府は「改革の二年間」における共和派の改革をすべて反故にし、サンフルホ将軍のクーデター参加者に恩赦を与えた。[1]こうした右派の巻き返しを目の当たりにした左派は、いよいよCEDAの政権簒奪が間近に迫ってきたと危惧した。

一九三四年一〇月、CEDA議員の三人が内閣に加わった。労働・農林・法務の三閣僚であった。共和国の否定・打倒を絶えず繰り返すCEDAの

図10　カサス・ビエハス事件

入閣を知った左派では「ファシズムに対しては革命を」スローガンがCNTを中心に流された。こうして「一〇月革命」と呼ばれるゼネストと武装蜂起の指令が下った。カタルーニャと炭鉱地帯のアストゥリアスで、紅蓮の炎が舞い上がった。

一〇月六日午後八時、カタルーニャでは、リュイス・クンパニィス大統領が「スペイン連邦共和国内のカタルーニャ国（アスタット・カタラ）」設立を宣言した。これは時の共和国政府に対する一つの抗議であった。CNTはクンパニィス陣営を純粋にブルジョワ的だと判断し、この動きを傍観するだけであった。だが、カタルーニャの動きは即座に対応した政府軍に鎮圧されてしまい、カタルーニャ自治政府の指導者は逮捕され、獄舎に繋がれる。クンパニィスは三〇年の禁固刑に処され、たまたまバルセロナに居合わせたアサーニャも逮捕された。カタルーニャ自治政府は直ちに停止された。このカタルーニャ革命の前日の五日、アストゥリアス地方では、社会労働党、共産党、CNTが「プロレタリア兄弟の団結（UHP）」をスローガンに激しい闘争を開始した。この闘争の起点となったのは、州都オビエドの南東部ミエレスで、約三〇挺のライフルを持った二百人ほどの鉱山労働者が治安警備隊と突撃警備隊の駐屯地を占領した。翌日には、千人余りの治安警備隊によって護られているオビエドを占領した。武装した労働者が占領した町村には労働委員会が設置され、「コミューン」の成立が宣言された。そこでは、列車やバスといった公共的乗り物が徴発され、公共的な建物も接収され、貨

図 11　クンパニィス大統領

幣の代わりに労働者委員会が署名したクーポン券を流通させた。

こうした猛烈な革命的運動を鎮圧するために地元駐屯の軍隊を投入するが、十分に任務を遂行できなかった。政府は、フランシスコ・フランコ将軍の献策を受けて、七日に戒厳令を布告し、翌八日、アフリカからモーロ人部隊と外人部隊を急派した。一八日、北アフリカから巡遣された両部隊は、労働者の部隊を制圧した。革命委員会の代表と鎮圧部隊の指揮官オチョア将軍とのあいだの交渉において、モーロ人部隊と外人部隊を駐屯させない、というのが革命委員会側の要請であった。一九日午前一一時、政府軍が炭鉱地帯に進駐することで、一五日間の革命の幕は降ろされたのだった。革命委員会の降伏と同時に、降伏条件は反故にされ、コミューンへの猛烈な弾圧は開始された。治安警備隊と突撃警備隊は、この時とばかりに、捕虜を銃殺や拷問にかけた。またモーロ人部隊や外人部隊も自らの勝利を徹底的に追求した。結局、戦闘で死んだ数よりも、戦闘後の政府軍の進駐によって引き起こされた殺戮のほうがはるかに多かった。こうした事態を憂慮して国会は超党派の調査団をオビエドに派遣したが、これにはイギリスの国会議員団も加わったのだった。

この労働者の果敢な闘争は「アストゥリアス一〇月革命」と言われ、確かに失敗に終わったものの、スペイン史上初の市井の民衆の国家権力に対する武力反撃であり、これが、やがて一九三六年七月のスペイン正規軍のクーデターに対峙する素地となったのである。

図12　アストゥリアス10月革命で、敗北した労働者たち

一九三五年五月に内閣改造が行われ、五人のＣＥＤＡ党員が入閣、ヒル・ロブレス自身も陸軍大臣に就任した。彼はフランコを参謀総長に抜擢した。このような右派陣営の権力の強引な掌握とその強化、左翼陣営に対する相次ぐ強権的な弾圧などが、左翼陣営の再結集、団結を促すことになった。

一九三五年一〇月、レルー内閣内で思わぬスキャンダルが噴出した。レルー内閣は倒壊し、後継の急進党内閣も倒れ、一二月になり、ＣＥＤＡや急進党からも距離を置いたボルテーラ・バリャダーレスを首班とする中道政権が誕生した。この内閣は、いわば、選挙内閣となった。三六年一月、国会は解散され、二月一六日、総選挙と決定された。

人民戦線内閣の誕生と内戦の序曲

二月の総選挙に向けて、左翼勢力はファシズムに対する勢力を結集して広範な選挙協力体制である「人民戦線」[2]協定を締結する。この協定には、「アストゥリアス一〇月革命」やそれ以外の政治犯の釈放、「改革の二年間」の諸改革の復興などが盛り込まれていた。共産党もこの協定に同意した。一方、右翼陣営も、「人民戦線」に対抗して、「国民戦線」を結成し、選挙戦に備えた。二月一六日、総選挙は左右の熱狂的雰囲気の中で行われた。[3]その最終的結果は意外だった。「人民戦線」側の大物政治家や有名な活動家は、「一〇月革命」で縲絏(るいせつ)の身となっていたために、圧倒的に不利な状況での選挙戦であった。最終的な獲得票は、人民戦線側が四六五万票、国民戦

2．人民戦線

1934～36 年頃、ファシズム諸国の脅威と各国のファッショ的勢力台頭に対抗して結成された左翼の連合。各国共産党が社会民主主義諸政党のみならず左翼中産階級諸政党とも連携した。フランス、スペイン以外では、人民戦線運動は十分に実を結ばなかった。36 年 6 月、フランス・ブルム内閣が発足した。

ちなみに日本では、第一次が左派の民権派を中心に 1937 年 12 月に、第二次が大内兵衛を中心に 38 年 2 月に組まれた。

3．スペインでは政治と芸術が今や混然一体となり、彼らは大いに政治的・社会的発言をした。アイルランドの詩人で、ガルシア・ロルカ研究の世界的な第一人者であるイアン・ギブソンは次のように述べている。

「人民戦線のために活動する若い知識人のなかに南アメリカとソ連訪問の長旅からマドリードに戻ったばかりの詩人ラファエル・アルベルティとその夫人マリア・テレサ・レオンがいた。〔次頁〕

線側が四五〇万票、中間派が五二万票、であった。だが獲得議員数は、人民戦線側が二六三、国民戦線側が一三三、中間派が七七、であった。これはドント方式という選挙当選者配分であったためであり、左翼陣営が主張するような「圧倒的勝利」という見解は否定されなければならない。

二月一九日、再びアサーニャを首班とする人民戦線内閣が誕生する。人民戦線内閣を支持するデモが連日のように繰り広げられ、群衆による教会や右翼の政党本部への焼き討ちや襲撃が頻繁に起こった。都市部では左右の両派の衝突、テロなどが繰り返された。農村では農地なき農業労働者による農地占領も起こった。さらに三月一四日、ファランへ党党首ホセ・アントニオ・プリモ・デ・リベラは政府転覆の陰謀を画策しているという廉で逮捕され、ファランへ党は非合法化された。[4]このため、ファランへ党員はテロ行為に活路を見出そうとし、CEDAの内部の過激派と共同戦線を張り急速に党勢を拡大した。こうした社会的な対立が治安の極度な悪化をもたらし、議会制度そのものも国民から信頼されず、ついに軍部のクーデター決起の口実を与えてしまったのである。

一九三六年七月一三日、右翼政治家で王党派の重鎮カルボ・ソテロが左翼によって自宅から拉致され、殺害された。これは右翼による左翼系警官の殺害の報復であった。だが、これを直接の契機として、かねてから密かにクーデターを画策していた軍首脳部が、その四日後の一七日にクーデターを起こしたのだった。

〔承前〕投票前最後の日曜日に当る2月9日、夫妻の友人たちがトレード通り中央広場の裏手にあるカフェ・ナシオナルで二人のために盛大な午餐会を開いた。食事の最中ロルカは人民戦線支持声明の草案を読み上げ、列席者の賛同を求めたのだが、それが選挙日前日の共産党系有力紙『ムンド・オブレロ』に、ロルカを筆頭とする300名以上の署名とともに掲載された。「知識人と人民戦線」と題するこの声明は、有権者の良識に訴え、あらゆる進歩勢力の一致団結によってはじめて共和国初期当時の活力と理想を回復することが可能であるという、署名者全員の信念を表明したものであった。その成否は人民戦線候補者の支持にかかっていた。」（イアン・ギブソン『ロルカ』内田吉彦・本田誠二訳、中央公論社、1997、p.474.）

4．その後1936年11月、彼はアリカンテで裁判を受け銃殺刑となる。内戦後、彼の遺徳を記念するという名目で、フランコはマドリード随一の大通り「グラン・ビア」を「ホセ・アントニオ通り」と改名した。

15 スペイン内戦

軍事クーデターの失敗と内戦の勃発

一九三六年七月一七日午後五時、スペイン領モロッコのメリーリャ、セウタ、テトゥアンの各駐屯地で、エミリオ・モラ将軍を指導者とする「謀議グループ」の支持を得た正規軍将校の一団が、北アフリカの英雄フランシスコ・フランコ将軍の名のもとに、スペイン政府に対してクーデターの狼煙をあげたのだった。例えば、メリーリャでは、彼らは上官の将軍に拳銃を突き付け、彼を辞職させた。次いで戦争状態を宣言し、いっさいの公共施設を占拠し、人民会館をはじめすべての左翼系の団体や組織を閉鎖し、共和派や左翼団体のすべての指導者を逮捕した。こうした叛乱軍の動きに激しく抵抗する者もいたが、不意打ちを食わされた労働者側は戦う武器もなく、所詮、叛乱軍の敵ではなかった。

叛乱軍の将校たちは、叛乱の合言葉「シン・ノビダー（異常なし）」をスペイン本土の約五〇か所の主要駐屯地に打電した。翌一八日払暁、各駐屯地で一斉に軍事叛乱が起こった。一方、この軍事叛乱に対して、共和国政府はただ狼狽するばかりであった。一八日朝、ラジオ・マドリードは「何人も、スペイン本土では絶対に、この愚かな陰謀に荷担していない」という政府声明を放送するだけであった。叛乱軍が「大学教授の内閣」と揶揄

図１　内戦初期（1936 年 7 月中～下旬：網かけ部分が叛乱軍占領地区）

図２　マドリードに掲げられた「奴らを通すな」の横断幕

していたのはもっともであった。

カサレス・キローガ首相は労働組合や市民からの武器の要求を拒否し、辞職した。後継のマルティネス・バリオは叛乱軍の総帥、モラ将軍との二回の交渉に失敗したために、わずか八時間で辞職する。次いで共和主義左派のホセ・ヒラールが首相になり、やむなく労働団体の武装化を決定するが、政局は一挙に未曽有の大混乱に陥った。

しかし、この軍事蜂起にいち早く対峙したのは、CNTやUGTの労働組合員、さらに市井の民衆たちであった。中には一九三四年の「アストゥリアス一〇月革命」直後に隠匿していた兵器類で武装している者もいた。彼らはマドリード、バルセロナ[1]での軍事叛乱を一両日中に速やかに鎮圧した。バレンシアもその数日後に制圧した。この三大都市、さらにマラガ、ビルバオといった主要地方都市における鎮圧の実例からも、彼らの武力抵抗は叛乱軍首脳の予想をはるかに超えるものであった。もし政府が一七日のうちに労働者階級に武器を配布していたなら、各地の軍事叛乱は初動において鎮圧されていたかもしれない。彼らは、叛乱軍に対して、屈辱的な隷属よりも果敢な抵抗による、より良き社会の建設を選んだのだった。まさに「七月革命」といえそうである。

緒戦段階においては、叛乱軍はモロッコとスペイン本土の北部にその拠点を残すだけとなった。さらに、スペイン海軍は陸軍と異なり、叛乱軍陣営に加わらなかったために、ジブラルタル海峡の制海権は共和国陣営が握

1．バルセロナ・人民オリンピック

1936年8月開催予定のオリンピックの会場決定は、31年5月1日、スイスのローザンヌIOC本部で行われた。開票前の予想に反して、ベルリン43票、バルセロナ16票、棄権6票。ベルリンの圧勝であった。ベルリン・オリンピックは、その準備段階で、露骨なユダヤ人排除、人種差別、軍国主義を前面に掲げる「ナチス・オリンピック」に変質してしまっていた。これに対して抗議運動が各国で起こり、「対抗オリンピック」の開催運動が展開され、その開催地は、ベルリンに負けたバルセロナと決定。すでにオリンピックの諸施設を用意していたからである。36年4月14日のことである。

開催期間は当初、7月22～26日となり、参加国は33か国、選手・役員が約6000人と見込まれたが、開会式は7月19日に変更された。この期日変更にはそれなりの理由があった。ナチス・オリンピックが史上初めての試みとして、ギリシアのオリンピア遺跡からベルリンのオリンピック・メインスタジアムまで約3000kmを、聖火リレーをすることになり、その採火日が7月19日となったからである。〔次頁〕

り、叛乱軍傘下の外人部隊やモーロ人部隊のスペイン本土進攻は全く不可能のようだった。短期勝利を目論んでいた杜撰な軍事叛乱はひとまず頓挫したかのように見えた。

　叛乱軍の予想外の八方塞がりを打開するために、フランコ将軍はドイツとイタリアへ密使を送り、ジブラルタル海峡の輸送船や輸送機の援助を依頼した。ヒトラーもムッソリーニも急遽、依頼された援助以上に、大量の兵器と兵員を叛乱軍に供給した。これで活路を得た叛乱軍は、七月三〇日、モーロ人部隊と外人部隊をモロッコからアンダルシアに上陸させることができた。これ以降、叛乱軍の北進はきわめて順調だった。

　この一週間前の七月二三日、叛乱軍陣営ではカスティーリャの古都ブルゴスに、叛乱軍の最古参であるミゲール・カバネーリャス将軍を議長とする「国家防衛評議会」を設置した。これはあくまでも臨時的な機関であり、その使命は占領地域の統治のみに限られ、軍事上の権限を持たなかった。八月二九日、叛乱軍側の国旗が定められた。赤黄二色の国旗であった。九月二七日、モスカルド大佐指揮の叛乱軍が籠城していたアルカサールが二か月近くも共和国軍に包囲され、フランコ将軍はマドリード攻撃作戦を中断して、アルカサールの救出に成功する。

　やがて九月末には、叛乱軍は本土の約三分の二を占領し、北部から南進してきた友軍と合流し、首都マドリードを半ば包囲し、マドリード攻略の態勢を整えた。首都陥落は秒読み段階を迎えた。アルカサールの救出の功

〔承前〕19日の人民オリンピックの開会式をの前日の夕方、バルセロナのオルフェ・カタラ劇場で、パブ・カザルスの総指揮でベートーベン第9交響曲第4楽章《歓びの歌》の最終リハーサルの最中に、市内で正規軍のクーデターが勃発した。全曲の演奏が終わり、その後のリハーサルも中断し、翌日からの「人民オリンピック」開催も「見果てぬ夢」と化したのだった。（川成洋『幻のオリンピック』筑摩書房、1992年）

図3　人民オリンピックのポスター

図4　マドリード陥落の誤報号外（昭和11年11月8日号）

績が認められたのか、一〇月一日、フランコは「国家首長（ヘフェ）」兼「最高司令官（ヘネラリスモ）」に就任する。この時国家防衛評議会が解散され、バリャドリードとブルゴスに本部を置く中央行政機関としての「国家専門評議会」が設けられた。

一一月六日、叛乱軍の砲弾がマドリード市内に着弾するようになった。叛乱軍の首都突入を危惧した共和国政府はマドリード防衛をホセ・ミアハ退役将軍が議長を務める「マドリード防衛評議会」に一任し、バレンシアに首都機能を移転する。翌七日払暁、叛乱軍のマドリード攻撃が開始された。マドリードは誰の目から見ても、風前の灯であった。事実、ラジオ・リスボンは、叛乱軍総帥フランコ将軍が、将官用の軍装に身をつつみ、白馬に跨り、グラン・ビア通りを威風堂々と凱旋した、ということしやかな臨時ニュースを流した。このニュースに基づいたかどうか定かではないが、『東京朝日新聞（現・朝日新聞）』も、「マドリード入城の報」と題する号外（一一月八日付）を出したのだった。勿論、このマドリード陥落は大誤報であった。その翌日の八日の朝も、霧深かった。叛乱軍の猛撃は相変わらず続き、ラジオ・マドリードは二分おきに総動員の指令を出していた。ちょうどその時、エミリオ・クレーベル将軍指揮の第一一国際旅団[2]がマドリードにその雄姿を現したのだった。総勢千百人。マドリードのアトーチャ駅から、整然と隊列を組んで、マドリード随一の繁華街グラン・ビア通りを行進し、北西部に建設中の「大学都市」と呼ばれるマドリード大学へと向かった。全員、軍服、ベレー帽、軍隊ブーツ姿に、ライフル銃を肩にか

2．国際旅団

バルセロナ人民オリンピックはスペイン内戦勃発のために流れてしまった。しかし、当時すでにバルセロナには「6000人もの外国人選手・役員」たちがいた。彼らの中で、帰国せずにバルセロナに残った人たちは、その後外国から来た人たちと一緒になって、国籍や共通言語単位でグループを編成した。各グループは、「セントゥリア（百人隊）」や「大隊」と呼ばれ、それに有名な革命家の名前や都市名が冠された。例えば、ドイツ人は「テルマン・セントゥリア」、フランス人は「パリ大隊」のように。

こうした内戦の緒戦段階で、スペイン共和国側の戦列で戦った集団を「インターナショナル・コラム」と呼んでいた。「国際義勇軍部隊」と訳しておこう。どのくらいの兵力だったのか。7月19日から10月中旬までの間にフランス国境を越えた外国人義勇兵は、8000～1万人くらいと言われている。〔次頁〕

けていた。これが、マドリード防衛の戦列に就いた最初の国際旅団である。「大学都市」での二日間の戦闘で、第一一国際旅団の三分の一が戦死した。初陣とはいえ、まさに屍山血河を築く戦闘であった。

国際旅団の義勇兵は、自国の法律や一九三六年にヨーロッパ二七か国で取り決めた「スペイン不干渉条約」と抵触するために、極秘の参戦だった。そのため、実数は正確には把握できないが、それでも、五五か国から、ほぼ四万人の外国人義勇兵が、それに加えて二万人ほどの旅団付き医療部隊をはじめ後方勤務に就いた非戦闘員、というのが定説のようである。

日本人義勇兵の参戦と戦死

この四万人の国際旅団の義勇兵の中にたったひとり、日本人義勇兵がいた。ジャック白井という名前で、日本名のファースト・ネームは不明のまま、第一五国際旅団リンカン大隊付の炊事兵兼兵站部将校付兵卒として従軍していた。

実は、ジャック白井の出自すら特定できる確実な資料や証言は全く見当たらない。白井のニューヨーク時代の知り合いや友人たちの証言によると、彼は一九〇〇年頃、北海道の函館、あるいはその近郊で生まれ、カトリックの修道院付属の孤児院で育てられたという。当時、渡島当別のトラピスト修道院には私立野上小学校が併設されていて、おそらく、その修道院であろう。その修道院は孤児たちを「神の子」として大切に育て、そこの「生

図5　ジャック白井（前列右）

〔承前〕やがてコミンテルンが「国際義勇軍」の戦いに注目し、各国の共産党や左翼組織に外国人義勇兵の派遣を指令する。

彼らは、正式に「インターナショナル・ブリゲード（国際旅団）」が創設される10月22日まで、共和国陣営のさまざまな民兵隊の戦列で戦っていた。第11国際旅団〜第15国際旅団まで5箇旅団であった。共和国側の敗色が濃くなった1938年11月15日、バルセロナで国際旅団の解散式が行われた。（川成洋『スペイン内戦——政治と人間の未完のドラマ』講談社学術文庫、2003年）

徒さん」の記録を残さなかった。孤児だったために後々社会的な差別の温床になると判断したからだった。

彼の幼年期、少年期、青年期に関しては杳(よう)としてわからない。ただはっきりしていることは、一九二九年の秋、ニューヨークに上陸したことである。リンカン大隊の彼の上官だった弁護士アル・タンスの「白井がはじめて僕と会う前に、ニューヨークに数年、そう、六～七年暮らしていた」という証言からも、一九二九年の秋頃というのはほぼ間違いないであろう。ニューヨーク上陸前、彼は外国航路のコックとして働いていたようだった。当時よくあるように、ニューヨークで「脱船」、つまり密入国したのだった。それから数年、コックとして働き、やがて「日本人労働者倶楽部」という四〇人くらいの反戦グループのメンバーとなる。だが、彼はこの中でも、日本語の読み書きが十分できず、一般的な教養がなかったことから、かてて加えて東北訛りの道南の方言だったからだろう、「朝鮮人」と差別されていたこともあって、それとなく仲間外れにされていたようである。

もともと「日本人労働者倶楽部」のメンバーは、当時の日本の国情に反発したインテリ階級だった。彼らはニューヨークの在住の日本人外交官、商社マン、銀行員、といったエリート階級から爪はじきにされた連中であって、それ故に白井のような人間にやさしく接するべきであったろう。異郷における理不尽な差別、しかもそれに何ら反論ができない状況、彼はレストラン従業員組合「レストラン・ユニオン」のメンバーになり、また「バ

図 6　前列左のジャック白井

図 7　ジャック白井の埋葬、1937 年 7 月 11 日（Harry Fisher, *Comrades：Tales of a Brigadista in the Spanish Civil War*, University of Nebraska Press, 1999, p.76.）

ンガード（前衛）」という社会主義団体（アメリカ共産党の「フロント組織」だとも言われている）で、積極的なメンバーとして活動していた。

一九三六年一二月二六日、アメリカ人義勇兵第一陣九六人がフランスの新型汽船ノルマンディ号に乗り込む。その中に白井も交じっていた。白井たちのエイブラハム・リンカン大隊が初陣したのは、一九三七年二月六日から二四日までのマドリード郊外のハラマ川の攻防戦であった。ここでは白井は炊事兵として従軍したが、この炊事場は、戦闘の初日から臨時の「死体安置所」「野戦病院」となっていた。この戦闘で、リンカン大隊の約三分の一に相当する、百二七人が戦死する。戦闘が終わって、ハラマ川の戦場で白井は前線維持についている間、自分は戦うためにスペインにやってきた，炊事するためではないと上官スティーブ・ネルソンに訴え、結局、「銃を持つ炊事兵」になる。

次に白井たちリンカン大隊が戦ったのは、七月六日から始まったマドリード攻防戦の要と言われた、ブルネテの戦闘だった。マドリード西方二五キロにあるブルネテ村の攻略が作戦目標であった。この村には、叛乱軍のマドリード包囲軍の作戦本部があり、この村を制圧すれば、マドリード包囲軍を分断することが可能だった。緒戦は先制攻撃を仕掛けた共和国軍がブルネテ村を制圧する。ところが、七月一〇日、叛乱軍は二百機の爆撃機で共和国軍の戦列に襲いかかった。翌一一日、叛乱軍はついに制空権を握った。守勢に立たされた共和国軍は意外ともろく、地面にへばりつくか、各

3．「追悼詩」
同志白井が斃れた。／彼を知らない者はいるだろうか／あのおかしなべらんめい英語／あの微笑の瞳／あの勇敢な心／エイブラハム・リンカン大隊の戦友は／彼を兄弟のように愛していた。

函館生まれのジャック白井／日本の大地の息子／故郷で食うことができず／アメリカに渡り／サンフランシスコでコックになった。／彼の腕は町の最も食通の連中の／舌を満足させた。

1936年の夏／新聞が書きたてた／ヨーロッパで、スペインで、／ファシストの狼が殺人者になったと。／ジャック白井はささやかな荷物をまとめた／人間の権利を守るために／闘っているスペイン人民を助けようと／アメリカから馳せ参じてきた／最初のグループの一人だった。／弾丸がうねりをたてて飛び交い／猛烈な砲弾が炸裂するとき／リンカン大隊の青年たちは／ジャック白井を見つめた。〔次頁〕

自が作った「狐の穴」に飛び込むだけであった。

この日の午後一時頃、昼食の食糧車が、敵の猛攻撃を受けて白井たちのいる塹壕（ざんごう）まで接近できなかった。運転手が撃たれたからだった。白井がその食糧車を動かそうとして反射的に塹壕から飛び出した途端、敵の機関銃弾を受けて即死した。薄幸のもとで生を受け、波瀾に飛んだ三七歳（推定）の生涯を閉じたのだった。彼の亡骸はその日遅くなり、戦鳴が静まってから、ほぼ同時に戦死した他の六人の戦友とともにとこしえの大地に埋葬されたのだった。スペインでの白井は、ほぼすべての戦友にとって「いつも笑顔を振りまく、明るい男」「子供をかわいがる気の優しい男」であった。それ故に、第一五国際旅団の英語圏の機関誌『自由のための義勇兵』（一九三七年一〇月四日号）に、白井への「追悼詩」[3]が掲載されている。この詩は、自分の過去に触れようとしなかった白井の、スペインで初めて心を許す戦友に明らかにした「履歴書」なのかもしれない。

ジャック白井の追悼詩についていえば、もう一篇、「このことは忘れまい」[4]（W・P・スミスJr）という詩が機関誌に掲載されている。白井が戦死してからほぼ一か月後の、『自由のための義勇兵』八月九日号である。白井のような一兵卒の戦死がこのように「詩」に書かれるのは、まことに稀有であろう。それほど彼は戦友から愛されていのだろう。彼にとって、このうえもない不幸な挫折によって、彼の青年らしい生きざまを永遠に遺すことができたのだった。

〔承前〕かつて（2月のハラマ川の戦闘）／彼は後方の野戦病院へ／炊事兵として派遣された。／病院の誰からも愛された。／傷病兵たちからも。／村の農民たちも、遠い所からやって来た／この日本人のことを話題にした。
だが、ある日、彼は戦線へ／最前線へ逃げ戻ってきた。／味方が、マドリード包囲軍を／北方から突破した／味方がブルネテからビリャヌエバ・デ・ラ・カニャーダを急襲したとき／彼もその最前線で闘っていた。／燃え上がる町々の焔の舌が夜空を照らし／炸裂する爆弾の轟音が／耳をつんざいたとき／ジャック白井は斃れた。
自由を求める人民軍である／エイブラハム・リンカン大隊は／さらに日本の労働者階級は／彼のことを決して忘れないであろう。（川成洋『ジャック白井と国際旅団——スペイン内戦を戦った日本人』中公文庫、2013年、pp.22–24.）

現在、我が国にも白井の名前が残っている。東京・青山霊園にある解放運動無名戦士の墓の銅版に、一九六六年の第一九回合葬の折に刻まれた。しかし、この墓に合葬されるには、二人の推薦者が必要であるが、何故か、彼の推薦者欄は空白となっている。これもきわめて稀有なことである。いつもたった一人で生きてきた、彼ならではの孤高の人生にふさわしいかもしれない。

ところで、ジャック白井のハラマの初陣から、ブルネテでの戦死までの間に、共和国陣営で看過できない二つの事件が勃発した。ゲルニカ爆撃（一九三七年四月二六日）とバルセロナの「内戦の中の内戦」（五月三～八日）であった。

ゲルニカ爆撃

ゲルニカは、ビルバオの東方、約二〇キロにあり、人口七千人の古都である。一四世紀以来、バスク地方の自治の中心地であった。この町の議事堂の樫の樹の下で、スペインの君主、あるいはその代表者が、慣例としてバスクの地方の特権の尊重を誓ったのだった。それ故、ゲルニカはバスク人にとって自治の象徴であった。

一九三七年四月二六日、この日は日曜日で市（いち）が開かれる日であった。午後四時三〇分、突然、教会の鐘が叛乱軍の急襲を知らせた。その一〇分後、ハインケル爆撃機一機が姿を現し、ゲルニカの町に最初の爆弾を投下した。

4．「このことは忘れまい」
私は聞いた、その夜の君らの嗚咽を。／私は知っている、君らの涙は恐怖のためではなく／死者のためなのを。君らと共に終日戦った同志が死んだ。
半ば判断力を失わせる熱い太陽の下で、／オリーブの根元の小麦畑で、同志は斃れた。／地獄の音と乾き、砲弾と弾丸の／飛び交う音と炸裂音のなかで／同志はやってきた。／水ぶくれの足や肩をかがめ、／故郷でのんびりと暮らしたいと気まぐれに考えても、／泣かねばならない。何故なら、オリバーもジャックももういないからだ。
この二人をつれ戻すことはできない。／この二人はどこか遠いところに連れ去られ、／生き返ることはあるまい。／だが、次のことを忘れまい――二人はいまだ兵士として生きている。／なぜなら、二人が残した力を受け継ぎ、二人が決めた目標へ向かわなければならないからだ。／より大きな団結とともに／全て人間は今や自由でなければならない。私は聞いている。その夜の君たちの嗚咽を、／だが、日中には、我々も二人と同じくなる。／このことは忘れまい。（出典：前出『ジャック白井と国際旅団』2013 年、pp.257-258.）

さらに逃げ惑う住民たちに後続のユンカー戦闘機が機銃掃射を浴びせた。さらに一斉に焼夷弾の雨を降らせた。これが、二〇分おきの波状攻撃を加え、七時三〇分まで続いた。いわゆる住民皆殺しを意図した「絨毯(じゅうたん)爆撃」であった。この平和で無防備な町のほとんどが瓦礫(がれき)と化した。ただ不思議なことに、町の議事堂と樫の樹だけが残った。これがのちにゲルニカ爆撃をめぐって叛乱軍の主張する「バスク軍犯行説」の根拠となる。

四月二七日、ゲルニカ爆撃を直接取材したジョージ・スティーアの記事[5]が『タイムズ』と『ニューヨークタイムズ』に同時掲載された。これが国際的に途轍もない反響を呼んだのだった。

四月二八日、ゲルニカが陥落し、叛乱軍がこの町を制圧した。ゲルニカの住民に爆撃に関する緘口令を強制し、そのうえゲルニカ爆撃は撤退するバスク軍の仕業であると断定した。実際に犠牲者は何人だったのか。バスク自治政府によると、町の人口のおよそ三分の一が死傷者だった。一六五四名の死者と八八九名の負傷者である、というのが定説のようである。[6]

それにしても、二人の独裁者は予想外の国際的な非難に驚愕し、フランコは叛乱軍を取材する外国人ジャーナリストをいろいろと優遇した。ゲルニカ爆撃の数日後、たまたま叛乱軍取材中の数名のアメリカの保守系新聞の記者たちをこの町に招いた。その記者団の中にいた東京朝日新聞の特派員坂井米夫記者がゲルニカを取材したために、国境の町イルンで叛乱軍当局によって足止めされてしまう。アメリカの保守派のハースト系の新聞記

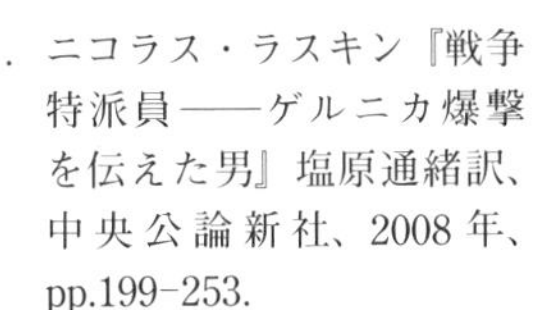

5．ニコラス・ラスキン『戦争特派員――ゲルニカ爆撃を伝えた男』塩原通緒訳、中央公論新社、2008年、pp.199–253.

6．アントニー・ビーヴァー『スペイン内戦 1936–1939』上、根岸隆夫訳、みすず書房、2011年、p.238.

図7　破壊されたゲルニカ

者も身柄を拘束され、投獄されるといった混乱した状況であり、坂井も相当困惑したようである。ここで分かったのは、スペイン内戦において、一人の記者が両陣営を絶対に取材できないということだった。両陣営ともスパイ摘発に対して異常なほど神経質になっていたからだ。坂井米夫の場合、まず叛乱軍陣営を取材し、パリに戻り、日本大使館で従来のパスポートを破棄して、新しいパスポートを公布してもらい、共和国側に入国した。

ゲルニカ爆撃を世界中に知らせた記者ジョージ・スティーアはもともと叛乱軍側を取材するタイムズ社の辣腕記者だった。その後、彼は叛乱軍側を取材できなくなり、タイムズ社はスティーアに代わる記者としてキム・フィルビー[7]を送り込む。実はこの時点でフィルビーはのちに「ケンブリッジ・ファイブ」と呼ばれたソ連のスパイであり、第二次世界大戦後はイギリス海外機密情報部（MI6）の幹部になって、イギリスの朝野を震撼させた「二〇世紀最大の二重スパイ」と言われた男であった。

ヒトラーは、ドイツには何の責任はないという声明を発表するよう、ブルゴスの叛乱軍当局に申し入れ、さらに五月一五日にドイツ・コンドル軍団のフォン・リッペントロップ司令官に「いかなることになろうとも、ゲルニカに対する国際的調査は阻止しなくてはならない」と厳命した。

ピカソの《ゲルニカ》

一九三七年五月一一日、パリ亡命中のピカソは、ゲルニカ爆撃に怒りを

7．キム・フィルビー（図8：ソ連の記念切手）
　1951年5月25日、2人のイギリス外交官ドナルド・マクリーンとガイ・バージェスの「外務省高官亡命事件」が起こった。それも、亡命先がなんとモスクワだった。この2人の亡命を指示した黒幕の詮索がMI5とMI6の内部で始まった。それから4年後の55年、イギリス下院でマーカス・リプトン議員はFBIがリークした機密情報に基づいて、この事件に関与した「第三の男」はMI6高官キム・フィルビーであるとの爆弾発言をした。（川成洋『紳士の国のインテリジェンス』集英社新書、2007年）

図8　キム・フィルビー

込めて、大きなキャンバス（縦三・五メートル×横七・八メートル）に向かう。六月四日、壁画《ゲルニカ》がほぼ完成する。七月一二日、パリ万博の開会にかなり遅れて、ようやくスペイン共和国政府館がオープンする。館内ホールからがらんとした空間の右側に展示された《ゲルニカ》、そしてその真向いに巨大な写真が貼られ、そのキャプションに「フェデリコ・ガルシア・ロルカ、[8]詩人、グラナダで殺された」と書かれてあった。これが《ゲルニカ》の初披露であった。

一九三七年一一月、パリ万博が閉幕する。公式発表によると、入場者三三〇〇万人、その大半が《ゲルニカ》を見たと思われる。閉会と同時に、スペイン館も解体されることになり、展示資料は海路で首都バレンシアに送られた。ただ《ゲルニカ》だけが例外で、木製のストレッチャーからはずされた《ゲルニカ》は、パリのグラン・ソーギュースタンにある彼のアトリエに送り返される。その後、三八年一月のスカンディナヴィア展を嚆矢として、ヨーロッパ主要都市をめぐり、同年九月、《ゲルニカ》と多数の未公開スケッチとともに、ロンドンの「スペイン救援全国合同委員会」に送られる。三九年四月、スペイン内戦が終結し、その一か月後の同年五月、ヨーロッパでさらに大きな戦争勃発の兆しが見えてきたので、《ゲルニカ》はアメリカに送られる。スペイン救援の義捐金を集めるために、アメリカ各地で展示され、その後ニューヨーク近代美術館に移される。ピカソは「フランコの軍事独裁体制が続く限り、《ゲルニカ》をスペインに戻さない」と

8．20世紀のグラナダが産んだ世界的な詩人で劇作家のフェデリコ・ガルシア・ロルカは内戦勃発ほぼ1か月後の8月16日、故郷のグラナダでフランコ叛乱軍に逮捕され、8月18日未明、「フエンテ・グランデ」（大いなる泉）近くのオリーブ畑の中で銃殺された。38歳であった。彼の亡骸は現在に至るまで確認されていない。

ロルカの不幸は彼の虐殺だけで終わらなかった。彼とその作品は、スペインを「中世の異端審問の国」に引き戻した独裁者フランコ将軍の死去する1975年5月まで「封印された」ままだった。ロルカが若い時に上梓した『歌集』に「別れ」という短い詩が収録されている。

わたしが死んだら、／露台はあけたままにしておいて。
子供がオレンジの実を食べる。／（露台から、わたしはそれを見るのです。）
刈り入れ人が麦を刈る。／（露台から、わたしはその音を聞くのです。）
わたしが死んだら、／露台はあけたままにしておいて！（小海永二訳）〔次頁〕

絶えず公言していたからだった。

第二次世界大戦期、パリがナチス・ドイツ軍に占領され、ナチスの二人の将校がピカソのアトリエを訪れた。たまたまテーブルの上に《ゲルニカ》の写真が立てかけてあった。それを見つけた将校の一人がしたり顔をしてピカソに向かって「これを作ったのは、あなたですよね」と尋ねた。ピカソは、「いいえ、これを作ったのは、あなた達ですよ」と平然と答えたという。

一九八一年九月一〇日払暁、《ゲルニカ》はマドリード・バラハス空港に着陸した。この《ゲルニカ》の帰郷に関するピカソの条件は、七五年一一月の独裁者フランコの死去と独裁体制の崩壊、新生スペインの民主主義体制の確立などであった。アメリカ政府と二年間の交渉の結果、ついに帰郷が実現したのだった。スペインにおいては、《ゲルニカ》は故国の土を踏んだ「最後の共和派の亡命者」[9]とも言われている。

バルセロナの市街戦——「内戦の中の内戦」

一九三六年二月の総選挙に向けた「人民戦線」協定の締結、さらに人民戦線内閣の誕生と順調だったのだが、翌三七年三月の叛乱軍傘下のイタリア正規軍が屈辱的な大敗北で終わったグアダラハラの戦闘後、これまで水面下にあった共和国陣営の政治的対立が顕在化してきた。

この内戦をどう戦うかについてである。

〔承前〕ロルカがこの「別れ」を書いたのは、何と20代の後半であった。このあとわずか十数年しか生きられなかったロルカにとって、当時のスペインはあまりにも残酷すぎたと言わねばならない。

9．帰郷後の《ゲルニカ》

1981年10月25日、ピカソ生誕100年祭が彼の生まれ故郷マラガで盛大に挙行されたのとほぼ同時に、《ゲルニカ》はプラド美術館別館で一般公開された。ピカソが館長に就任することになっていたが、フランコの軍事独裁政権のために実現しなかったゆかりの美術館であった。

ところが《ゲルニカ》は92年9月に開館されたソフィア王妃芸術センターに移された。これには反対の声がバスク地方から沸き起こった。そして、5年後の97年10月に開館予定だった、世界的な美術館であるビルバオ・グッゲンハイム美術館は開館に合わせて《ゲルニカ》の貸与を申し入れる。貸出期間中の入場収入をソフィア王妃芸術センターと折半すること、《ゲルニカ》の絵のために〔次頁〕

「まず内戦勝利」を主張する共産党（PCE、スターリニスト）系、「まず社会革命、次いで内戦勝利」を主張するアナキスト系の全国労働連合（CNT）や反スターリニスト系のマルクス主義統一労働者党（POUM）との政治路線上の対立が舌戦を越えて、容易ならない状況になってきた。四月末日に近づくにつれて、いろいろな罵詈雑言や偶発的な暴力事件などがさらに緊張を高めていた。

カタルーニャ自治政府は、バルセロナで予定されていたメーデー行進を中止に踏み切った。警察当局と反スターリニストとの武力衝突を恐れていたからだった。

その二日後の五月三日午後三時、内戦勃発以来、CNTが管理しているバルセロナ電話局に、カタルーニャ自治政府公安部長で、カタルーニャ統一社会党（PSUC、共産党系）幹部であるロドリゲス・サラスが、三台の軍用トラックに分乗した突撃警備隊を従えて到着した。サラスたちを迎えたのは、電話局からのCNTの銃弾だった。この紛争にPOUMはCNTに与した。直ちにいたるところにバリケードが作られた。当時、POUMの民兵隊の一兵卒として従軍し、アラゴン戦線から、休暇でバルセロナに戻っていたイギリスの作家ジョージ・オーウェルはこう回想している。

バリケードづくりは、めったに見られぬ素晴らしい見物だった。スペイン人というのは、いったん仕事にかかるとなったら、情熱をこめて打

〔承前〕ソフィア側の警備担当者に警備を任せるなどの条件を示すが、《ゲルニカ》の移送中に傷がつくという理由で拒否された。これを受けてグッゲンハイム美術館側は「ゲルニカの破壊から数えて60周年を記念する催しは、バスクの人々が20世紀美術を代表するこの作品を初めて故郷で目にする、歴史的な、二度と訪れることの無い好機となります。（中略）この拒否回答は、技術的な枠を超えたものです。脆くて輸送に適さないなどというのは……私たちの知性を愚弄するものにほかなりません」と記者会見で述べたのだった。（ラッセル・マーティン『ピカソの戦争《ゲルニカ》の真実』木下哲夫訳、白水社、2003年）

それにしても、《ゲルニカ》を、描かせた下手人がフランコ傘下のドイツ・コンドル飛行軍団であることがはっきりしている現在、フランコ軍事政権が王政復古した国王フアン・カルロス1世の妻である「ソフィア王妃芸術センター」で展示するのはいかがなものか、と思うのは筆者ひとりではあるまい。

ち込む。男も女も、小さな子供まで、何列にも並んで、舗装の石を剥がし、どこかで見つけてきた手押し車ではこんだ。重い砂袋をよろけながら担ぐ者もいる。（中略）一時間もすると、バリケードは頭の高さになり、銃眼に射手が配置された。バリケードの裏では、焚火がたかれて、卵の目玉焼がつくられていた。[10]

バルセロナは共和国陣営内部間で闘う都市となった。双方はバルセロナ随一の目抜き通りであるランブラス通りを挟んで占拠した。双方とも徴発した建物から相手を撃っていた。ただし、電話局だけは休戦が成立し、業務は続けられた。

五月五日、戦闘が小康状態になり、カタルーニャ自治政府の内閣改造が行われ、その日遅くなってクンパニィス大統領はバレンシアの共和国政府が派遣する援軍を受け容れることに同意する。翌六日、数千人の治安警備隊と陸軍を乗せた三艘の軍艦がバルセロナ港に入港した。さらに北進中の四千人もの治安警備隊が、途中でタラゴナやレウスのＣＮＴの武装民兵隊を鎮圧し、バルセロナに到着する。結局、バルセロナには、一万二千人の鎮圧部隊が投入された。スペインのアナキストの牙城であるバルセロナも風前の灯であった。

五月八日、こうした事情を確認したＣＮＴは、ラジオ放送で「バリケードを撤去せよ！　各市民は手に持つ舗道の石を棄てよ！　正常に帰れ！」

10. ジョージ・オーウェル『カタロニア讃歌』橋口稔訳、筑摩叢書、1970 年、pp.145–146.

図９　フェデリコ・ガルシア・ロルカ（Ⓒロルカ財団）

という命がけの呼びかけをおこなった。バルセロナの市街戦は終わった。公式の推計によると、約五百人が死亡し、約千人が負傷したという。

この「内戦の中の内戦」といわれる、バルセロナの市街戦が終わって、これで叛乱軍に対する戦列を再編するというわけにいかなかった。五月八日、ソ連のバックアップを得ていた共産党は、さらに党勢を拡大するために、社会労働党党首のラルゴ・カバリェロ首相に、この市街戦の仕掛人であるPOUMを糾弾するべきと強く迫り、全組織を挙げて「POUM＝トロツキスト＝ファシスト」というとんでもない讒言的なキャンペーンを展開した。これを手始めに、翌九日の共産党の大衆集会で、「POUM＝ファシスト」断罪路線を不動のものとした。

五月一五日の閣議で、二人の共産党閣僚はPOUMを非合法化することを要求する。首相は自分も労働者であり、労働者の組織を解散させることはできないと突っぱねる。その言葉をとらえるや否や、件の二人は退席し、さらに共産党シンパと社会労働党右派の閣僚五人も席を蹴った。残ったのは、四人のアナキスト閣僚を含めて六人になってしまった。

五月一七日、一九三六年九月に誕生したラルゴ・カバリェロ内閣は総辞職する。その後継に収まったのは、フアン・ネグリン博士であった。彼は国際的に著名な生理学者であり、マドリード大学教授であった。共産党にとって、ネグリンは操ることのできる格好の人物であった。とうとう共産党はラルゴ・カバリェロ首相の放逐に成功した。これ以降、あの国軍のクー

図10　バルセロナのバリケード

図11　アラゴン戦線におけるジョージ・オーウェル（右から２人目）

デターの挫折から内戦突入の契機となった「七月革命」期に獲得した成果が着実に失われ、これ以降の戦争は「まずは内戦勝利」を叫んだ共産党主導となる。果して共産党はどのような戦略を保持していたのだろうか。

ところが、共産党の次の目標は、宿敵POUMの殲滅であった。

六月一四日、バルセロナのランブラス通りのホテル・ファルコンにあるPOUMの党本部は閉鎖され、党は非合法化された。そのホテルは早速、監獄に転用された。四〇人の中央常任委員が逮捕された。その二日後の六月一六日、党首でカタルーニャ自治政府法務大臣アンドレウ・ニンは拉致された。マドリード北東部近郊の、文豪セルバンテスの誕生の地アルカラ・デ・エナーレスにある、ソ連の国際問題人民委員会（NKVD）主任アレクサンドル・オルロフ専用の秘密の監禁所だった。ここでニンは、フランコ、ヒトラー、ムッソリーニのためにスパイ行為を働いていたという自供を強要され、身の毛もよだつ拷問にさらされた。「数日すると、彼の顔は形のない塊みたいになった」[11]という。

ニンの抵抗も驚嘆すべきもので、ことごとく拒否したからだった。スターリンが喜ぶモスクワの見世物裁判用の自白を目論んでいたオルロフは、それが不可能だと分かりニンを殺してしまう。そして、カタルーニャの古都ジローナで発見されたというニンとフランコとのつながりを示す偽文書を大量にばらまいた。

それにしても、ニンの失踪はネグリン政権にとって重大なスキャンダル

図 12　バルセロナの POUM の行進

図 13　アンドレウ・ニン

となった。スペイン共和国は憲法上保証されている人権を尊び、それ故、人権を蹂躙するファシスト勢力を相手に戦っている。これが今まで全世界に熱烈にアピールしてきた共和国の政治理念であった。今やその理念と真逆であった。間もなくイギリスやフランスに「ニンは何処に？」「ニンを救出しよう！」という運動が湧き起こった。ニンやその他のＰＯＵＭ幹部の死体は、この失踪事件調査のためにイギリス国会議員調査団がスペインに入り、やっと発見されたのだった。また、ニン救出のための「パリ委員会」も活動し始めた。パリのスペイン大使館では埒が明かないと判断した彼らはスペインに代表団を送り込んだ。スターリニズムに完全に支配されたスペインの現状を見抜いた彼らの明確な結論を公表した。

> 「老ラルゴ・カバリェロが労働者の党を法律の保護に置くことを拒み、共産党の圧力がより従順な政府の成立を強いたことを私たちは知った。[12]」

ニンとＰＯＵＭ幹部の粛清の後は、いよいよアナキストへの弾圧であった。アナキストの農業集産体の総括組織であるアラゴン評議会を解散させ、多くのＣＮＴ幹部や活動家を逮捕した。次いでアナキスト系のカタルーニャの産業集産体を解散させた。こうした共産党の中央集権化路線に反対する勢力に対してソ連式の粛清はとどまることはなかった。ネグリン政権下に創設された「軍事調査局（ＳＩＭ）」は、いわば秘密警察であり、これ

11. ロバート・コンクェスト『スターリンの恐怖政治』下、片山さとし訳、三一書房、1976年、p.172.
12. V・セルジュ『母なるロシアを追われて』下、浜田泰三訳、現代思潮社、1970年、p.212.

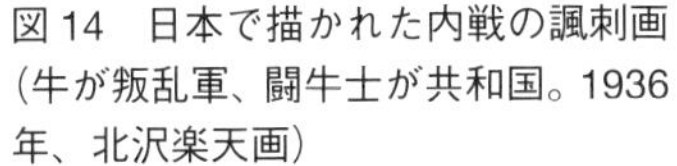

図14　日本で描かれた内戦の諷刺画（牛が叛乱軍、闘牛士が共和国。1936年、北沢楽天画）

こそ「赤色テロ」の様相を帯びるようになった。当時、ドイツの作家で、第一一国際旅団の政治委員だったグスタフ・レグラーは、スパイと裏切り者のコミンテルンの病的な妄想を「ロシア人の梅毒」[13]と呼んだ。こうした革命的エトスを抑圧、粉砕して、共産党は戦争指導をできるのであろうか。叛乱軍が制圧した地域でもＣＮＴやＰＯＵＭといった非共産党系の革命的なゲリラ戦は結構効果的だった。共和国陣営では、本格的な革命的政策、つまり三六年七月に発生した「七月革命」が求めた政策が必要だったのだ。この政策なくては、叛乱軍に対して抵抗だけに終わってしまう。それを、これ以降のスペイン内戦が証明してくれる。

今まで見てきたように、スターリンの傀儡と化したネグリン政権の誕生と恐怖政治の横行、これを誰よりもほくそ笑んだのはフランコであったろう。彼が今まで最も恐れていたのは、軍事クーデターを粉砕し、「七月革命」を実践したのは、主に、ＣＮＴやＰＯＵＭという事実であったからだ。その時点では、共産党は名前だけの政党でしかなく、ソ連が共和国支援を発表した一九三六年一〇月二四日以降、ソ連軍事支援のチャンネルとなった共産党が発言力を強めるようになった。

ともあれ、ネグリン政権下の共和国陣営は次第に守勢に立たされるようになった。

一方、叛乱軍側では、一九三七年四月、フランコは叛乱軍の仮首都であるサラマンカにおいて政党統一令を公布し、叛乱軍に結集した従来のさま

13. ポール・プレストン『スペイン内戦——包囲された共和国 1936-1939』宮下嶺夫訳、明石書店、2009 年、p.312.

図 15　内戦後半（38 年 9 月頃）

ざまな政党を糾合して「伝統主義者とＪＯＮＳのスペイン・ファランヘ党」（「新ファランヘ党」と呼称する）を創設し、彼が党首に、彼の義弟セラーノ・スニェールが書記長に就任する。同年七月、スペイン・カトリック司教団はこの新政党を支持する旨を発表する。三八年一月、フランコが正規の内閣を組織する。

一九三七年一〇月、共和国政府がバレンシアからバルセロナへ移る。間もなく、バルセロナは、カタルーニャ自治政府、バスク自治政府、共和国政府の所在地となった。それでも、バレンシアからカタルーニャに至る東地中海ベルトは確保されていた。

一九三八年四月上旬、叛乱軍が地中海作戦を発動する。これには満を持してナチス・ドイツ軍が「電撃作戦（ブリッツ・クリーグ）」で臨んだ。叛乱軍が地中海の町ビナロスに到着したのが、四月一五日「聖金曜日」であった。この日、従軍司祭による復活祭ミサが挙げられた。地中海を南北に二分したこの電撃作戦を日本人陸軍将校が指導した。当時の叛乱軍側の新聞には「オペラシオン・デ・モリヤ（守屋作戦）」という言葉が頻繁に出ている。守屋莞爾陸軍中佐の作戦指導である。彼はマドリードの日本公使館付駐在陸軍武官であった。日本政府はスペイン共和国政府と国交断絶（三七年一二月一日）し、フランコ政府を「正式政府」として承認していたために、駐在武官の待遇も好条件となり、「観戦武官」[14]ではなくて「作戦武官」としてこの地中海作戦を指導していたのだった。守屋中佐はこの作戦での軍功のゆえに、叛乱軍が

図16　サラマンカを行進するフランコ派（1937年）

戦闘中に捕獲したソ連製兵器を無償で譲り受けることができた。その数年前から、満洲の国境線を巡って、日ソ間での軍事紛争が頻繁に起こり、三五年だけで一七四件も起こった。三六年三月一六日に設置された満ソ東部国境画定のための「混合委員会」も、同年一一月二五日に成立した「日独防共協定」のためにソ連側から中断されてしまい、いわば日ソ間の一触即発的状況が続くことになる。それにしても、手探りで対ソ戦略を策略していた日本軍部にとって、ソ連の軍事情報は垂涎の的であったが、果たして役立つものだったろうか。

エブロ河の決戦、国際旅団の解散、内戦の終結

七月早々、共和国軍は、エブロ河北側に、約一〇万の将兵、百機余りの軍用機、八〇門の野砲、二七門の高射砲で布陣していた。七月二五日午前〇時、渡河作戦が発動された。国際旅団が先鋒を務めた。奇襲作戦は成功した。一週間以内に五万の共和国軍が渡河し、四千人の叛乱軍を捕虜にする。だが、叛乱軍の対応もきわめて迅速だった。増軍に次ぐ増軍で八月二日まで共和国軍の前進は緩慢となり、制空権も失い、叛乱軍の空爆にさらされる。九月になると、攻守所を変える。共和国軍は抵抗しながら撤退することになる。

共和国政府は、スターリンの同意を取り付け、国際旅団の解散を決意し、九月二二日を最後として、国際旅団を前線からバルセロナへ撤退させるこ

14. フランス大使館付陸軍武官、西浦進中佐は 1936 年 10 月下旬、参謀本部の司令を受けて、まず、リスボン駐在のフランコ叛乱軍の特務機関と接触し、フランコ軍側への入国の手筈を整え、フランコ軍の仮首都であるサラマンカに入る。しかし、この時点で日本政府はフランコ政府を承認していなかったために、いわば緩やかな監視状態におかれた。ホテルから外出する度に自室がチェックされたり、たえず尾行につきまとわれていた。サラマンカは有名な大学都市であり、スペイン語以外の新聞がキオスクで入手できる。たまたまフランスの新聞で「日独防共協定」（1936 年 11 月 25 日）の調印を知って、サラマンカのドイツ大使と面会し事情を説明して、ようやく自由の身となり、車、運転手、通訳将校つきの「観戦武官」としてフランコ叛乱軍を視察できた。（西浦進『昭和戦争史の証言 日本陸軍終焉の真実』日経ビジネス文庫、2013 年、pp.93–98.）

とを決定した。これは叛乱軍に対するドイツとイタリア正規軍の投入の不当性とその撤退を内外に喧伝することができ、スターリンにとっては、ソ連防衛のための独ソ不可侵条約の締結をスムーズにすることができる、道具立てに過ぎなかった。一一月一五日、バルセロナで、共和国政府主催で国際旅団の解散式が挙行された。大隊旗を先頭に各大隊がパレードした。パレードする街路には市民が群がり、紙吹雪、花吹雪、花束、投げキス、そして歓喜の声で埋め尽くされた。

一九三九年二月一日、共和国政府は国境の町フィゲラスに移動し、その町の古城の地下室で、最後の国会が開かれた。出席したのは、わずか六二人の議員であった。彼らは内戦の敗北をめぐって激しい罵倒合戦を繰り広げる愚劣な残党になり下がっていた。同月四日、北進するフランコ叛乱軍はジローナを占領する。それで、同月六日、三つの政府の閣僚をはじめ国会議員たちは、無責任にも、寄る辺なき共和派の国民を見捨てて、国境を徒歩で越えてしまった。

一九三九年三月二八日、叛乱軍がマドリードに入城する。四月一日、叛乱軍総帥フランコ将軍がマドリードで勝利宣言を発表し、スペイン内戦が終了する。三一年四月一四日に誕生したスペイン第二共和国は、かくしてほぼ八歳に満たないまま生命を閉じたのだった。

図17　マドリードにおけるフランコ叛乱軍の戦勝パレード（1939年4月1日）

16 フランコ体制

内戦直後のフランコ体制

一九三九年四月一日から、フランコ独裁体制が開始される。これから始まるフランコ体制とはどのようなものだったのだろうか。三九年の初めごろにはフランコ叛乱軍がほぼ間違いなく勝利すると思われ、しかも同年二月九日、フランコは「政治責任法」を公布した。これは、三四年の「アストゥリアス一〇月革命」に関与した者は言うまでもなく、それ以降どのような形であれ共和国側に加担してきた者に対して全面的に粛清の対象にするということであり、報復や告発、あるいは弾圧や処刑などを恐れて約四〇万人もの共和派がフランスや仏領アフリカ、そしてメキシコなどの中南米諸国へと逃亡した。そして内戦終了時のフランコ陣営の刑務所には約二七万人の共和派が収監されていた。さらに国内の反フランコ陣営の息の根を止めるために、翌四〇年三月、「フリーメーソン・共産主義弾圧法」を制定する。この法律によって、前年の「政治責任法」とともに、容疑者の銃殺やその家族の公開リンチまでも合法的措置ということになった。

こうして反自由主義、反共産主義、反フリーメーソン主義を標榜するフランコ体制は、国軍、新ファランヘ党、カトリック教会という三本柱に支えられ、その頂点に絶対的権力者としてフランコがおさまっていたのであ

図1　フランコのマドリード入城と戦勝式

る。つまり、フランコ軍事独裁体制は「神と歴史の前にのみ責任を負う」（一九三九年七月の新ファランへ党規約）フランコの個人的権力の上に成り立っていた。一方、国民に対しては、「奉仕」「ヒエラルキー」「規律」の三つの理念を強要した。これらの義務を果たさない者の摘発や当局への告げ口などは愛国的義務として奨励された。また毎日曜日のミサに与（あず）からない者は不逞の輩として教区司祭から当局へ密告することになっていた。カトリック教会が下す不信者というレッテルは、学校からの退学処分、勤務先からの解雇処分など、つまり社会的に抹殺されることになったのだった。またアパートの門番や管理人は治安警備隊や武装警察隊の忠実なスパイであり、夜も一定の時間が過ぎれば自分の家に入るのも「セレーノ」と言われる夜警を必ず呼んで開けてもらう。一般の社会でもこのような監視体制に置かれていた。これは外国人旅行者も例外ではなく、ホテルに入るのにも一定の時間を過ぎた場合にはセレーノを呼ぶことになっていた。

それにしても、言うまでもないが、元共和派に対する人権への配慮を全く無視した報復政策がスペイン全土に広がっていた。[1] 実際に、捕虜収容所が全国いたるところに設置され、その数は一九〇か所にのぼり、多い時には五〇万人の元共和派を収容したという。一九三九年の夏、財政上の問題から収容者の削減が緊急課題となった。その解決の一つは処刑することであり、もう一つは仮釈放後に重労働に就かせたのだった。「労働大隊」「刑務派遣隊」「労働者兵士懲治大隊」という施設は一二一か所もあった。そこ

図2　国境を目指す元共和派避難民

図3　バルセロナでフランコを歓迎する支持者

での労働はとても厳しく、さながら奴隷同然であった。ちなみに、三九年七月、イタリアのチアノ外相がスニェール外相の公式訪問の答礼としてバルセロナを訪問した。そこのお決まりのコースである、フランコ自慢の戦後復興工事現場を視察した折に、元共和派の囚人が作業をしているのを見て、「彼らは捕虜ではない、戦争奴隷だ」[2]と痛烈に酷評したという。

第二次世界大戦期のフランコ・スペイン

第二次世界大戦勃発の翌日の一九三九年九月二日、イタリアは中立を宣言する。同月四日、フランコも「厳正中立」を宣言する。内戦で国内がとても疲弊していて、国内の復興が第一、がその理由だった。だが、この戦争は、フランコにとって、勝利する陣営と緊密な関係を築くこと、スペインとフランコ体制にとって戦争を有益な機会としてしっかりと捉えることであった。このために彼は虎視眈々と両陣営の現状を見ていた。

翌一九四〇年六月一二日、フランコは「非交戦国」を宣言する。同月一〇日、イタリアがドイツ側に立って参戦する。同月一二日、フランコはドイツ大使フォン・シュウトーラーと会見し、ヒトラーの要請があれば、参戦する旨を伝える。同月一四日、ドイツ軍がパリに入城する。七月中旬、フランコは参謀総長ビゴン将軍を、ドイツ軍の前線総司令部のあるベルギーのアコス城のヒトラーとリッペントロップ外相のもとに送り込み、枢軸側で参戦する意思があることを伝えさせる。だがその見返りとして、援助物

1．フランコの亡命した共和派首脳に対する追及は苛烈をきわめた。1940 年 8 月、ヴィシー政権下のフランスに亡命中のカタルーニャ大統領クンパニィスがゲシュタポに逮捕され、フランコ当局に引き渡された。彼はバルセロナで軍事裁判に付されたが、大統領としての矜持を崩さなかった。以下のような、軍事法廷の裁判長とのやり取りが伝えられている。
※※※
「君の名前はリュイス・クンパニィスか」

「その通り」

「君はカタルーニャの大統領だったのか」

「いいえ」

「何だって！君はカタルーニャ政府の大統領だったことを否認する気か」

「いいえ」

「それでは、いま述べた返答をどう説明するのか」〔次頁〕

資の他に、モロッコ、オランダ、緯度二〇度線までのサハラ砂漠、それにギニア沿岸地帯の占有権を主張した。ヒトラーとしてはこんな膨大な条件付きの参戦など聞いたことがないとして拒否する。

一〇月二三日、フランスの国境の町アンダイエで、フランコとヒトラーの会談が行われる。両首脳が会うのは初めてであった。アンダイエ駅には、鉤十字旗と赤・黄・赤のスペイン国旗がはためいていた。午後三時二〇分、ドイツ外務省特注の特別列車が滑り込んできた。少し遅れて、スペイン国境の町イルンからフランコを乗せた特別列車が到着した。プラットホームでフランコは鉤十字旗にファシスト式の敬礼をし、ドイツ軍の軍楽隊の栄誉礼をヒトラーとともに受け、特別列車のサロンに入っていった。この会談には両国の外相も陪席した。まずフランコが内戦期の軍事援助について丁寧にヒトラーに感謝の言葉を述べた。会談の幕開けは順調そのものだった。会談の内容については詳らかにされていないが、時間切れというべきか、何ら具体的なことを決めるには至らなかった。

両首脳の会談の後、両外相のあいだで「議定書」を作成することになった。しかしこれもうまくいかず、ドイツ側から訂正不可能なりと押し付けてきた原案を引き受けざるを得なかった。その代わりスペイン側の軍事的態勢が整ってから、という前提条件を付けた。これで参戦するかどうかはフランコが最終的決定権を握ることになった。

次いで、一九四一年二月一二日、フランコとムッソリーニの会談は、イ

〔承前〕「つまり、私は、現在もカタルーニャ大統領であり、カタルーニャ国民が望むかぎり、これからも大統領であり続けるのです」(E. Allison Peers, *Spain in Eclipse 1937–1943*, Methuen, 1943, p. 178.)

※※※

8月から10月までの公判だったが、激しい拷問のために靴が履けないほど彼の足がはれ上がっていた。10月15日午前7時、モンジュイック城で、銃殺特務班の前に立たされた。彼は目隠しを拒否し、靴とソックスを脱いだ。カタルーニャの大地をしっかりと踏みつけたのだったろう。銃声は5発。「カタルーニャのために……」と叫んで息絶えたという。

2．前出『スペイン内戦——包囲された共和国 1936–1939』2009年、p.370.

タリア領リヴィエラのボルディゲーラで行われた。今度は、まずムッソリーニはギリシア遠征軍が撤退中であること、イタリア国内の難しい戦時体制を説明し、内戦期の援助の見返りとして経済と軍事の両面の援助を要請した。これに対して、フランコは疲弊した自国の復興が最優先であり、大戦への参戦はもとより、イタリアへの援助もとても応じられないと断る。これでフランコは内戦期のドイツとイタリアへの「負債」をいささか軽減させることができたと思った。勿論、ヒトラーもムッソリーニもフランコの判を押したような姑息な返答に大いに不満だったろう。

ところが、事態が一転する。一九四一年六月二二日、ヒトラーは突然ソ連への武力侵攻を開始した。「バルバロッサ作戦」の発動であった。同月二七日、スペインでは、「反ボルシェビキ十字軍」としての「青い師団」が創設された。「青」は青シャツを着て活動するファランへ党のシンボルカラーである。これまで前面に出てこなかったフランコが、七月一七日、軍事蜂起五周年記念日に、スペインの運命をドイツの勝利と結び付け、連合国は敗北するであろう、ときわめて親独的で自画自賛的な演説を行った。イギリスとアメリカはフランコの演説を受けて、「青い師団」の創設に危機感を持ち、石油と食糧援助を凍結し、さらにドイツ向けのマンガン重石の輸出停止を要求した。「青い師団」は、フランコのモロッコ駐屯時代からの戦友、ムニョス・グランデス将軍麾下の一万八千人の陣容であった。同月三一日、「ドイツ第二五〇師団」として実践訓練を受けた「青い師団」は、

図５　フランコ・ムッソリーニ会談（スニェール（左）とフランコ（中））

図４　フランコ・ヒトラー会談（1940 年 10 月 23 日）

レニングラードの東のボルホフ戦線に派遣された。ドイツ軍との間で言語や指揮系統の齟齬が生じ、時には前線で混乱が生じることもあったが、後続の第二陣、第三陣、合わせると約五万の義勇兵が悪条件の最前線に投入される。一〇月二日、ドイツ軍がモスクワ攻撃を開始する。しかし、一二月八日、ヒトラーはモスクワ攻撃停止を指令する。この日、日本海軍が真珠湾に奇襲攻撃し、日米戦争が開始する。[3]

翌一九四二年八月一六日、ドイツ軍はスターリングラード猛攻撃とコーカサス侵攻の両面作戦を発動する。一一月一九日、ソ連軍が反攻を開始する。これからドイツ軍が押され気味となり、撤退する。四三年一月三一日、東部戦線の総司令官パウルス元帥[4]がスターリングラードで降伏する。ヒトラーの東方作戦崩壊の兆しであった。枢軸側の劣勢が明らかになると、フランコは、「非交戦国」宣言を撤回し、「中立」を宣言する。連合国側から「青い師団」の撤退要請が打ち出され、スペイン政府は「青い師団」の撤退と解散を決定し、その命令に従わない者には刑罰の行使も辞さないと明言した。五月二五日、残留部隊が全員帰還した。ほぼ二年にわたる前線勤務で、戦死や行方不明者は約六千人、重軽傷者は約八千人に達していたことからすれば、「青い師団」は相当の戦争犠牲者を出したことになる。四五年五月、ドイツ軍の惨敗によってヨーロッパにおける第二次世界大戦がほぼ終結する頃、東部戦線でソ連軍の捕虜となっていた数百人の「青い師団」の元義勇兵が、国際赤十字の仲裁でスペインに帰還した。彼らが出陣の時

図6　出陣する「青い師団」の将兵たち

と同様に「反ボルシェビキ十字軍」として歓迎されたのは、皮肉としか言いようがない。

ところで、内戦終了から第二次世界大戦、さらには一九五〇年くらいまでのスペイン経済は、「飢餓の数年」と言われたぐらい困窮の真っ只中であった。こうした国民の生活を等閑視し、国際社会から孤立していたために、経済ナショナリズムに基づく「アウタルキーア（自己充足的経済）」政策を導入した。これは、輸入品と輸出品を規制する対外孤立政策と、市場に国家が全面的に介入する計画経済政策であった。例えば、国民にとって必要不可欠な食糧であるが、生産者は国家に公定価格で売却する。だが、その公定価格が本来の価格より低く抑えられていると、生産者は産品を隠匿し、非合法な並行市場、つまり闇市で販売するようになる。その価格は通常の価格より二倍か三倍高かった。となると闇市を利用できる人はおのずと決まってくる。それ以外の人は市場で長い列を作って買い物をする。そのうえ、商品は何時も不足している。こうした窮乏生活に対して、組合活動の自由がなかったために労働者はいかなる要求もできない。すでに、四〇年一月、フランコは「組合統一法」を制定した。これは、左翼系労働組合を解体し、ファランヘ党の指導のもとに組織する労使一体の組合、「垂直組合」と呼ばれる組合である。これでは労働者が何も訴えることができなかった。それにしても、この「アウタルキーア」政策は、外国を敵視し、自国への愛国心を涵養しようとするフランコにとって、自ら選び取った政

3．開戦当初、フランコ・スペインはアメリカにおける「日本の利益代表」の役割を担った。ところが終戦近くになった 1945 年 1 月、マッカーサーのマニラ再上陸に対して撤退する日本軍がマニラのスペイン領事館を襲い、そこに避難していた 50 人全員を殺した。これを受けて 3 月 22 日、フランコ政府はアメリカ大陸における「日本の利益代表」をやめたのだった。（フロレンティーン・ロダオ『フランコと大日本帝国』深沢安博ほか訳、晶文社、2012 年、p.385.）

4．大木毅『独ソ戦――絶滅戦争の惨禍』岩波新書、2019 年、pp.162-163.

策であった。

国際的孤立から国際社会への復帰

第二次世界大戦の戦後処理全体を定めるためのポツダム会議（一九四五年七月一七日〜八月二日）におけるスターリンのフランコ攻撃が、戦後スペインの立場を明確に規定したといえよう。八月五日、フランコ・スペインは、この反スペイン項目に対する厳しい批判を「反ポツダム宣言」として発表した。この発言で「ヨーロッパの最後のファシスト国家」スペインという評価が定着するようになった。翌四六年二月、国際連合において、「スペイン排斥決議案」が採択された。また同年一二月、国際連合は国連加盟国のすべてのスペイン駐在大・公使の本国召喚を勧告し、大・公使の帰国、大・公使館の封鎖が行われた。これに対して、マドリードの王宮前のオリエンテ広場で、スペイン国民の団結を訴える一〇万人を超える大集会が行われた。勿論、政府主催の「ヤラセ大集会」だったが、スペイン人の国際社会からの排斥に対する憤激も否定できないであろう。それにしても、こうした出口なしの国際的孤立、経済状態の低迷はフランコにとって歓迎すべき事態だったのだ。この窮状をもたらしたのはスペインを敵視する「外国」勢力であり、これらを打開するためには無条件的な「動員」と「統制」が必要だとする、フランコ式のゆるぎないナショナリズムを国民全員にしみこませることができたからだった。

図7　1945年7月18日ポツダム会議で反スペイン宣言を採択した（左からチャーチル、トルーマン、スターリン）

図8　オリエンテ広場前の集会（1946年12月）

ところが、一九五〇年になって、事態が一変した。八月一日、アメリカ下院はスペインに百万ドルの融資を承認する。一一月四日、国連がスペイン排斥決議解除を決定し、各国のスペイン大・公使をマドリードに帰任させる決議を採択した。これによってスペインの国際社会への復帰の第一歩を踏み出すことができた。これは、フランコの病的なまでの反共的体質と、ヨーロッパ大陸とアフリカ大陸の要に位置するという地政学的理由のために、またこの年の六月に勃発した朝鮮戦争という東西の冷戦に直面してアメリカが先手を打ってスペインを受け容れたのだった。

今まで「ヨーロッパ最後のファシスト国家」スペインが、今や「親米・反共十字軍の先兵」となったのである。一九四八年からのマーシャル・プランの対象国にはなれなかったものの、五〇年一一月、アメリカは六二五〇万ドルの借款供与を決めた。これ以降、スペインのアメリカを中心とする国際社会への復帰は一段と加速する。世界保健機関（WHO）、国連食糧農業機関（FAO）、そして五二年一一月、ユネスコなどの国際機関に加盟した。五三年九月、米西相互防衛・経済援助・基地貸与協定の締結によって、スペインは、総額一二億三三〇〇万ドルの経済援助の見返りとしてアメリカに軍事基地を貸与することになった。フランコにとってこうした半植民地的協定は耐えがたかったろうが、これもフランコ体制を堅牢にする方策であった。

一九五五年一二月、ソ連の支持を得て、スペインが長年の宿願であった

5．1946年10月、アルゼンチンのペロン大統領はスペイン排斥決戦案を無視して、大使を送り、70万トンの小麦を輸出した。翌年、マドリードを訪問した大統領夫人エバ・ペロンは熱狂的な大歓迎をうけた（図9）。

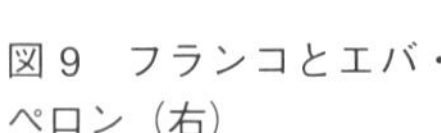
図9　フランコとエバ・ペロン（右）

国連加盟を達成した。これは、日本の国連加盟より一年早かったことになる。

一九五〇年代になり急接近した米西関係のハイライトは、五九年一二月二一日、ヨーロッパ歴訪の帰路、アメリカ大統領アイゼンハワーの予定外のスペイン訪問であった。大統領は、NATO軍最高指揮官として、他のNATO加盟国のようにフランコを冷淡に扱うわけにいかなかった。マドリードで、両首脳は騎馬部隊に先導され、オープンカーに乗り、歓迎する民衆が埋め尽くした目抜き通り、グラン・ビア通りをパレードした。

テクノクラートの時代

一九六〇年代のスペイン経済は、「スペインの奇跡」と言われるほど並外れた成長を達成した。五九年七月、政府は「経済安定化計画」次いで「経済・社会発展計画」を発表し、インフレの抑制、市場への国家介入の緩和、財政赤字の削減、輸入障壁の低下などで経済の安定化と発展主義へと大きく舵を切った。これには「オプス・デイ（神の御業）」というカトリックの在俗団体に所属する三人のテクノクラート（専門的官僚）が重要な役割を果たした。その三人とは、カレロ・ブランコ官房長官（六三年に副首相に昇任）の推薦で五七年二月の第六次フランコ新内閣に入閣したアルベルト・ウリャステレス貿易相、ナバロ・ルビオ蔵相、前年入閣のロペス・ロド内閣総務局事務長官であった。[6]この三人の閣僚を中心とする有力なテク

6．前出『スペイン史』2、2003年、p.181.

図10　アイゼンハワーを迎えるフランコ

ノクラートたちは「ラウレアニスタス」と呼ばれ、[7]経済発展至上主義路線を貫いたのだった。[8]

「オプス・デイ」は一九二八年にマドリードでホセマリア・エスクリバー神父によって創設され、四七年にローマ教皇から認可された。いわゆる既存の修道会とは異なり、在俗のまま自分の仕事に専念しつつ布教することになっていた。[9]やがて実業界をふくむ経済関係、行政機関、文化団体、官僚、知識人、大学などから有能な人材がこぞって入会したために、「オプス・デイ」の影響力が次第にフランコ体制の中枢を占めるようになる。ちなみに、大学だけに限っても、五〇年には、大学教授の四分の一が会員であったという。[10]六二年七月の第七次内閣には、ロペス・プラボ工業相、ローラ・タマヨ文相が加わり、「オプス・デイ」の閣僚は全部で五人になる。

六九年七月、戦後最大の経済スキャンダル、マテサ事件が発覚する。これは国有銀行および政府機関を通じて産業界へ不正融資が行われた事件であり、[11]政財界の醜悪な癒着を暴露したばかりか、権力抗争を世間の目にさらすことになった。[12]この事件は結局うやむやとなったが、同年十月フランコは内閣の大改造を行い、第九次内閣はカレロ・ブランコの率いるテクノクラート単独内閣となる。[13]世間ではこれを称して「モノコロール（単色）政権」[14]という。確かに記述したように、「オプス・デイ」は六〇年代の「スペインの奇跡」と言われる経済発展に寄与したが、[15]それがフランコ体制の矛盾から国民の目をそらし、体制の延命に寄与した側面は否めない。[16]こう

7．J. ソペーニャ『スペイン――フランコの四〇年』講談社現代新書、1977 年、p.155.

8．川成洋・奥島孝康編『スペインの政治』早稲田大学出版部、1998 年、p.57.

9．「オプス・デイ」は、会員個々の意向はともかく、フランコの末期体制においてエリート集団を形成するようになった。にもかかわらず、「オプス・デイ」の実態がいまだ詳らかにされていない。とりあえず、3 名のスペイン現代史研究の泰斗、ソペーニャ教授、色摩力男教授、楠貞義教授は以下のように述べている。
「オプス・デイのメンバーがとる政治行動は、直接的にはオプス・デイと無関係になっている。オプス・デイは個々人に方針を与えるが、けっして組織として政治のおもてには出てこない。表面からはなかなかその正体をつかめない」「謎の宗教団体」（前出『スペイン――フランコの四〇年』1977 年、p.150.）、あるいは「組織は公開されず会員名簿も明らかにされていないので、民衆からは一種の秘密結社として猜疑の眼で見られていた」（色摩力男『フランコ――スペイン現代史の迷路』中公叢書、2000 年、p.274.）、あるいは「世俗的で権力志向の強い宗教（カトリック）団体で、〔次頁〕

した経済発展の真っ只中であっても、フランコの厳格な抑圧機構はいささかも緩和することがなかった。

カトリック独裁者の執拗な弾圧とその末路

一九六二年一一月七日、スペイン共産党幹部フリヤン・グリマウ・ガルシアがマドリードで逮捕され、途轍もなく残虐な拷問を受け、公安当局はその痕跡を隠すために国家警察本部の三階から彼を投げ落としたのだった。顔も体もすっかり変わって見分けのつかなくなったグリマウを翌年四月一八日の軍法会議にかけ、「内戦期の様々な犯罪」を含む「軍事叛乱」の廉で死刑の判決を下した。この裁判に関してすでに四月一一日、ローマ教皇ヨハネ二三世は裁判の不当性を訴える回勅を全世界の司教たちに送付し、世界中の反フランコ陣営を大いに勇気づけた。世界中のカトリックの高位聖職者、またフルシチョフ、ウィリー・ブラント、ハロルド・ウィルソン、エリザベス女王といった世界的に著名な人々からの矢継早に送付された嘆願書も、フランコは無視した。判決の二日後の四月二〇日、グリマウは銃殺隊によって処刑された。この種の悲惨な事件は決して珍しいことではなく、むしろ日常茶飯事と言えよう。ちなみに、グリマウの判決は、この年の一月から四月までの、百件余りの軍法会議の一例に過ぎない。

グリマウの処刑の四か月後、二人のアナキストがマドリードの国家警察本部に爆弾を仕掛けたという嫌疑で逮捕された。即決軍法会議は二人に死

〔承前〕各メンバーは自分の職業や職場を通じて伝導活動を行う主としてテクノクラートなど社会的地位の高い人びとからなる集団」（楠貞義『スペインの現代経済』勁草書房、1994年、p.42.）などである。

10. 前出『スペイン——フランコの四〇年』1977年、p.149.
11. 同上、p.173.
12. 前出『スペイン史』2、2008年、p.198. 永田智成『フランコ体制からの民主化——スアレスの政治手法』木鐸社、2016年、p.75.
13. 碇順治『スペイン静かなる革命——フランコから民主へ』彩流社、1990年、p.301. 前出『スペインの歴史』2014年、p.346.
14. 前出『フランコ』2000年、p.303.
15. 戸門一衛・原輝史編『スペインの経済——新しい欧州先進国の課題』早稲田大学出版部、1998年、p.31. 前出『スペイン史』2、2008年、p.380.
16. 立石博高・若松隆編『概説スペイン史』有斐閣選書、1987年、p.214.

刑判決を下し、即刻、処刑した。二〇世紀でも最も野蛮でスペイン以外存在しない処刑方法と言われている、首の周りにかけた鉄製の輪が次第に首を絞めていき、最後に窒息死させてしまう「ガロテ（鉄環絞首刑）」だったのである。この事件は、即決即断で処理したために、グリマウほどではなかったものの、フランコ・スペインに対する国際的な反発をかなり引き起こしたのだった。

内戦期からフランコが決して妥協しなかったモットーは「スペインは一つ」であった。地方主義運動など、断じて容認しなかった。フランコはこうした運動を武力で鎮圧した。一九五九年七月、バスク解放のための武力闘争を実践する秘密組織「祖国バスクと自由（ＥＴＡ）」が発足する。その二年後の六一年七月、ＥＴＡが列車爆発テロ未遂事件を起こし、その存在が公になる。フランコ側の弾圧の報復として、六八年六月、はじめての暗殺テロを実行する。犠牲者は「フランコ親衛隊」として一般国民から憎まれている治安警備隊員であった。

一九七〇年一二月三日、そのテロ犯人容疑者として一六人の活動家が逮捕され、ブルゴスで裁判に付された。ＥＴＡはサン・セバスティアン駐在西ドイツ領事を誘拐し、裁判に圧力をかけたが、裁判開始の二日前に彼を解放した。二八日の判決は、六人に死刑の判決を下した。またもやヨーロッパで反フランコ・キャンペーンが湧き起こり、スペイン国境のフランス側ピレネー山麓に連日デモ隊が押し寄せたのだった。その中にフランスの哲

図 12
共産党員フリヤン・グリマウ処刑に抗議するデモ（パリ）

図 13
海軍提督礼装のカレロ・ブランコの首相宣誓

学者ジャン・ポール・サルトルも混ざっていた。一二月三〇日、フランコの恒例年末スピーチで、六人を死刑から無期懲役に減刑する旨を発表する。

一九七三年六月八日、「国家組織法」(六七年一月一〇日制定)によって、内戦期からの腹心中の腹心、一一歳年下の副首相カレロ・ブランコ提督に首相の座を譲る。ブランコは首相就任演説で、「ETAを完全に殲滅する」と決意を述べたのだった。同年一二月二〇日、日曜ミサに向かう途中、ブランコが乗っていたドッジ三七〇〇GTはETAが仕掛けた百数十キロの爆弾に飛ばされ、四階建てのイエズス会修道院の屋根を越え、その二階ベランダに落下したのだった。勿論、ブランコも運転手も即死した。実に一九五日間の首相であった。実は、ブランコは毎日、早朝ミサに与かるために、自宅から同じ道順で教会へ向かった。自分はこのように敬虔なカトリック教徒であるということを国民に誇示するためだった。それはETAにとって都合の良い道順であった。

フランコ体制の延命の切り札として登用したブランコ首相の爆死がスペインの政治的混迷をますます深めることになり、フランコ体制に止めを刺したことになる。フランコは再び首相の座に返り咲くことはなかった。フランコは急遽、ブランコの後継首相を選出しなければならなかった。彼は具体的に首相候補を挙げず、治安の改善に手腕を発揮できる人物を首相として求めると述べただけだった。首相の選出は「国家組織法」に定められている方式にのっとり、王国顧問会議が作成したリストから、フランコが

図14　カレロ・ブランコ(中央)

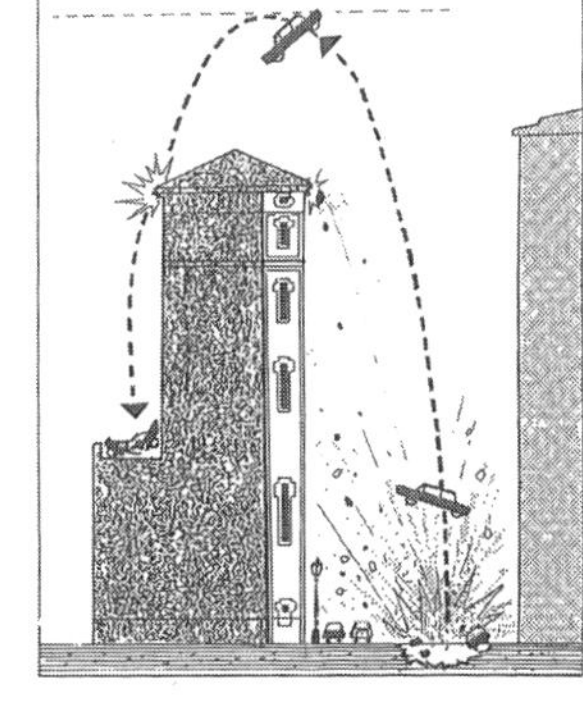
図15　吹き飛ばされたブランコの自動車の軌道

選ぶことになった。数名の首相候補のうち、おそらく消去法であっただろうが、同年一二月二八日、アリアス・ナバロを選んだ。ナバロは内務省治安局長を勤めた治安問題の専門家だった。翌年一月二日、ナバロ内閣が成立する。そのほぼ一年半後の一九七五年八月、フランコは「テロリスト取締法」を制定し、同年一一月二〇日、死去する。八三歳の生涯であった。

図 16　ブランコの爆死現場

図 17　フランコの死去の知らせを受けたアリアス・ナバロ（中央）

17 現代史

王政復古

一九七五年一一月二〇日、フランシスコ・フランコ将軍が静脈瘤（りゅう）の悪化のために死去した。ここに三六年間にわたる「スペインを中世の世界に戻した」独裁制に終止符が打たれた。フランコの葬儀の前日の一一月二二日、国会で三九歳のファン・カルロス王子が新国王としての即位宣言[1]を行った。一九三一年の祖父アルフォンソ一三世の退位と国外亡命以来、実に四四年ぶりのブルボン朝スペインの王政復古である。

それにしても、ファン・カルロス一世の即位宣言は、フランコ体制は堅牢なりと確信していたフランコ主義者たちにとってはまさに寝耳に水であったろう。フランコに二七年間も「フランコ式帝王学」をみっちり教育・監督されてきた新国王が、あろうことか、スペインの民主化、ヨーロッパ化を目指しているということは、新国王は守旧派が期待している「七月一八日の王」では全くないということを明言したことになる。翌日の二三日、フランコの遺体は、マドリードから北西六〇キロにある、内戦での叛乱軍側の戦没者を慰霊する「戦没者の谷（ヴァレ・デ・ロス・カイドス）」の聖堂に埋葬され、その棺の上に一トン半の墓石が置かれた。[2]

それから一か月後の一九七五年一二月、国王は今までの首相だったアリ

1．即位宣言ではこう述べられていた。

「国民の協調による真の合意があってこそスペインの未来がある。そのための目的と責務を全うするため先頭に立つのが国王である」

「立憲制度の調停者として且つ管理者として行動する。すべての調整役となり、この国に仕えることこそ国王の義務である」

「私はスペインの未来が明るいことを確信している。なぜなら新しい世代が非常に有能であることを知っているから」

（前出『スペイン王権史』2013 年、pp.374–375.）

2．前出『スペイン静かなる革命』1990 年、p.58.

アス・ナバロに組閣を命じた。第三次ナバロ内閣、つまり王制初代内閣は基本的には従来とほぼ同じ保守的な内閣であった。翌七六年の年明けにはすでに不穏な空気が漂っていた。一月五日のマドリードの地下鉄職員のスト突入、三月三日のバスク地方の工業都市ビトリアでの大規模なゼネストで、一万八千人のデモ参加者と警官隊が激突し五人の死者を出した。首相は非常事態の発令をアドルフォ・スアレス国民運動担当大臣に促すが、スアレスはフランコ時代と真逆の対応をしたのだった。つまり彼は首相の提案に反対し、最悪の事態を回避したのである。[3]

国王は、アメリカ建国二百年祭に臨席するために、一九七六年六月二日、フォード大統領を表敬訪問し、上下院合同セッションでフランコ体制と訣別し、民主的社会を建設しようとする熱い思いを流暢な英語で演説する。具体的には、個人の権利、スペインの政治的方向性、国民に開かれた君主制、法治国家の堅持、国民の意思に基づく政権交代、アメリカと相互主義に基づく安全保障の責任などであった。[4] 議員たちはスタンディング・オベーションで応えた。アメリカの有力紙はこぞって国王を「改革のエンジン」[5]と絶賛した。その後のキッシンジャー国務長官からの共産党を合法化せずにその勢力を排除した状態で民主化を進めてほしいという要請を受ける、しかし、スペイン側としては共産党を排除した「内戦の和解」はありえなかったために、すでに三月に、ルーマニアのチャウシェスク大統領の仲介でスペイン共産党と接触し、共産党合法化の代わりに君主政支持につ

3．碇順治『現代スペインの歴史——激動の世紀から飛躍の世紀へ』彩流社、2005 年、pp.108-107.

4．細田晴子『戦後スペインと国際安全保障——米西関係に見るミドルパワー外交の可能性と限界』千倉書房、2012 年、p.144.

5．Paul Preston, *Juan Carlos: Steering Spain from Dictatorship to Democracy*, HarperPress, 2012, pp.348-349.

図１　フアン・カルロス１世

いての内諾を得ていたのだった。

同年七月一日、アリアス・ナバロ内閣は総辞職する。国王諮問会議が推薦した三人の次期首相候補者から国王が選んだのは、最も知名度の低いアドルフォ・スアレスであった。この選択には、また同じ来た途だと国民が大いに失望したのだった。彼はフランコ体制末期の十数年間も国民運動事務総長であり、前内閣でも、国民運動担当大臣を務めていたからだった。七月七日、スアレス新首相は閣僚を発表する。四二歳の新首相、それに経験不足の若手政治家たちで成り立つ内閣であった。ジャーナリズムも「フランコ後の初代フランコ内閣」と命名するほど、親フランコ派の内閣と批判したために、フランコ主義者たちは安堵の胸を撫でおろし、激しい敵対行動を差し控えたのだった。

スアレス首相は、組閣後間髪を入れず、テロ行為以外の政治犯に対する一般恩赦を実施する。次いで政治改革法案であるが、この時点ではまだフランコ体制の法的枠組みは生きていて、デュ・プロセス・オブ・ローの建前上、フランコが定めた「基本七法」[6]の延長線上に、第八番目の基本法として政治改革法を成立させることにした。同年一一月の国会で政治改革法の承認は、賛成四二五票、反対五九票、棄権一三票で可決された。この政治改革法によって、直接選挙による二院制議会の設立と新憲法が制定された。次いで、一二月に政治改革法に関する国民投票が行われ、投票率七七％、賛成九四％、反対三％であった。ここまで到達するには、すでに、スアレ

6．フランコ体制下においては通常の憲法典は存在せず、制定に際して「基本法」の範疇に含まれるとする複数の法律が成文憲法を構成していた。すなわち、「労働憲章」(1938)「議会設置法」(1942)「国民憲章」(1945)「国民投票法」(1945)「国家元首の地位の継承に関する法律」(1947)「国家元首法」(1957)「国家組織法」(1967) である。
(山田信彦『スペイン法の歴史』彩流社、1992年、p.231.)

図2　スアレス首相（中央）とサンティアゴ・カリージョ共産党書記長（右）

スは非合法政治組織や「共和制」を党是としている反体制陣営と積極的に接触を重ね、社会労働党（PSOE）書記長フェリペ・ゴンサレスと密かに会談をした。また軍部や守旧派からの反発をかわすために、軍首脳部の二八人の将官を首相官邸モンクロア宮に招いて政治改革法案の承認を取り付けた。

翌一九七七年一月、政治改革法の公布。二月、スアレスと共産党書記長サンティアゴ・カリージョとの秘密会談。三月、総選挙法の公布。四月、フランコ体制の残滓である国民運動と官制の労働組合である俗称「垂直組合」（正式名「スペイン組合組織」）の解散。自由組合の公布、検閲制度の廃止、共産党の合法化、内戦期から海外に亡命していた「二七年の世代」の詩人、ラファエル・アルベルティの帰国。五月、同じくソ連に亡命していた共産党議長パシオナリア（ドロレス・イバルリ）の三八年ぶりの帰国などが続いた。

一九七七年六月一五日、第一回総選挙（憲法制定議会選挙）の実施。内戦前の一九三六年二月一六日の総選挙以来、実に四一年ぶりの総選挙であった。この選挙には実に一五七もの政党が名乗りを上げた。全党員が一台のタクシーに乗り込めるくらいの人数で政党を組織していたので、「タクシー政党」[7]と皮肉られた。国民の関心や期待が高かったために投票率は七九％であった。スアレスが党首の、総選挙のために一八の政党が俄かに大同連合した民主連合（UCD）が、下院定員三五〇議席のうち、一六五

7．若松隆『スペイン現代史』岩波新書、1992年、p.123.

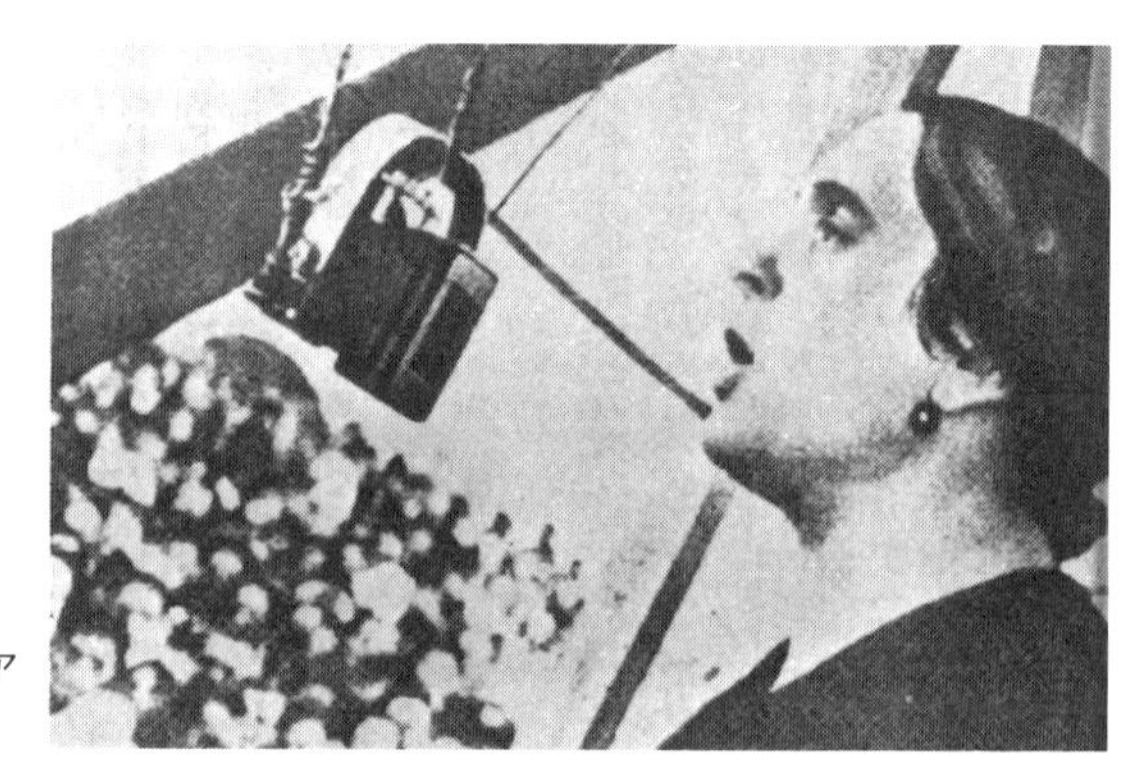

図3　パシオナリア（内戦期）

議席を獲得して与党の座を確保でき、ＰＳＯＥが一一八議席で野党第一党となった。総選挙後の臨時国会の議長に収まったのは、慣例に従って、最高齢の議員、八三歳のパシオナリアであった。

スアレス内閣は、二つの焦眉の課題に取り組まなければならなかった。経済の停滞のために、慢性的な財政赤字、インフレの昂進、失業者の増大などの深刻な社会問題を惹起させていた。一九七七年一〇月、政府と主要政党の代表者が首相官邸モンクロア宮に参集し、政治情勢の不安定化を招来させずに本格的な不況対策に関して粘り強い議論を経て、「モンクロア協定」に合意した。これで、二年間という条件付きであるが、与野党が共通の目標を掲げて連帯したのであった。次に、新憲法の制定である。憲法上の最大の争点は、「王制」か「共和制」か、どちらを選ぶかであった。「共和制」を党是として主張するＰＳＯＥと共産党は、今までの国王の民主化への積極的な言動を評価して、「王制」支持に落ち着いた。翌七八年一二月六日、新憲法に関する国民投票が実施された、投票率は六七％であったが、賛成八七・九％、反対七・八％で、実に四七年ぶりに新しい憲法が制定された。一二月二九日に発布した新憲法（一九七八年憲法）の公布により、フランコ体制の「基本七法」はすべて廃止された。

一九七九年三月、新憲法下で第二回総選挙が実施された。今回も、ＵＣＤが一六八議席、ＰＳＯＥが一二一議席、政権はスアレスが引き続き担当する。フランコ時代の政治の継承を訴える右翼勢力は共産党の得票数にも

図4　アドルフォ・スアレス首相
（© Fundación Universitaria San Pablo CEU depositado en el Museo Adolfo Suárez y la Transición）

及ばず完敗し、全くの泡沫政党に急落した。その一か月後の四月に実施された統一地方選挙において、大都市の首長選ではＰＳＯＥが勝利し、地方議会議員選挙ではＵＣＤが勝利した。それにしてもスアレス政権は、いわば国民病とも思える経済不況に対応する有効な手段を講じなかったために、ＰＳＯＥが提出した内閣不信任案を否決したものの、ＵＣＤはもともと選挙のために結集した勢力に過ぎず、決定的な場面で団結して闘うというよりは、内部抗争を繰り返すような政党であり、もはや党首のスアレスでも収拾できなくなっていた。

一九八一年一月二九日、民主体制の確立に全力で専念してきたスアレスが、突如、テレビで辞任声明を発表した。「我々がようやく獲得した民主主義体制をスペイン史の中のつかの間の挿話として終わられたくない。そのために私は首相を辞任するのである」[8]と彼は結んだ。翌日、ＵＣＤで、次期首相としてカルボ・ソテロ第二副首相を指名し、国会に上程した。下院議事堂で行われていた次期首相指名投票中にとんでもない事件が勃発した。

二三－Ｆ事件

一九八一年二月二〇日、スアレス首相の後継首相として、下院で、カルボ・ソテロの信任投票が行われた。賛成一六九票、反対一五三票、棄権一七票、信任されるには七票足りなかった。第二回投票は二三日一八時から行

8．前出 *Juan Carlos*, 2012, p.370.

図５　下院議場を占拠するテヘロ（© EFE）

われることになり、まさしくその投票の最中に三二〇人の治安警備隊員を乗せた三台のバスが国会に到着し、その先頭車から飛び降りたのが治安警備隊テヘロ中佐だった。テヘロは軽機関銃で武装した部下を率いて「国王の名のもとに！」と叫んで下院議事堂に乱入した。議事堂内の閣僚と議員を人質にした。テヘロは、「静かにせよ。全員、床に伏せろ、伏せるんだ！」と叫び、天井に向けて拳銃を撃った。[9] それに対して、唯一軍人である副首相のグティエレス・メジャド陸軍中将は毅然と立ち上がり、軽機関銃を構えていた治安警備隊員たちを睨み付け、この議事堂から退去せよと命令するが、三人の隊員が荒々しくメジャドを撥ねのけたのだった。テヘロは議長席で仁王立ちになり、スピーカーを握って何回も大声で「我々は、国王およびバレンシア師団長ミランス・デル・ボッシュ大将の命令に従っているのである」と告げた。実はこの辺は、我が国のテレビニュースに流れていた。テヘロが片手に拳銃を握って高々と天井に向け振り上げていた。この忌まわしき現場ニュースを見た私は、これはまさに、一八七四年一月三日のマヌエル・パビーア将軍が武装した部下を率いて議事堂に殴り込みを仕掛け、第一共和国の議会を解散させ、これによって第一共和国の崩壊、王政復古へと続いたあの軍事クーデターの再現ではないかと危惧したのだった。しかし、この日夕方から、日本では、広島と長崎訪問のために初来日したポーランド人初のローマ教皇ヨハネ・パウロ二世の「教皇ミサ」が、東京ドームの前身の後楽園球場で行われた。激しい霙（あられ）の真っ只中での

9．前出 *Juan Carlos*, 2012, p.469.

図6　グティエレス・メジャド（右）
（© Fundación Universitaria San Pablo CEU depositado en el Museo Adolfo Suárez y la Transición）

「野外ミサ」であった。それでも日本中のカトリック信者が巡礼団を組織して、例の後楽園の教皇ミサに与かったのである。私も幼児洗礼の身であり、故郷から来た両親や親戚たちと一緒にミサに与かった。従って、私は、テヘロの仁王立ち姿しか見ることができなかった。

話を武装勢力に不当にも武力制圧された下院議事堂内に戻すと、その後、フェリペ・ゴンサレス、サンティアゴ・カリージョ、アルフォンソ・ゲラ、メジャド、スアレスなど数人の最有力政治家たちはひどく寒い「時計の部屋」と呼ばれる部屋に押し込まれ、彼らはその部屋から翌朝になるまで出られなかった。[10] テヘロは議事堂から出て、ミランス将軍に電話を掛けた。「将軍、全く平静です。すべて順調です。全く平静です」。

一八時四五分、ミランス将軍がバレンシアで戒厳令を布告し、市内の放送局から一五分おきに自分の主張を放送させた。その高飛車な前口上は、決まって、「首都の状況および政治の中枢部の空白状態などをかんがみ、国王の指令を拝命するまで、本官の指揮のもとで秩序維持するのが義務であると思う」[11]であった。その後、公務員の武装化、二一時以降の夜間外出禁止、政治的活動の禁止などを立て続けに発令し、戦車部隊を市内の主要な拠点に出動させ、さらにまるで極右陣営の常套手段であるかのごとく労働組合や左翼政党、民主的な活動事務所や拠点などを急襲し、内部にいた職員を追い出し、書類や資料を木っ端微塵に粉砕したのだった。

このバレンシアの軍事叛乱を聞いて、かねてから治安警備隊と不倶戴天

10. Paul Preston, *The Triumph of Democracy in Spain*, Methuen, 1986, pp.195–196.
11. 同上，p.469.

図７　下院議事場に残るクーデターの弾痕
（by Bénjamín Núñez González, CC BY-SA 4.0）

の関係だった地方自治主義者、ETA活動家、左翼系政治家や活動家などがこぞって、バスク地方の国境の町イルンを越えてフランスに向かったという[12]。一九三四年一〇月の「アストゥリアス一〇月革命」の激震地のPSOEや労働総同盟（UGT）は合同して、このクーデターに対して糾弾声明を発表し、またこの地の炭鉱組合は緊急ゼネストを宣言した。

それにしても、ミランス将軍とは、どんな軍人であろうか。ミランスは、内戦緒戦期のトレドの攻防戦（一九三六年七月二一日〜九月二七日）にアルカサールに籠城したモスカルド大佐指揮の叛乱軍に将校として従軍した。また、第二次世界大戦期に中立を宣言したフランコ・スペインであったが、一九四一年六月の独ソ戦（バルバロッサ作戦）の発動に際して、翌七月にフランコが東部戦線に派遣した反共義勇軍「青い師団」の指揮官の一人であった。第二次世界大戦後、マドリード防衛を主任務とするブルネテ機甲師団師団長に任じられたが、スアレス首相の一連の民主化政策のために、バレンシアの第三師団師団長に左遷された。

ところで、一九七七年九月、ミランスは、バレンシアのハティバの町で、三人の元陸軍大臣、五人の極右の将軍や提督と密かに会った。この「ハティバの会合」のメインテーマは、フェルナンド・デ・サンティアゴ陸軍中将を首班とする将官だけの「救国内閣」を組閣し、現在進行中のスアレス内閣の民主化路線を停止させ、最終的には民主主義を葬ることであった。そのためには、まず現在の合法政権を転覆させることである。彼らは、国王

12. 前出 *The Triumph of Democracy in Spain*, 1986, p.196.

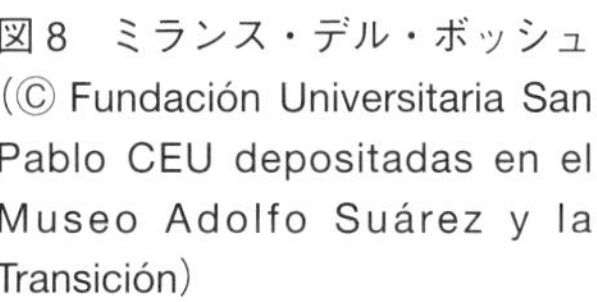

図8　ミランス・デル・ボッシュ
（© Fundación Universitaria San Pablo CEU depositadas en el Museo Adolfo Suárez y la Transición）

宛ての連判状を作成した。それはスアレス首相の退陣と二年間の国会休会を要求するものだったが、万一の場合、「国王に対する直接的な軍事行動」も辞さないといった文面も記されていたという。しかし、陸軍省のスポークスマンは非公式であるが、そのような連判状は国王に届いていないと発表した[13]。

テヘロ中佐とミランス将軍の背後に、もう一人の大物将軍がいた。アルフォンソ・アルマダ将軍である。彼はミランスと同様に「青い師団」の指揮官の一人として対ソ戦に参戦した。そして第二次大戦後、フアン・カルロス王子の軍事教官を拝命し、一九七五年一一月二二日のフアン・カルロス一世の即位式にカルロス夫妻のすぐ後ろに参列していた。一九七六年から翌七七年にかけて王室軍事侍従長を務めるが、やはりスアレス政権の民主化路線によってカタルーニャのレリダ県の軍政長官に左遷され、このテヘロのクーデター直前に陸軍副参謀総長に返り咲いた。こうしたキャリアのためだだろうか、彼は同僚に自分は「王の親友」だと公言していた。

このクーデターが勃発したとき、国王は三人の仲間と一緒にスカッシュをしていた。側近がラジオの臨時ニュースを聞いて直ちに国王に知らせた。国王は着替えもせず、トラックスーツのまま国王執務室に戻った。

国王は、まず陸軍の動きを把握するために、参謀総長室に電話をいれると、当の参謀総長が不在で、アルマダ将軍が電話口に出た。アルマダの話の内容から微塵も緊張感が伝わらない。しかも、間もなく議場内を調査し

13. 前出 *Juan Carlos*, 2012, p.404.

図９　即位宣言をする国王の後ろにいるアルマダ（前出『スペイン　静かなる　革　命』1990 年、p.66.）

図 10　軍服姿のミランスと国王（同上、p.260.）

た書類を提出するために王宮に参上することになっているというのだ。国王の直感であろうか、アルマダこそクーデターの黒幕に違いないと警戒する。咄嗟の判断を働かせたのは正しかった。国王は執務室がとても混乱しているので来ては困ると伝える。アルマダが王宮に来ることを許してしまえば、彼が国王の執務室から外部に電話をするだろうし、そうすれば、その電話の内容はすべて国王が承認したという印象を与えることになる。九時三〇分頃、国王はみずから全国の九管轄の師団長に電話して、このクーデターは断じて許さない。従ってクーデターに加わらないようにと伝え、国王に対する忠誠の確認を取り付けたのだった。九人の師団長の内、国王の要請に従わなかったのがたった一人いた。ミランス将軍だった。一〇時三〇分頃、国王の断固とした電話の話しぶりに、ミランスは他の師団長はすべて国王に忠実であると判断せざるを得なかった。

事態を一刻も早く鎮静化させるために国王の声明をテレビ放映しなければならないと焦る国王執務室の側近にとって、全く偶然にも、テレビ局を占拠した部隊の将校を電話口に出させることに成功したのだ。そこで、国王は電話の相手の若き大尉に、テレビクルーが王宮に来られるように手配せよと指令する。大尉からは二つ返事だった。国会の真向かいのホテル・パレスの管理室に臨時の治安警備隊司令部を設置し、総司令官ホセ・アランブール・トペテ将軍が陣頭指揮を執っていた。アルマダは一二時近くになってこの臨時司令部に立ち寄る。アランブールは副官を帯同してテヘロ

図11　ミランス（左）とフアン・カルロス１世
（Ⓒ Fundación Universitaria San Pablo CEU depositado en el Museo Adolfo Suárez y la Transición）

に降伏を命ずる。総司令官の命令に対してテヘロは「アルマダ将軍であれば、話し合う用意がある」とにべもない返事を返した。総司令官は拳銃のカバーをはずそうとするが、テヘロの部下たちが軽機関銃をかまえて彼を囲んでしまった。

次いで、アルマダが国会の入り口に着き、大声で「アウマーダ公爵」と叫んだ。アウマーダ公爵は、一八四四年三月に創設された治安警備隊の創設者であり、「アウマーダ公爵」はクーデターの合言葉であったのだ。入り口のドアから入ったアルマダは、あくまでも国難的な状況を解決するための正規軍側の特使として振る舞おうと、事前に用意していた閣僚名簿を下院議場から出てきたテヘロに見せた。この閣僚名簿を人質状態にいる全下院議員に明示し、自分を首班とする軍民連合内閣、国会の承認、今回のクーデターの合法化などを目論んでいたのだった。その名簿には、PSOEの政治家の名前も含まれていた。さすが、国王は「アルマダ将軍は軍服をまとったマキャベリだ[14]」と言っただけの食わせ者であった。議事堂のドア付近でテヘロはその閣僚名簿を一瞥するや否や、アルマダを絶対に議事堂に入れないと言い張った。今まで、議場でテヘロは「やがてやんごとなき方がここにお見えになる」と言ってきたのは、実はアルマダのことだったのだ。

午後一一時三五分、二組のテレビクルーが王宮に到着した。日付が変わり、二四日の午前一時一五分、三軍の総司令官の軍装をまとった国王は、

14. ホセ・ルイス・デ・ビラジョンガ『国王――スペイン国王ドン・フアン・カルロスI世との対話』荻内勝之訳、オプトコミュニケーションズ、1994年、p.202.
15. 同上、p.232.

図12　テレビで声明を読む国王

テレビカメラを前にして、毅然とした口調で声明を発表した。この決定的な声明が放映されていた時、アルマダは国会からホテル・パレスへの路上を歩いているところだった。この放映が終わって、一時四五分頃、国王は再び、ミランスに電話して、直ちに市内に配置している全戦車を基地に戻すこと、テヘロにはクーデターを撤収し、降伏して国会から退去することを指令せよと命じた。ミランスはいろいろと弁明し、自己正当化を試みるが、国王は一切容認せずに、すっぱりと電話を切ってしまった。その後彼の六項目の覚え書きを確認させるために、それをテレックスで送った。

国王の声明は、午前一時二三分に全国にテレビ放映された。これでスペインの四千万人の国民は、クーデターが失敗に終わった、と安堵の胸を撫で下ろした。午前四時、ミランスは全戦車に基地への撤退命令を下達した。テヘロは降伏するにあたって条件を出す。まず人質を解放した後に、治安警備隊は国会から整然と退去し、武装解除は兵舎で受けること、今回の責任はすべて自分に帰するべきで、部下を処罰しないこと、降伏文書の署名者の筆頭にアルマダを入れることなどであった。国会議事堂近くの路上に止めてあった大型の軍用ランドローバーのボンネットの上に広げられた降伏文書に、屈辱に打ち震えながらアルマダがサインした。これが「ボンネット協定」[15]と呼ばれるようになった。

二月二三日一八時過ぎから二四日の午前九時までの一五時間。実に短命に終わったクーデターであった。両陣営ともに、一滴の血を流さなかった

図13　国会議事堂の窓から退去する治安警備隊員
（前出『スペイン静かなる革命』1990年、p.261.）

ことは、不幸中の幸いであった。[16]

二月二四日正午頃、下院議員たちは議事堂から解放された。その日の夕方、国王は、「時計の部屋」に監禁された有力議員たちをねぎらうために、王宮に招いた。翌二五日、首相指名投票が行われ、前回の棄権一七票が賛成に回り、賛成は一八六票、反対は一五八票で、ようやくカルボ・ソテロが首相として承認された。

二月二七日、スペイン各地で、トータルで三百万人のスペイン人が「民主主義の擁護」を叫んでデモ行進した。マドリードだけに限れば、夕方、大雨にかかわらず、一五〇万人が集結し、共産党書記長サンティアゴ・カリージョと保守派の重鎮フラガ・イリバルネが腕を組んで先頭を歩き、さらに大多数の左翼系の政治家たちも、「国王万歳！」と叫びながらデモ行進した。後にフラガは、誰も握りこぶし（スペイン内戦期、共和国陣営の挨拶であった）を振り上げるべきではないと思ったが、「国王万歳！」と叫びながら振り上げるのであれば、それもよかろう、[17]と述べた。

それにしても、スペインの朝野を震撼させたこのクーデターが「ドタバタ喜劇風の陰謀」で終わったために、フランコ亡き直後から始まった「民主化路線」、つまりスペインで言うところの「トゥランシシオン・エスパニョーラ」に対するフランコ主義者の武力による妨害行為は噴飯ものにすぎなかった。これで、スペインがひとまず軍部による忌まわしき政治干渉といった一九世紀から連綿と続いた悪しき伝統を断ち切り、民主主義に基

16. クーデターの犯人たちの判決は以下の通り。
軍事裁判で裁かれたクーデター関係者は 33 名（民間人 1 名を除くと 32 名）で、そのうち実刑となったのは 22 名。
最高刑の 30 年（1978 年憲法では死刑は廃止された）がミランス将軍、アルマダ将軍、テヘロ中佐の 3 名。それ以外の首謀者では 12 年刑が 2 名、全体の平均刑期はわずか 9 年であった。ミランスは 1990 年に高齢のために釈放された。アルマダも 91 年に病気のために釈放された。テヘロは 96 年に釈放され、その後総選挙に出馬して落選するという茶番を演じた。（前出『スペイン王権史』2013 年、p.398.）
17. 前出 *Juan Carlos*, 2012, p.486.

づく立憲君主制をより確かなものにしたのである。また個人主義というべきか、求心力の弱いスペイン人が、ようやく国王が国家統合の象徴になったと言えよう。

社会労働党（PSOE）政権から、その後の多党制政権

「二三―F」クーデターの二日後の一九八一年二月二五日、カルボ・ソテロが国会で首相に指名され、二七日にカルボ・ソテロ内閣が発足する。同年一二月二日、挙党一致体制を構築するために、第二次カルボ・ソテロ内閣が樹立されるが、テロ対策と経済不振の克服に関してしかるべき成果を上げられず、八二年五月、NATOに加盟する。これに反対するPSOEは国民投票によるNATO加盟の問い直しを公約にする。こうした政局の混迷を打開するために、国会が解散される。

一九八二年一〇月、第三回総選挙の実施。PSOEは、この選挙を見据えて、頑迷固陋な左翼路線から一挙に中道穏健路線に切り替え、「ポール・カンビオ（改革のために）」を選挙スローガンに掲げ、選挙公約は、失業対策を最優先政策に挙げ、週労働時間の短縮、定年退職年齢の引き上げ、義務教育の上限年齢の引き上げ、四年間に八〇万人の雇用創出、EC加盟の早期実現、それにNATO「加盟」の是非を問う国民投票の実施、などであった。

PSOEは二〇二議席を獲得した。圧倒的勝利であり、ヨーロッパで最

図14　ゴンサレス（左）とカルボ・ソテロ

年少の弱冠四〇歳のゴンサレス単独政権が発足した。これは、スペイン第二共和国時代の、一九三六年九月に誕生したラルゴ・カバリェロ内閣以来、実に四六年ぶりの社会労働党（PSOE）政権であった。これ以降、PSOEは、九六年までの一四年間の四回の総選挙に勝利し、安定的な長期政権を維持することになる。ゴンサレス政権の最大の課題は、NATO「加盟」問題だった。EU加盟とNATO加盟は表裏一体であった。臨時党大会で、党内左派やその傘下の労働組合、そして党青年部の反対にあったものの、EU加盟のためにNATO「残留」も止むなし、と決定した。八六年一月にECの正式加盟を果たし、三月になりようやく実施したNATO「残留」の国民投票で、約五三％の賛成を得て、残留を決定的にした。これによって、スペイン軍がNATO軍の一軍としての役割を果たさなければならなくなるが、軍隊に対する文民統制がより確実になり、軍事力を背景とする政治介入は一切なくなることになる。

ゴンサレス政権の内政問題のうち、経済不況はスペイン社会の宿痾というべきものであり、ようやく一九八〇年代後半から経済が好調に転じ、政府は緊縮基調政策のために労働者の賃上げの抑制に固執し、労働組合の不満は高まった。しかも、インフレと失業のしわ寄せを労働者に押し付けることになった。スペイン最大の労働組合であるUGTは一八八八年の創設以来、PSOEの最大支持母体であったが、一九八八年一二月、共産党傘下の労働組合である労働者委員会（CCOO）と共闘して、五百万人が参

図15　ゲラ（左）とゴンサレス（中央）とカリージョ（右）

加した全国的ストに突入した。UGTが、PSOE政権の政策に異議を唱えたのは、内戦勃発時の両者の乖離・対立以来、実に五二年ぶりであった。さらに、九一年五月、同じくUGTとCCOOとが統一地方選挙前に、二四時間ストに突入する。

一九九〇年代になって、ゴンサレス政権をめぐって、さまざまなスキャンダルが噴出する。まず副首相アルフォンソ・ゲラの兄が権力を悪用して不正な金を横領した事件、現政権が不正に資金を調達した「フィレサ事件」、国防省所轄の諜報機関による国王を含む各界有力者の電話盗聴事件、八三年から八七年にかけてバスクの非合法テロ組織であるETAのメンバーの誘拐、拷問、殺害などに関与した元治安警備隊員や元警察官の右翼秘密組織「反テロリスト解放グループ（GAL）」を政府が財政支援していたとされ、その首謀者としてホセ・バリオンウエポ元内相が起訴された事件。こうした大疑獄事件が次々と明るみになるにつれて、一八七九年の創設以来の「清廉な百年」を謳い文句にしてきたPSOEの面目は丸つぶれであったろう。

一九九三年六月の総選挙において、恥辱にまみれ起死回生の妙手を持たないままPSOEは選挙戦に臨み、それでも大方の予想に反して一五九議席を獲得し、第一党を確保した。第二党は、三七歳のホセ・マリア・アスナールを党首とする保守系の国民党（PP）で、一四一議席を獲得した。ゴンサレスは、地方主義政党であるカタルーニャ同盟（C・i・U）の閣外協

図16　アルフォンソ・ゲラ
（Ⓒスペイン政府）

力を取り付けて政権を維持できたが、九五年末、PSOE党内の左右の対立、党と労働組合との確執を繰り返すことに愛想をつかしたためか、CiUが閣外協力から離脱し、九六年の政府提出の国家予算案を否決した。これで一気に繰り上げて国会解散、総選挙となった。九六年三月の総選挙で、国民党が一五六議席、PSOEが一四一議席獲得した。五月、アスナールは、CiUの閣外協力を取り付け、国民党内閣を組織する。アスナール政権は、欧州通貨統合への参加を最優先にし、財政健全化政策を実施した。

二〇〇〇年三月の総選挙は、国民党は一八三議席、PSOEは一二五議席という結果だった。いよいよ国民党単独政権誕生であった。第二次アスナール政権は、経済の自由化、税制改革、労働市場改革、ETAに対する強硬政策などを継続し、さらに「経済、技術の発展」のために、財務、科学技術の二閣僚のポストを新設する。〇三年二月、アスナール政府はアメリカのイラク攻撃の支持を発表する、五月、約千五百人のスペイン部隊をイラクに派遣する。四月、フセイン政権崩壊を「歴史的瞬間」と歓迎する。ところが、翌年三月一一日、マドリードのアトーチャ駅、郊外の二つの駅で、計一〇個の爆弾がほぼ同時に爆発した。一九一人が死亡、千八百人余りが負傷した。スペイン史上最大のテロであり、政府はETAの犯行をほのめかすが、アルカイダ系の国際テロ組織が犯行声明を出した。これは「一一-M」事件と呼ばれ、その三日後の三月一四日に総選挙が行われた。国民党は、首相が引責引退を表明していたので、ラホイ第一副首相を立て

図17 「11-M」事件で爆破された列車（by Rámon Peco, CC BY-SA 2.0）

て選挙戦を戦う。イラク派兵に反対を宣言していたPSOEは一六四議席を獲得し、八年ぶりに政権の座に就いた。四月一八日、PSOEのホセ・ルイス・ロドリゲス・サパテロ書記長が首相となる。五月二一日、サパテロ政府はイラク残留部隊の撤退を完了し、アメリカとの関係は冷却化する。

二〇〇八年三月の総選挙で、PSOEは一六九議席、国民党が一五三議席を獲得した。サパテロが首相に再任され、四月に新内閣が発足する。二期で引退すると公約していたサパテロ首相は次期総選挙には不出馬を表明する。一一年一一月の総選挙において、ラホイ党首の率いる国民党が一八六議席の単独過半数を獲得し、ルバルカバ書記長の率いるPSOEは一一〇議席にとどまった。翌二〇一二年二月、政府は解雇手当の削減など労働法の改正案を承認したために、翌三月、主要労働組合はスペイン全土で抗議のゼネストとデモを実施し、約八〇万人がデモに参加した。一一月、ラホイ政権に対する抗議デモに百万人以上が参加する。デキンドス経済・競争力相が、スペイン経済はヨーロッパ全体の景気回復基調を背景に改善しつつあると発表した。

新国王の即位

二〇一四年六月一九日、国王ファン・カルロス一世が退位する。老年のためというのが、表向きの理由だが、一二年にボツワナで象狩りに出かけ、大怪我をして、重要な式典に臨席できなかった。世界野生動物愛護協会総

図18　フェリペ6世（右）（Ⓒスペイン政府）

図19　ラホイ（右）とサンチェス（左）の握手（Ⓒスペイン政府）

裁としては、なんとも弁解できないであろう。国民から顰蹙を買ったのも当然である。王位を継承したのは、フェリペ皇太子で、フェリペ六世として即位した。翌二〇日、ファン・カルロスはテレビで、七六歳という高齢のために退位する、と述べた。

二〇一五年一二月の総選挙において、国民党が一二三議席を獲得し第一党となるが、過半数には遠く及ばず、組閣を断念する。翌二〇一六年になり九〇議席を獲得した第二党のＰＳＯＥが他党との連立を模索するが、交渉が行き詰まり、国王フェリペ六世の調停も決裂し、国王は国会を解散し、六月二六日に総選挙することを命ずる。

二〇一六年六月二六日の総選挙で、国民党は第一党になるが、一三七議席にとどまり、ＰＳＯＥが八五議席、新興の二政党である、ポデモス（中道左派）が七一議席、シウダダノス（中道右派）が三二議席、それぞれ獲得する。国王は、七月二八日、ラホイ党首に国民党で組閣するよう指示する。しかし、それには長年の確執を抱えるＰＳＯＥは交渉を拒否する。そこで、九月二日、下院でラホイを首班とする政権樹立の是非を問う投票を行い、反対多数で否決する。いよいよ、三回目の解散と総選挙になるか、と誰でも思った。一〇月二三日、ＰＳＯＥは全国党会議を開催し、ラホイの首相就任に関する下院の信任投票を棄権し、ラホイの首相継続を容認することにした。同月二九日、下院はラホイの正式就任をめぐる信任投票を行い、賛成多数で可決した。一一月四日、第二次ラホイ内閣が発足した。

図 20　サンチェス内閣の閣僚の記念写真（©スペイン政府）

二〇一八年六月一日、ラホイ政権の不信任案が下院賛成多数で可決された。不信任の理由は、国民党の大規模汚職だった。五月二五日、PSOEが不信任案を提出したのだが、その前日の二四日に裁判所は一九九九～二〇〇五年の公共事業の発注をめぐる汚職事件で、収賄罪として国民党の幹部二九人に有罪判決を下した。さらに判決は、国民党にも不正に利益を得たという廉で、罰金二五万ユーロを言い渡した。「一九七八年憲法」制定以来、内閣不信任案が可決されたのははじめてであった。また憲法の規定によると、不信任案に代わりとなる首相候補を記入することになっている。それで、不信任案を提出したPSOEの書記長ペドロ・サンチェスが議会の信任を得たと見なされるのだが、採決に先立って、ラホイが「サンチェス氏を祝福する最初の人物となりたい」と演説し、潔く敗北を認め、演壇を降り、サンチェスと握手をした。議事堂の全議員は起立して、両者のさわやかな交代に拍手を送ったのだった。

たまたまこの時、私はアンダルシア・セビーリャに滞在していた。テレビで、白い顎鬚のラホイとまだ四六歳の「エル・グアポ（男前）」と呼ばれている一九〇センチのスポーツマン・タイプのサンチェスがニコニコとして握手しているのを見て、仲の良い親子のようであり、これがスペイン式の政権交代なのか、と妙に感心させられた。

サンチェスは、国会議員ではないので、現憲法下で非議員の首相は初めてである。実は、二〇一六年六月の総選挙で書記長として戦い、党が敗北し

18. フランコの遺体はそれほど安寧ではなくなったようだ。2019年6月、サンチェスPSOE政府は、「7月18日（フランコが軍事蜂起した日）にフランコの墓を移転する」と公約した。カルメン副首相も「独裁者は民主主義の墓に眠ることはできない」と言明し、フランコの遺族に「15日の猶予を与えるから、墓の移転先を考えるように」と通告した。8月24日、フランコの墓の移転をする法令を閣議決定した。この移転はサンチェス政権による「負の歴史」の清算として取り組み、下院が9月13日に法令を賛成多数で可決した。

対してフランコの遺族側は、「墓を掘り起こして遺骨を他に移すなんてもってのほか、人間の魂を侮辱するのも甚だしい。裁判に訴えても中止させる。そもそもフランコの遺体が「戦没者の谷」に埋葬されたのは、フランコの遺言でも我々の意志でもない。当時のアリアス・ナバロ政府が決めたことだ」と徹底阻止をする構えだ。カトリックの教会基本法では遺族の許可なしに棺を移転することはできない。〔次頁〕

たために書記長を辞任した。その後、一〇月二三日のラホイ首相の継続を承認する党決定に反発し、勢いよく国会議員もやめてしまった。だが、一七年に書記長選に勝利し、非議員であったが党を率いてきた。それにしても、サンチェス首相の政権運営は難航必至である。少数与党だからだ。ＰＳＯＥは八四議席、ポデモスの六七議席を加えても過半数に届かない、さればカタルーニャやバスクなどの地域政党を取り込まなければならないだろうなどと喧喧囂囂と論じられていたが、彼は六月六日に新内閣の閣僚を発表した。一七名の閣僚のうち女性が一一名、しかも彼女たちは財務相、経済相、国防相などの主要大臣を占めている。テレビで、サンチェスが一人ずつ紹介したが、さすがスペインの女性である。サンチェス首相の今後の政治力は、フランコの抜本的一掃も含めて、注目したい[18]。

フランコ以降のスペインの政治の潮流は、左翼勢力の右傾化、保守勢力の左傾化のために、基本的には中道路線であった。といっても、ＰＳＯＥであれ、国民党であれ、単独で政権を担うことがきわめて難しい状況になっていると言わねばならない。新興の政党であるポデモスやシウダダノスとどう連立を組むか、これが今後の課題となるであろう。

〔承前〕そこでカルメン副首相はバチカンのローマ教皇庁に問い合わせているが、バチカン側は「遺族との合意」が必要だと、この問題に一切関与しない姿勢だ。ところが、10 月 24 日、スペイン政府は埋葬されていたフランコの遺体を掘り起こし、家族が眠る墓地に改葬した。この移転には、フランコの孫や曾孫 22 人が立ち会った。彼の棺は遺族らが担いで施設外に運びだし、それをヘリコプターで約 30 キロ離れた、妻のカルメン・ポロの眠る墓地に埋葬した。これで、PSOE が長年提案してきた「記憶と国民和解」運動が一歩前進するであろう。2007 年に国会で「歴史記憶法案」を成立させたサパテロ PSOE 内閣は経済悪化で終焉し、ラホイ国民党政権下でその法案は埋もれてしまったのだった。ようやく「歴史記憶法案」が一歩前進することになった。

18 日西関係

ザビエル、鎖国政策、日西修好条約締結

日本とスペインの関係は、いうまでもなく、一五四九年のイエズス会士フランシスコ・ザビエル神父の来日[1]とキリスト教の伝来を嚆矢とするが、その後江戸幕府の一六二四年のスペイン船の来航禁止などにより中断することになり、実際の日西関係は一八六八年の明治維新政府による日西修好通商・航海条約の締結以降となる。実に二四四年ぶりであった。確かに、明治政府は西欧諸国と国交を結ぶが、当時のスペインはすでに三流国としてピレネーの南に逼塞していたので、脱亜入欧を国是とする日本はスペインを相手にしなかったようだ。まずはアメリカであり、次いでイギリス、フランス、ドイツであった。一九〇〇年、マドリードに日本公使館が開設される。翌年一月八日、初代特命全権公使赤羽四郎が着任する。ところで、国交締結するにあたって、相手国の言語の修得はいの一番の課題である。スペイン語の場合、安政四年（一八五七年）に開校された幕府の蕃所調所の後継にあたる一八七三年創設の東京外国語学校の教則第七条に「此学校ハ多ク英、仏、独逸、櫓、支那語ヲ置クト雖モ伊班亜、伊太利亜、蘭、其余ノ語等モ或ハ置クコトモアルヘシ」とあるようにスペイン語の教育は行われなかった。実際にスペイン語教育が始まったのは、一八九一年九月の

1．ザビエルが日本に向かう数か月前の 1549 年 1 月、ローマの同僚に日本に行く決意を次のような手紙にしたためている。
「（日本では）すべての人が異教徒で、イスラム教徒もユダヤ人もおりません。人びとが非常に知識を求め、神のことについても、その他、自然現象についても新しい知識を得ることを切に望んでいるそうです。私は内心深い喜びをもって、日本へ行くことを決意しました。このような「知識欲に燃える」日本人の間に、私たちイエズス会員が生きているうちに霊的な成果を挙げておけば、彼らは自分たち自身の力で持続してゆけるだろうと思います」（小平卓保『鹿児島に来たザビエル』春苑堂書店、1998 年、p.120.）

図 1　ザビエル
（神戸市立博物館蔵）

新学期であった。[2]

スペイン内戦期の日西関係

実際にスペイン政府、ないしそれに相当する機関が日本政府に対して具体的に何らかの働き掛けをしたのは、スペイン内戦（一九三六〜三九）が契機だった。一九三六年七月二八日と三〇日、叛乱軍陣営のブルゴス「国家防衛評議会」は議長のミゲール・カバネーリャス将軍の名で、日本政府に承認と援助を依頼する書簡を送った。これに対して日本政府は等閑視した。八月二六日、在日スペイン公使館がフランコ叛乱軍（当時の日本の新聞は「革命軍」と呼んでいた）支持を表明したが、日本政府はこれを事実上黙認することにした。[3] これに便乗するように、国内の数か所のスペイン領事館も叛乱軍支持を表明する。九月八日、日本外務省が「駐日西班牙公使館代表権喪失」を公式に通告した。翌年三月二九日、スペイン共和国政府は在日スペイン人の中から臨時スペイン公使を任命する。四月二八日、叛乱軍支持の前スペイン公使は公使館の明け渡しを拒否する。共和国支持の公使は臨時スペイン公使館を帝国ホテルに開設する。

日本政府のフランコ政権の承認

一九三七年一二月一日、日本政府は、共和国政府と国交を断絶し、フランコ政権を正式政府として承認する。この時点で、フランコ政権を承認し

2．浅香武和『新西班牙語事創め――スペイン語と出会った日本人』論創社、2018 年、pp.24–25.

3．斉藤孝編『スペイン内戦の研究』中央公論社、1979 年、p.261.

なお、このニュースは、8 月 29 日付けの『東京朝日新聞』に載っている。見出しを紹介しておこう。「駐日西班牙公使館が革命軍支持を発言する」「現政府との関係断絶」「本国にも通告」「森閑とした公使館でヴィゴ公使は語る」（川成洋編著『資料三〇年代日本の新聞報道――スペイン戦争の受容と反応』彩流社、1982 年、p.137）.

ていたのが、内戦緒戦段階から叛乱軍を軍事的に支援してきたドイツとイタリア、それにリスボンに叛乱軍の通商部と特務機関の設置を容認してきたポルトガルなどは言うまでもないが、フランコ政権の去就に直接的なかかわりと現実的な利害関係のなかったグアテマラ、アルバニア、ニカラグア、それにバチカンのみであった。つまり、日本は八番目に承認した国であったのだ。[4]

当時のイギリスの保守系穏健派の『タイムズ』紙が刮目すべき記事を連載した。それらは、一九三七年一月一二日から、同年二月三日まで、都合七回、東京特派員発の記事であり、ドイツとイタリアの満州国承認と日本のフランコ政権承認とが、ドイツとイタリアからの交換条件だと報じている。[5]『タイムズ』紙が表明した思惑のように、果たして「交換条件」だったかどうか、それを具体的に決定する資料は見当たらない。それにしても、日本にとって、泥沼化する日中戦争の活路を求めるためにも、外国政府、とりわけヨーロッパ列強から満洲国が承認されることによって、日本が国際的孤立状況から脱却する契機となったのである。

それにしても、日本政府のフランコ政権の正式承認には、もう一つ、重大なメリットがあった。すでに述べたように、スペイン内戦期に、日本陸軍将校が、共和国軍を実質的に軍事支援しているソ連軍の戦術や兵器類の情報収集と研究のために、叛乱軍側の「観戦武官」、さらに「作戦武官」として従軍していた。「観戦武官」の嚆矢(こうし)は、フランス大使館付陸軍武官西浦

4．川成洋『スペイン歴史の旅』人間社、2002年、p.374.

5．例えば、12月3日付けの「ドイツの満洲国承認」（東京特派員12月2日発）はこう述べている。

「ドイツはすでに原則的には満洲国を承認していたが、その正式承認の宣言が即座に期待されえない。イタリアの満洲国承認は、東京が期待していたよりも、早めになされたようである。日本外務省では、今日の午後、満洲国大使とスペイン代理公使は、各々の政府が双方とも承認し合うという覚え書きを交換した。フランコ軍の旗が、今日、日本の外務大臣、さらにはドイツとイタリア両国大使の見守る中で、スペインの新代理公使デ・カステイリョ氏によって、スペイン公使館に掲げられた。」（川成洋『スペイン未完の現代史』増補版、彩流社、1991年、pp.242–247.）

進中佐[6]であった。それが、日本政府がフランコ政権を正式政府として承認して以来、「観戦武官」から「作戦武官」への転身ができたのだった。一九三八年四月一五日、叛乱軍の地中海作戦の成功によって、共和国軍の南北に伸びている地域を分断できたのだった。その作戦を指導した守屋莞爾陸軍中佐は、作戦中に獲得したさまざまなソ連軍の軍事資料を持ち帰ってきた。それ以外に「守屋中佐ハ『フランコ』将軍ニ対シ我軍部ノ参考ニ資スヘキ蘇連製捕獲武器（特ニ戦車ヲ希望シ其ノ製造費十万円程ノモノノ由）ノ譲与ヲ願出テタル趣ナルカ代償支払ノ意向ハナシト言フ」（三八年五月一七日付広田外相宛高岡電文（部外絶対秘密））という高岡代理公使の極秘電文にあるように、当時の日本軍からすれば、刮目に値する軍事情報であったろう。

　この情報が日本陸軍に生かされたのは、一九三九年五月一一日に勃発した、ノモンハン事件であった。この事件直前の四月二五日、関東軍作戦参謀辻政信少佐の起案した「満ソ国境紛争処理要綱」は関東軍兵団長合同で示達された。

　この挑発的な要綱には、関東軍の第二三師団長小松原道太郎中将が開戦に踏み切った根拠が示されている。[7]

　当時、「一時的ニ「ソ」領ニ進入」するのを容認するのは、天皇大権を侵しかねないにもかかわらず、好戦的暴挙に突っ走った関東軍の司令官は東京の参謀本部に対して「鶏頭を殺るに牛刀を持って」と伝え、ノモンハン

6．西浦進中佐のスペイン・フランコ陣営への入国を、彼は次のように回想している。「私はいろいろと考えた結果、仏国ルアーブール港から葡国リスボン見物に行くと称して独逸ハンブルグ——南米間の独逸汽船に乗じてリスボンに到着、同地でフランコ側の特務機関を見つけ出して、そこのビザを得て、その夜リスボンを出発、とうとう葡西国境を突破してフランコ軍の仮首都「サラマンカ」に到着した。この特務機関のビザは実際は無効のものだったが、連絡不備に乗じて入国してしまったのである。（略）
　「サラマンカ」では、日本が革命側未承認のため何一つできず、殆んど監禁同様で電報の検閲もされ、ホテルの私室の家宅捜索を受けたり、二週間位は不愉快な日が続いた。「フランコ」の大本営に行って外相その他にかけ合うがなかなか要領を得ない。とうとう或る日、最後に「日本政府から初めて派遣された日本の将校に対する取扱いがかくの如きであることを日本政府に報告する」と捨てぜりふを残して席を立ったところ、外相があとを追いかけて外套を着せながら、くどくどと弁解したりした。」（前出『昭和戦争史の証言 日本陸軍終焉の真実』2013 年、p.94.）

事件が勃発する。「鶏頭」はソ連軍、「牛刀」は日本軍である。従って、ソ連軍は組み易く日本軍は簡単に勝てると確信していた参謀本部は、天皇にいちいち奏上する必要はあるまいと判断したのだった。ところが、日本軍が短期間で大勝利するといった目論見は全くの空理空論であり、現実は、水鉄砲と機関銃、日本軍は「水鉄砲」でソ連軍は「機関銃」ということになったのだ。八月二〇日、ソ連軍の反攻により敗北し、九月一五日、モスクワでモロトフ外相と東郷重徳駐ソ大使との間で停戦協定が成立した。

それにしても、どうして日本軍は、ソ連軍の戦力をこのように甘く見たのであろうか。スペイン内戦期の三六年一〇月二三日から開始された共和国軍への軍事支援としてのソ連の兵器類は、ドイツ軍の「電撃作戦」と全く対峙不可能な第一次世界大戦期の兵器類、さらには一八七〇年製造の固定式大砲、またロマノフ王朝の鷲を消して、その代わり鎌と槌の紋を彫り込んだものもあった。共和国軍がソ連から受けとった兵器類は中古品のオンパレードだった。しかも有料だった。カルタヘナからオデッサに運ばれた金は、金貨と延べ棒含めて、七八〇〇箱だった[8]。その金でウクライナ地方が大飢饉だったために穀物の輸入に宛ててしまった。

第二次世界大戦期のスペイン人スパイ団

一九四一年一月三〇日、特命全権公使須磨彌吉郎がマドリードに着任する。須磨は、山本五十六の懐刀で「情報の須磨」と言われた異色の外交官

7．この要綱は次の通り。

「国境線ノ明瞭ナル領域ニオイテハ、我ヨリ進ンデ彼ヲ侵ササルコトク厳ニ自戒スルトトモニ、彼ノ越境ヲ認メタルトキハ、周到ナル計画準備ノ下ニ十分ナル兵力ヲ用イコレヲコトコトク殲滅ス。右目的ヲ達成スルタメ一次的ニ「ソ」領ニ進入シ、又ハ「ソ」兵ヲ満領内ニ誘致滞留セシミオルコトヲ得。国境線明確ナラサル地域ニオイテハ、防衛司令官ニオイテ自主的ニ国境線ヲ認定シテ、コレヲ第一線部隊ニ明示シ、無用ノ紛争惹起ヲ防止スル。(以下略)」(鎌倉英也『ノモンハン　隠された「戦争」』NHK出版、2001年、pp.83-84.)

8．ソペニャ、小林一宏『スペイン内戦と列強――1936年』桂書房、1967年、pp.206-209.

であった。須磨の使命は、すでに熾烈な戦いを繰り広げている欧州における第二次大戦の情報を収集することであった。事実、アメリカの対日戦の鍵を握っているのはチャーチル首相であると判断した須磨は、チャーチルの動静に細心の注意を払い、四一年八月九〜一二日のチャーチル＝ルーズベルトの太西洋上会談の情報を集め、真相を掴み、東京に報告した。

須磨は、マドリードで、スニェール外相の仲介でようやく、スパイ組織「トウ」（当初は「盗」という字を当てたが、はるか東方の国のための組織なので、「東」という文字を当てた）と接触できる手筈が整い、実際にスペイン政府のお墨付きの「東」情報を買う段になって、この許可を得るために、太平洋戦争勃発のほぼ一か月後の、四二年一月九日、本国の東郷重徳外相に極秘電を打電する。それを受けて、「諜報網設置」と「費用の負担」は外務省当局から認められる。

スニェール外相が推薦し、須磨が雇ったアンヘル・アルカサール・デ・ベラスコとは、いかなる人物であろうか。

ベラスコは、一九〇九年一〇月、マドリード北東一六〇キロの、グアダラハラ県モンテハール村で生まれた。両親は教会の地下室で暮らしていて、村のバルで働いていた。ユダヤ系の家族だったと言われている。作家と闘牛士を夢見る少年時代は詳らかではないが、三二年にサラマンカ大学を卒業する。翌年、ファランヘ党の創設に参加し、党機関紙や『ラ・ナシオン』紙の編集に携わる。内戦勃発直前、ビルバオで不穏分子として逮捕される

図１　《須磨彌吉郎の肖像》を描いたバスケス・ディアスと須磨

図２　須磨彌吉郎（左から２番目）の着任

が、内戦勃発のどさくさに乗じて脱獄し、フランコ叛乱軍陣営に逃亡する。翌三七年四月、フランコがサラマンカで公布した「党統一令」に対して古参党員であるベラスコは激しく反対して逮捕され、軍事法廷に付され、懲役二年の判決を受けるが、刑期満了前に釈放される。その後、アプヴェーア（ドイツ国防軍情報部）のカナリス提督のアセット（外国人協力者）となる。彼のスパイ活動の噂がフランコの耳に達したのだろう。第二次大戦勃発直後、彼はロンドンのスペイン大使館付報道官として派遣される。彼本来の任務は二〇人くらいのスパイ団を組織し、滞在先で諜報活動を展開することになっていた。だが、彼の動きを内偵していたＭＩ６（海外秘密情報部）かＭＩ５（イギリス情報部）と何らかの取引をしたのだろう。後任をルイス・カルボ[9]に委ねて帰国した。

　一九四二年一月、ベラスコはスニェール外相の意を受けて十数人のスパイ機関を編成する。彼らはロンドンを経由して、アメリカ東海岸に分散して潜伏し、アメリカの軍事情報をメキシコ湾上のスペイン船に無電で送っていた。そこからマドリードの日本公使館に送られ、さらに、ローマないしベルリンへ送られ、アフガニスタンのカブールなどで中継されて東京の東郷外相に送られる。

　「東」が捉えた情報は、アメリカ軍のガダルカナル上陸作戦の日時、サンディエゴからガダルカナルへ侵攻する戦艦名、日に五百機もの戦闘機を量産する臨戦体制のフォード社、原子爆弾の実験の成功など、日本側の生殺

9．ルイス・カルボは、MI5のきびしい拷問に屈服してイギリス側の「二重スパイ」となった。

図3　ベラスコ

与奪の権を握る最重要な情報であった。

しかしながら、「東」機関のスパイ工作が多種多様な不可解な妨害に遭遇することになり、一九四三年四月三〇日、須磨は東郷外相に、「停止ヲ要望スル」という暗号電報を打つ。[10] そして六月七日、須磨は、ついに「東」の解散を告げる電報「諸般ノ事情ニヨリ「東」の活動ヲ暫時停止シ捲土重來ヲ期ス」を東郷外相に打電する。これで、須磨のスパイマスターとしての任務は終わったのである。

戦争が終わった一九四五年末、マドリードの須磨公使に東京からA級戦犯として指名されたという連絡が届く。中立国駐在の外交官としては、ただ一人であった。翌四六年春、入獄を覚悟で帰国するが、逮捕・拘留は免れ、在宅のまま取り調べを受ける。戦時期のアメリカの防諜機関（OSS）がきっちりと証拠をつかんでいて、須磨はスペインでの情報活動に疑念を持たれたのだったが、結局、不起訴処分となる。[11]

太平洋戦争期における日西関係

一九四一年一二月八日、日本海軍による真珠湾奇襲攻撃による日米戦争が勃発する。一八九八年の米西戦争の敗北とキューバの独立、フィリピンの敗北と売却などで、反米主義を標榜していたフランコは、日本軍の成果を「サムライ」と褒めそやしていた。翌年の新年の夕食会の席で、フランコ自ら須磨公使に「私にとって、日本の有効で特筆すべき戦略が英米に突

10. この電報の全文は下記の通り。
「アルカサル　ベラスコ」ニ依レバ何者カカ米国ニオケル「東」情報ノ活動ヲ妨害シツツアリ日系人トオホシキ風体ノ者カ常時ツキマトイ作業ニ支障ヲキタスコト少ナカラス件ノ者ハ帝国陸軍モシクワ海軍ノ意ヲ帯シテ活動性大ナリ実態解明ノ上可及的速ヤカニカカル行為を停止ヲ要望スル。

11. 須磨には外交官以外にもう一つの顔があった。美術愛好家として知られ、美術関係書も数冊も著し、また駐在先のスペインで絵画を収拾した。その数は相当なもので、、よく日本に持ち帰ったものだ、と驚かされる。
現在、501点に及ぶスペインの絵画は「須磨コレクション」として、長崎県美術館に収蔵され、須磨の特設展示場で逐次展示されている。実は、須磨が1940年から46年までマドリードに特命全権公使として駐在中に、彼自身が制作した台帳によると、スペインで購入した絵画は1760点にも及んでいたようだ。
ところが、第二次世界大戦が終わり、彼が戦犯として訴追されたために、〔次頁〕

然に戦争の恐怖をもたらしたのはすばらしい出来事でした。これで彼らも、日本精神の何たるかを少しは知るでしょう」[12]と述べたのだった。その後の太平洋戦争期において、四三年一月二七日、スペインは南北アメリカ大陸諸国における日本の利益代表となった。在米日系人の処遇に関する、スペイン駐在須磨彌吉郎公使宛ての重光外相の電報（四三年四月一八日付）が、アメリカ駐在スペイン大使からアメリカ政府に伝えられている（四三年四月二四日）ことからして、全般的に日西関係は良好であったといえよう。[13]

しかしながら、戦争末期のフィリピンで予期せぬ悲劇が起こった。四二年一月、マッカーサー司令官が「アイ・シャル・リターン」という有名なメッセージを残してオーストリアに逃れたが、四四年一〇月、アメリカ軍がレイテ島に上陸し、翌年二月三日、マニラに侵攻し、三月三日、マニラを解放する。この一か月の間での日米の攻防戦は一〇万人の民間犠牲者を出す凄惨な「マニラ大虐殺」といわれている。敗退する日本軍がマニラのスペイン領事館を襲い、ここを焼いた。この火事で中にかくまわれていた約五〇人のすべての人々が死んだ。[14]こうした日本軍の残虐行為に関する記事が、三月一四日付の『アリーバー！』紙に掲載され、三月二二日、フランコ政権は南北アメリカ大陸諸国における日本の利益代表たることを辞める決定をし、スペイン外務省は須磨公使に公文をもって抗議した。[15]四月一一日、日本政府の抗弁をことごとく一蹴し、日本との国交断絶を決定し、[16]翌一二日、公文をもって須磨公使に対して国交断絶を通告した。ジャーナリ

〔承前〕余儀なく帰国せざるを得なかった。勿論、彼が集めた絵画を持ち帰るなどといったことは微塵も考えられなかったに違いない。マドリードのスペイン公使館に秘蔵していたのだろう。だがしかし、フランコはスペインの絵画は「スペイン固有の財産である」と宣言して、須磨の膨大なコレクションを差し押さえたのだった。須磨が自由な身になって、スペイン政府に対して返還を要請したのだろう。それで、ようやく1760点のうち、501点が彼の手元に戻ったのである。

なお、須磨が、いわば遺書のつもりで書いたと言われる『須磨彌吉郎外交秘録』（須磨未千秋編、創元社、1988年）には、ベラスコの名前は出てこない。「情報の須磨」という異名をほしいままにした誇り高い須磨にとって、ベラスコのような人物をスパイとして雇わざるを得なかったのは、生涯の痛恨事であったからだろう。

12. 前出『フランコと大日本帝国』2012年、p.142.
13. 前出『スペイン歴史の旅』2002年、p.382.
14. 前出『フランコと大日本帝国』2012年、p.377.

ズムの反日キャンペーンも凄まじかった。「黄色い野蛮人」「文明的世界と正反対の人種」「スペイン的世界に対する黄色人種の逆上」「我々は彼らとは人間としてのどのような関係も持っていない」などの暴論が新聞各紙に掲載された。[17] 戦後処理を考えていたフランコは、敗北必至な枢軸国側と決定的に断絶しておかねばならなかった。日本に対して宣戦布告をする構えを内外に示そうとする。それはスペインが戦後のサンフランシスコ会議に参加できるだろうとの目論見からだった。[18] 日本に対する宣戦布告はサンフランシスコ会議への参加に反対していたソ連をなだめるためであった。[19] だが、この宣戦布告は沙汰止みとなった。

こうして、スペインと日本の九年間に及ぶ外交関係は終焉したのである。

15. 同上、p.385. ／16. 同上、p.393.
17. 同上、p.386. ／18. 同上、p.402.
19. この問題に関して、45 年 3 月 28 日、ワシントン発、レケリーカ外相宛の駐米アメリカ大使カルデンスの電報はこう述べている。

「日本に対する宣戦布告はスペインを国際連合の一国にすることになろうかと思います。それでも現在の状況では我々はもうサンフランシスコ会議に招待されないかもしれないし、まず招待されないでしょう。しかしこのような方策によって、今つくられようとしている国際的組織へ我々が参加することへのロシアの反対をおそらく阻止できるかもしれないと思うのです。というのは、日本に対する戦争でスペインが英米の盟友となるならば、我々は講和会議に座る権利を得ることになりましょうし、それ故に上述の組織に参加できるようになると思うのです」(同上、p.405.)

王朝系図（ハプスブルク家）

イサベル１世（カスティーリャ女王、1474～1504）＝フェルナンド２世（アラゴン王、1479～1516）（カスティーリャ［共治］王フェルナンド５世、1474～1504）

マヌエル１世（ポルトガル）＝イサベル
フアン（1497没）
マリア
カタリーナ（キャサリン）＝ヘンリー８世（イングランド）

フェリペ１世美男王（神聖ローマ皇帝マクシミリアン１世の息子）（カスティーリャ［共治］王フェリペ１世、1506）＝フアナ１世狂女王（カスティーリャ女王、1504～55）（アラゴン女王、1516～55）

イサベル（ポルトガル）＝カルロス１世（1516～56）（兼神聖ローマ皇帝カール５世、1519～56）
レオノーレ
カタリーナ
フェルナンド（神聖ローマ皇帝フェルディナント１世、1556～64）

マリア（ポルトガル）＝①フェリペ２世（1556～98）（兼ポルトガル王、フェリペ１世、1580～98）＝④アンナ（マクシミリアン２世の娘）
フアナ
マリア＝マクシミリアン２世（神聖ローマ皇帝）

ドン・カルロス（1568没）
フェリペ３世（1598～1621）（兼ポルトガル王、フェリペ２世）＝マルガリータ
アンナ

ルイ13世（フランス王）＝アンナ
イサベル・ド・ブルボン＝①フェリペ４世（1621～65）（兼ポルトガル王、フェリペ３世、1621～40）＝②マリア・アンナ・デ・アウストリア
マリア・アンナ＝フェルディナント３世（神聖ローマ皇帝）

ルイ14世（フランス王）＝マリア・テレサ
カルロス２世（1665～1700）（嗣子なし）
マルガリータ＝①レオポルト１世（神聖ローマ皇帝）＝③レオノーレ（ノイブルク）

ルイ
マックス・エマヌエル＝マリア・アントニア
カール大公（レオポルト１世の第２子）（カルロス３世としてスペイン王位継承を主張、1700～25）（神聖ローマ皇帝、1711～40）

フィリップ（アンジュー公）（スペイン王フェリペ５世、1700～24、復位1724～46）
ヨーゼフ・フェルディナント（1699没）

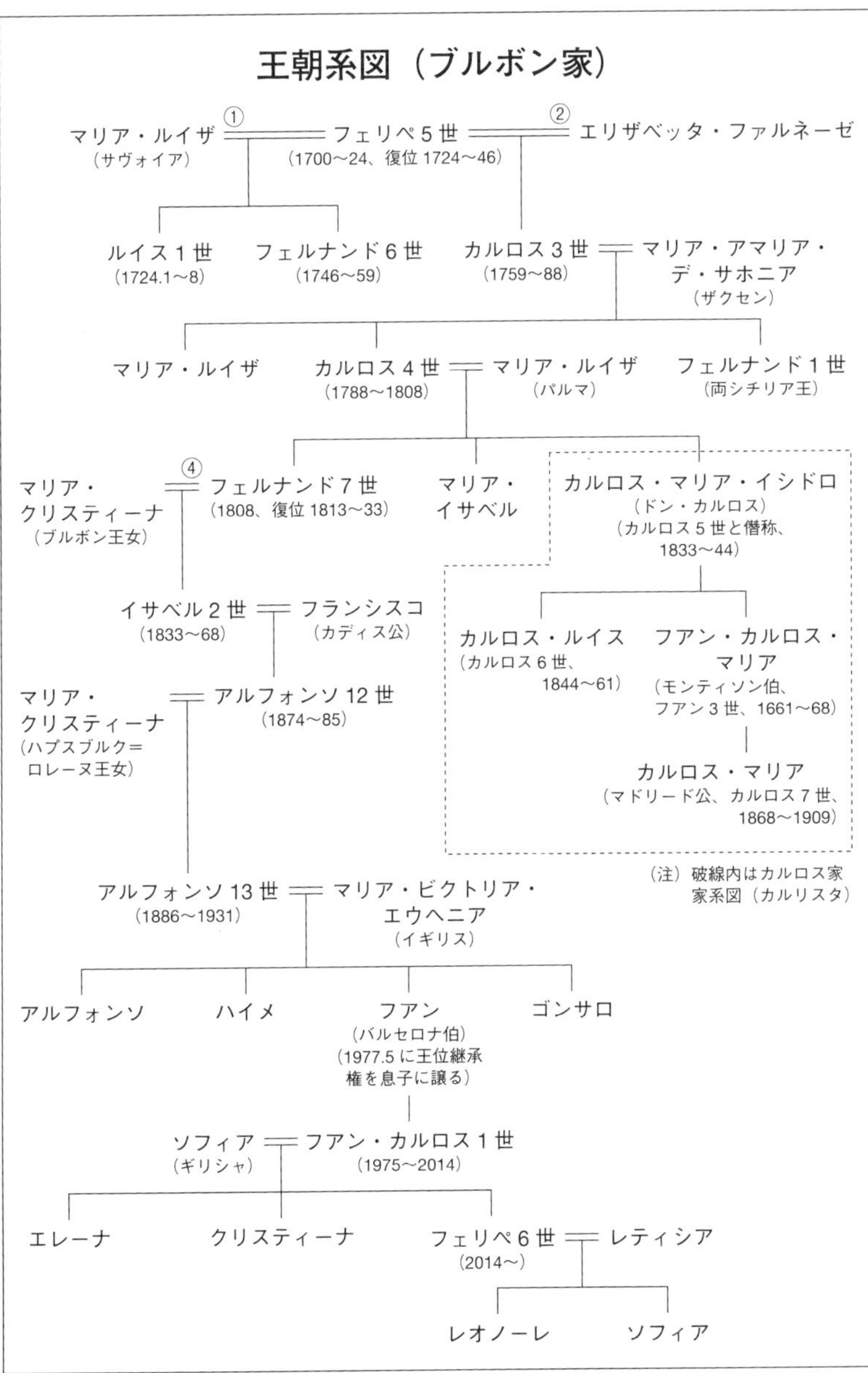
王朝系図（ブルボン家）
マリア・ルイザ（サヴォイア）
①
フェリペ5世（1700〜24、復位1724〜46）
②
エリザベッタ・ファルネーゼ
ルイス1世（1724.1〜8）
フェルナンド6世（1746〜59）
カルロス3世（1759〜88）
マリア・アマリア・デ・サホニア（ザクセン）
マリア・ルイザ
カルロス4世（1788〜1808）
マリア・ルイザ（パルマ）
フェルナンド1世（両シチリア王）
マリア・クリスティーナ（ブルボン王女）
④
フェルナンド7世（1808、復位1813〜33）
マリア・イサベル
カルロス・マリア・イシドロ（ドン・カルロス）（カルロス5世と僭称、1833〜44）
イサベル2世（1833〜68）
フランシスコ（カディス公）
カルロス・ルイス（カルロス6世、1844〜61）
フアン・カルロス・マリア（モンティソン伯、フアン3世、1661〜68）
マリア・クリスティーナ（ハプスブルク＝ロレーヌ王女）
アルフォンソ12世（1874〜85）
カルロス・マリア（マドリード公、カルロス7世、1868〜1909）
（注）破線内はカルロス家家系図（カルリスタ）
アルフォンソ13世（1886〜1931）
マリア・ビクトリア・エウヘニア（イギリス）
アルフォンソ
ハイメ
フアン（バルセロナ伯）（1977.5に王位継承権を息子に譲る）
ゴンサロ
ソフィア（ギリシャ）
フアン・カルロス1世（1975〜2014）
エレーナ
クリスティーナ
フェリペ6世（2014〜）
レティシア
レオノーレ
ソフィア

バスク地域
タブリア
フランス
バスク
パンプローナ
ビトリア
[ルシヨン地方
(〜18 世紀初めまでアラゴン領)]
ログローニョ
ナバラ
ピレネー山脈
ラ・リオハ
サラゴサ
カタルーニャ
アラゴン
バルセロナ
エブロ川
地中海
バレンシア
バレアレス諸島
バレンシア
フカル川
イビサ島
パルマ・デ・
マリョルカ
ムルシア
マリョルカ島
ムルシア
地方・自治州境
国境
主要都市
州都
首都
アストゥリアス 旧カスティーリャ王国
アラゴン 旧アラゴン王国
ナバラ 旧ナバラ王国
：バスク語地域

サンティアゴ・
デ・コンポステーラ
アストゥリアス
カン
オビエド
ガリシア
サンタンデール
カンタブリア山脈
大西洋
カスティーリャ・レオン
ドゥエロ川
バリャドリード
ポルトガル
マドリード
タホ川
マドリード
エストレマドゥーラ
リスボン
トレド
メリダ
カスティーリャ＝
ラ・マンチャ
シエラ・モレナ山脈
セビーリャ
グアディアナ川
グアダルキ
ビール川
シエラ・ネバダ山脈
アンダルシア
0　100km
ジブラルタル海峡

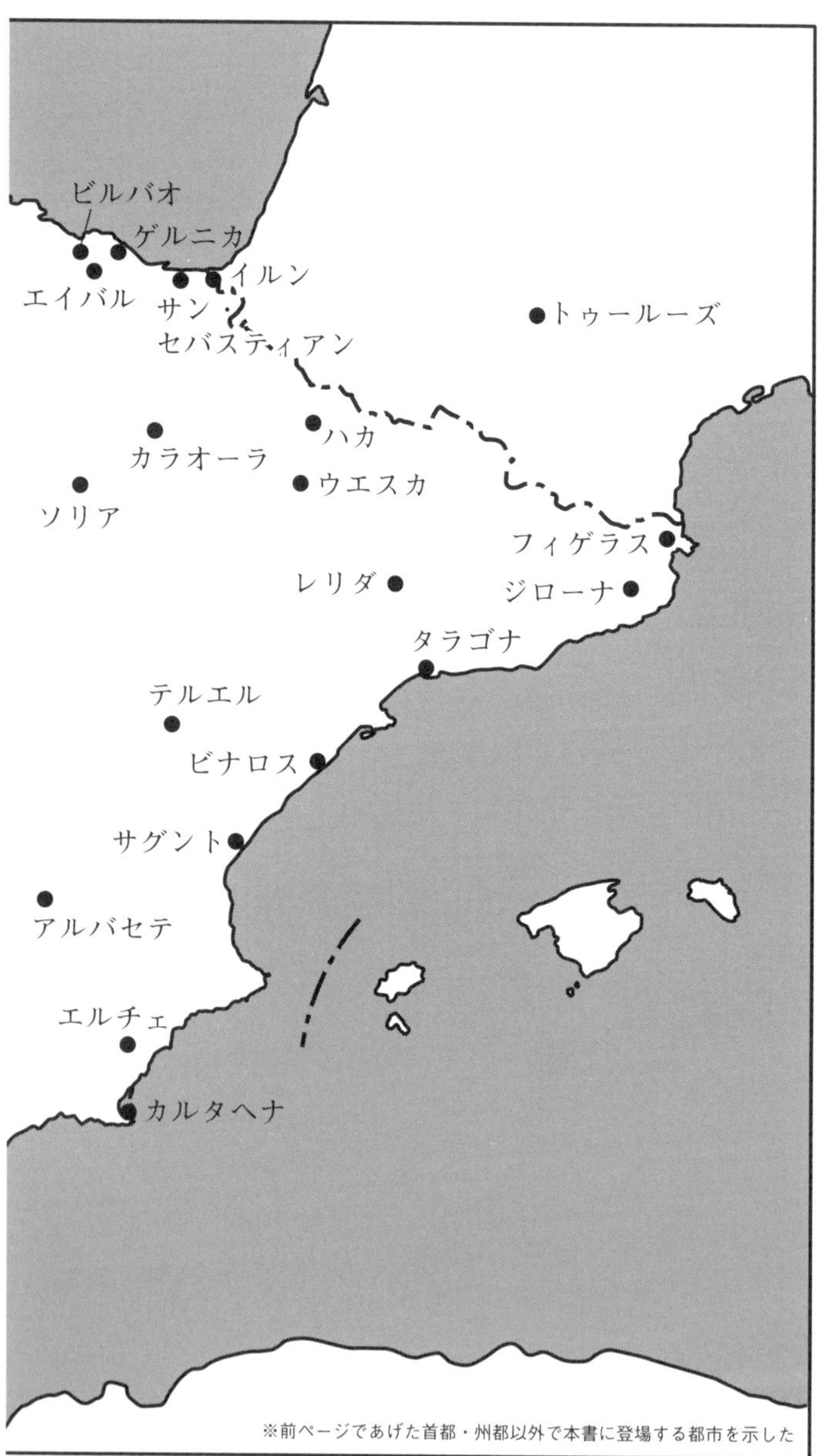
ビルバオ
ゲルニカ
エイバル
イルン
サン・
セバスティアン
トゥールーズ
ハカ
カラオーラ
ウエスカ
ソリア
フィゲラス
レリダ
ジローナ
タラゴナ
テルエル
ビナロス
サグント
アルバセテ
エルチェ
カルタヘナ
※前ページであげた首都・州都以外で本書に登場する都市を示した

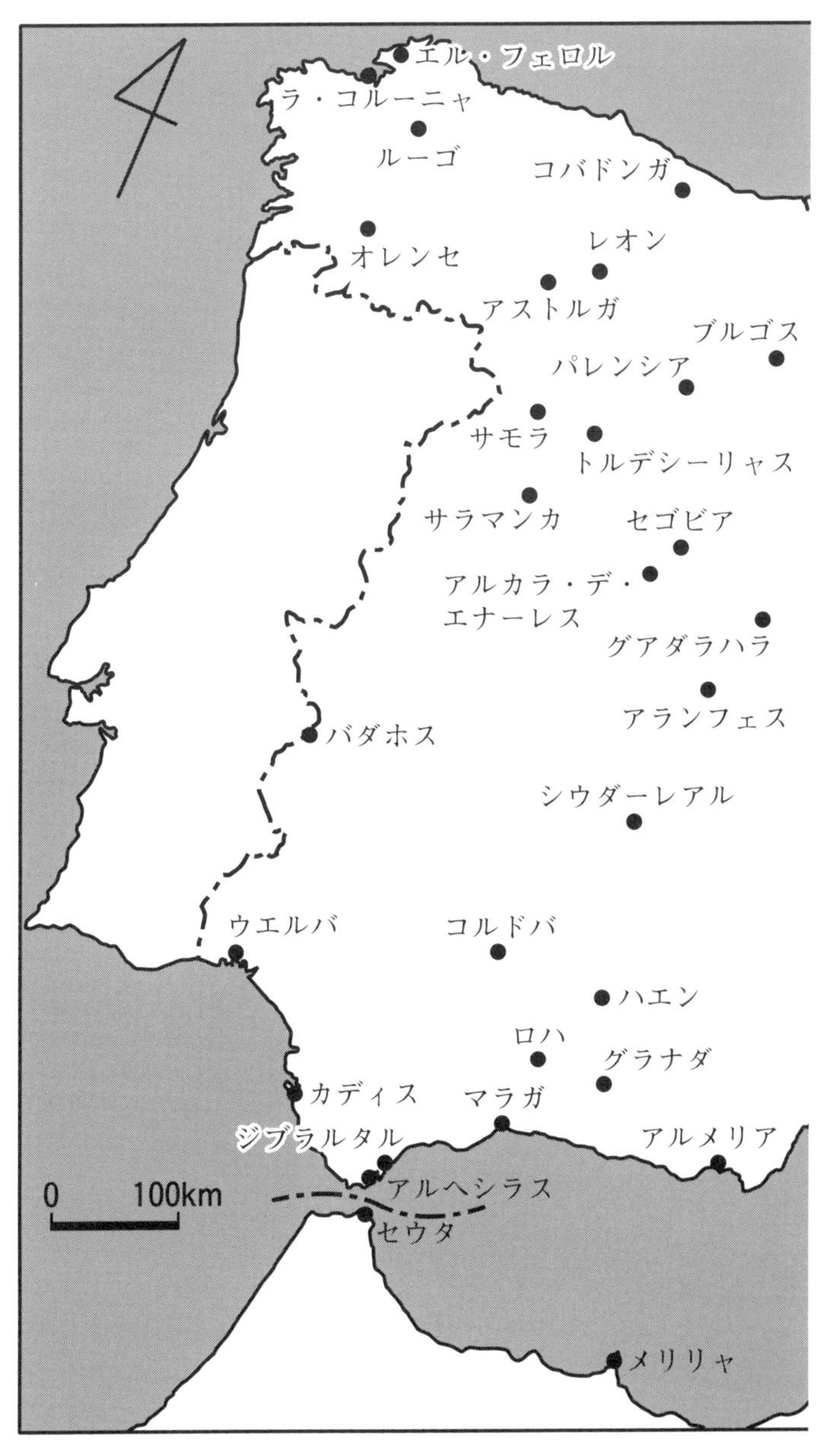
エル・フェロル
ラ・コルーニャ
ルーゴ
コバドンガ
オレンセ
レオン
アストルガ
ブルゴス
パレンシア
サモラ
トルデシーリャス
サラマンカ
セゴビア
アルカラ・デ・
エナーレス
グアダラハラ
アランフェス
バダホス
シウダーレアル
ウエルバ
コルドバ
ハエン
ロハ
グラナダ
カディス
マラガ
ジブラルタル
アルメリア
アルヘシラス
0
100km
セウタ
メリリャ

スペイン史年表

スペイン			世界・日本（＊印）・その他
ローマ征服以前	B.C.15000 頃	アルタミラの洞窟壁画。	
	3000 頃	新石器時代から青銅器時代に移る。アフリカ経由で西アジア系人種ハム族が定住（イベリア人）。 ドルメンの巨石文化の時代。	
	1000 頃	フェニキア人が植民地ガディル（カディス）を建設（伝承）。 ケルト人がイベリア半島への移住を開始（ケルト・イベリア人の誕生）。	
	700 頃	半島西南部にタルテッソスの繁栄。	
	600 頃	ギリシャ人が植民地エンポリオン（アンプリアス）を建設。	
	227 頃	カルタゴがカルタゴ・ノヴァ（カルタヘナ）の植民地を建設。	B.C.264～241　第 1 次ポエニ戦争、ローマがカルタゴ領シチリアを最初の属州化。
	218	第 2 次ポエニ戦争。カルタゴの将ハンニバルがアルプスを越えてイタリアに侵入。	
	201	ローマ軍、カルタゴ軍を破り、西地中海を制覇、イベリア半島の征服開始。	149　第 3 次ポエニ戦争勃発。 146　ローマ、カルタゴを滅し、マケドニアを属州化。
ローマ時代	197	イベリア半島を 2 属州に分割：ヒスパニア・キテリオル州、ヒスパニア・ウルテリオル州。	
	153	ケルト・イベリア人の第 1 次抵抗。	
	143	ケルト・イベリア人の第 2 次抵抗（ヌマンティアの戦争、～133）。	
	133	スキピオ（小）がヌマンティア（ヌマンシア）を攻略。	
	29	カンタブリア族とアストゥリアス族がローマに抗戦（～19）、この制圧によりローマが全半島征服を達成。	
	27	アウグストゥス、イベリア半島を 3 分割（バエティカ州、タラコネンシス州、ルシタニア州）。	27　ローマのオクタウィアヌス、元老院よりアウグストゥスの尊称をうける。ローマ帝政の開始。 A.D.1　イエス・キリスト誕生。
	A.D.74	ヴェスパシアヌス帝、ヒスパニアの全都市にラテン市民権を授与。	A.D.117　ローマ帝国の版図最大。
	98	ヒスパニア出身のトラヤヌス、ローマ皇帝（～117）に即位。	
	117	ヒスパニア出身のハドリアヌス、ローマ皇帝（～138）に即位。	
	212	カラカラ帝、属州の全自由民にローマ市民権を授与。	
	293	ディオクレティアヌス帝、7 属州に区分。	
	306	イリベリス（グラナダ近辺）の宗教会議の開催、19 司教が参加。	
	313	コンスタンティヌス帝、ミラノ寛容令を発してキリスト教迫害を中止。ヒスパニアにおけるキリスト教公認。	

時代	年	スペイン	世界・日本（＊印）・その他
ローマ時代	409	ゲルマン諸民族（ヴァンダル族、スエヴィ族、アラン族）がイベリア半島に侵入。	375頃　ゲルマン民族の大移動開始。 380　ローマ帝国、キリスト教の国教化。 395　ローマ帝国、東西に分裂。 410　西ゴートのアラリック1世、ローマを陥れ、大掠奪。
西ゴートの時代	415	イベリア半島に西ゴート族侵入開始。	476　西ローマ帝国滅亡。 481　フランク王国建設。 493　イタリアに東ゴート王国建設。
	507	フランク族に敗れ、西ゴート族は全てイベリア半島に移転。	
	554	東ローマ（ビザンチン）帝国がイベリア半島南部を占領。	553　東ゴート王国滅亡。
	568	トレドが西ゴート王国の首都。	570　この頃、ムハンマド誕生。
	589	第3回トレド宗教会議で西ゴート王国がアリウス派の放棄とカトリックへの改宗を宣言。	645　＊大化改新。 661　ダマスカスにウマイヤ朝開始。
	694	第17回トレド宗教会議、ヒスパニアのユダヤ人奴隷宣言。	
イスラム・スペイン時代	711	ターリクの率いるイスラム勢力が半島を征服、西ゴート王国崩壊。イスラム勢力は714年までに半島の大部分を制圧（アンダルス）。719年頃イベリア統治の首府をセビーリャからコルドバに移転。	710　イスラム勢力、北アフリカの征服完了。＊平城京に遷都。
	722	この頃、コバドンガの戦いで北部のキリスト教徒がイスラム軍に勝利し、アストゥリアス王国を建設。	732　トゥール・ポワティエの戦い。イスラム軍が、フランク王国のカール・マルテルに敗れる。
	756	ダマスカスから亡命のアブド・アッラフマーン1世即位、後ウマイヤ朝成立（首都コルドバ）。	750　東ローマ帝国に敗れ、ウマイヤ朝滅亡、アッバース朝開始。
	785	コルドバのメスキータ建設開始。	794　＊平安京に遷都。
	801	フランク王カール大帝がバルセロナ一帯を占領しイスパニア辺境区を設置。	
	814	サンティアゴ・デ・コンポステーラで聖ヤコブの遺体発見（伝承）。	
	822	後ウマイヤ朝でアブド・アッラフマーン2世即位（在位～852）。	
	880	イブン・ハフスーンの反乱（～928）。	909　チュニジアにファーティマ朝勃興。
	910	アストゥリアス王国の首都をレオンに遷都、レオン王国成立。以後、後ウマイヤ朝との抗争激化。	
	929	アブド・アッラフマーン3世がカリフを僭称（イスラム世界にカリフ鼎立）。後ウマイヤ朝の全盛時代。	
	936	コルドバ西北でマディーナ・アッザフラー宮殿造営開始。	962　神聖ローマ帝国成立（～1806）。 980　＊宋との貿易開始。
	1031	コルドバの後ウマイヤ朝が崩壊、アンダルスはタイファ（群小王国群）の分立割拠時代に突入。	

時代	年	スペイン	世界・日本（＊印）・その他
イスラム・スペイン時代	1035	カスティーリャとアラゴンが王国として独立。	1051　＊前九年の役。
	1037	カスティーリャ王フェルナンド1世がレオン王位を継承（カスティーリャとレオンの最初の統合、～1065）。	1054　ローマ教皇がコンスタンティノープル総主教を破門、東西両教会が決定的に分裂。
			1066　ノルマン人がイングランド征服、ノルマン王朝成立。
	1085	カスティーリャ=レオン王アルフォンソ6世、トレドを占領奪回。	1083　＊後三年の役、勃発。
	1094	エル・シッドがバレンシアを征服（～99）。	1096　第1回十字軍開始。
	1118	アラゴン王国がサラゴサを占領。	
	1137	アラゴンとカタルーニャの共同統治開始。	
	1143	ポルトガルがカスティーリャから分離し、独立王国を建国。	
	1147	ポルトガル王国がリスボン占領。	
	1212	ラス・ナバス・デ・トロサの戦いでキリスト教諸国の連合軍がムワッヒド朝軍を大破。	1192　＊源頼朝、鎌倉幕府を開設。
	1218	サラマンカ大学創立。	1219　チンギス・ハーンの西征開始。
	1230	カスティーリャ王国、レオン王国（914～）を統合。	
	1232	ナスル朝の小王国建設。グラナダ郊外にアルハンブラ宮殿の造営開始。	
	1236	フェルナンド3世、コルドバを占領。	
	1238	イスラム教徒のナスル朝、グラナダを首都とするグラナダ王国建設（～1492）。アラゴン王がバレンシア占領。	
	1248	フェルナンド3世、セビーリャ征服。	1258　フラグのモンゴル軍、バグダードを占領、アッバース朝滅び、イル・ハン国成立（～1393）。
	1265	バルセロナ市で「百人会議」創設。	1271　ヴェネチア人マルコ・ポーロ、東方旅行へ出発。
			1274　＊モンゴル軍、日本を襲撃（文永の役）。
	1282	アラゴン王国、シチリア併合。	1282　ハプスブルク家のオーストリア支配開始。
			1299　オスマン国家成立。
	1327	アラゴン王国、サルデニャ征服。	1333　＊鎌倉幕府滅亡。
			1337　英仏百年戦争（～1453）。
	1340	サラードの戦いでカスティーリャ・ポルトガル連合軍がイスラム勢力に勝利。	
	1348	イベリア半島にペスト流行。	
	1391	セビーリャで大規模な反ユダヤ暴動勃発。ユダヤ人虐殺が全土に拡散。	1394～1460　ポルトガルの航海王子エンリケの時代。
	1443	アラゴン王国、ナポリを占領。	15世紀　イタリア・ルネサンスの盛期。
	1469	カスティーリャ王女イサベルとアラゴン王太子フェルナンドの結婚。	1453　東ローマ帝国滅亡、オスマン帝国がコンスタンティノープル占領。
	1474	カスティーリャのエンリケ4世没、イサベル1世の即位。王位継承をめぐり、イサベル支持派とエンリケ4世の娘フアナ支持派の間に戦争。	

スペイン			世界・日本（＊印）・その他
イスラム・スペイン時代	1479	フェルナンド2世、アラゴン王に即位。アラゴンとカスティーリャの両王家が統一し、共同統治の開始。いわゆるスペイン王国成立。	
	1480	セビーリャに異端審問所の設立。	
	1481	グラナダ戦争の開始。	1488　バルトロメオ・ディアス、喜望峰に到達。
カトリック両王の時代	1492	スペインがグラナダ王国を征服、最後のイスラム国家ナスル朝滅び、レコンキスタ完了。ユダヤ教徒の国外追放。コロンブスの第1回航海、サン・サルバドル島に到達。	
	1493	コロンブス、第2回航海へ、プエルト・リコ、ジャマイカなどに到達。	
	1494	トルデシーリャス条約で、ポルトガル・スペイン両発見地の境界を設定。	
	1498	コロンブス、第3回航海へ、南米ヴェネズエラに至る。	1497～99　ポルトガル人ヴァスコ・ダ・ガマがインド航路発見。
	1500	グラナダのイスラム教徒の反乱（～1501）。	1500　ポルトガル人カブラル、ブラジルに到達、ブラジルがポルトガル領たることを宣言。
	1501	新大陸への黒人奴隷転出を許可。	
	1502	グラナダのイスラム教徒に国外追放かキリスト教改宗かを迫る勅令公布。	
	1503	セビーリャ通商院の設立。	
	1509	スペイン人デ・レオンがプエルト・リコを征服。	1509　ポルトガル、インド洋制圧。
	1511	スペイン人ヴェラスケスがキューバを征服（～1515）。	1510　ポルトガル、ゴア占領。
	1512	フィレンツェの共和制たおれ、スペイン軍の干渉によるメディチ家支配が復活。	
ハプスブルク朝の時代	1516	フェルナンド2世没、ブリュッセルでカルロス1世の即位宣言（ハプスブルク朝スペインの開始）。	
	1517	スペイン人デ・コルドヴァがユカタン半島に到達。	1517　ルター、「95ヵ条の論題」を発表、宗教改革。
	1519	カルロス1世、神聖ローマ帝国皇帝に選出される（カール5世）。バレンシアでヘルマニーアスの反乱（～1522）。コルテスがメキシコを征服（～1521）。カルロス1世の命でポルトガル人マジェランの世界周航出発、南米マジェラン海峡発見、太平洋に出てフィリピン諸島発見。この年、スペイン人ダヴィラによるパナマ建設。	1520　オスマン帝国、スレイマン1世即位（～1566）。
	1524	インディアス顧問会議の設立。	
	1527	カルロス1世軍、ローマを掠奪（サッコ・ディ・ローマ）。	
	1528	スペイン人ナルバエスがフロリダに到達。	1529　オスマン軍、第一次ウィーン包囲。
	1530	カルロス、ボローニャで皇帝戴冠。	
	1532	スペイン人ピサロのインカ帝国征服（～1535）。	1532　ポルトガル人デ・ソウザがブラジル最初の植民地サン・ヴィセンテ建設。

時代	年	スペイン	世界・日本（＊印）・その他
ハプスブルク朝の時代	1534	イグナチオ・デ・ロヨラがイエズス会を創立。	
	1535	ピサロがペルーにリマ市建設。	
	1541 頃	エル・グレコ生誕（1614 没）。	
	1542	スペイン王がインディアス新法公布、インディアス先住民の奴隷化禁止。	1543　＊ポルトガル人、種子島にきて鉄砲を伝来。
	1545	ペルーのポトシ銀山採掘開始。	
	1547	セルバンテス生誕（1616 没）。	1549　＊フランシスコ・ザビエル来日。
	1556	カルロス 1 世退位、弟フェルディナント 1 世が皇帝（～64）。息子フェリペ 2 世がスペイン王位に即位。	
	1557	フェリペ 2 世の第 1 回破産宣言（債務支払の停止）。	1562　フランスでユグノー戦争（～1598）。
	1561	マドリードを首都とする。	1563　＊ルイス・フロイス来日。
	1564	スペインのレガスピ提督、フィリピン征服のためメキシコ出発。	1566　ポルトガル人、マカオ市建設。
	1568	オランダ独立戦争勃発（～1648）。モリスコの反乱（～1571）。	1571　＊ポルトガル船、長崎ではじめて交易。
	1571	モリスコの鎮圧、カスティーリャ各地に強制移住。レパント沖の海戦でスペイン・ヴェネチア海軍がオスマン帝国海軍を撃破。	
	1575	フェリペ 2 世の第 2 回破産宣言（長期公債化、重大な経済的危機を招く）。	1581　オランダ独立宣言。
	1577	スペイン、ルソン全島占領。	1582　＊大友・大村・有馬三氏、少年使節をローマ法王に派遣（1 月）。
	1580	フェリペ 2 世、ポルトガル王位を継承し、ポルトガル併合（～1640）。	
	1584	天正遣欧使節、マドリードでフェリペ 2 世に謁見。	1587　＊豊臣秀吉、キリスト教布教を禁止。
	1588	イギリス海軍、スペイン「無敵艦隊」を撃破（アルマーダ海戦）。	1589　フランスでブルボン朝開始。
	1598	フェリペ 2 世没、フェリペ 3 世即位（～1621）、寵臣レルマ公爵、全権掌握。	1598　ナントの勅令。
	1599	ベラスケス誕生（1660 没）。	
	1605	セルバンテス『ドン・キホーテ』前編刊行。	1602　オランダの東インド会社創設。
	1609	オランダと 12 年間の休戦協定、モリスコの追放令（～1613）。	1609　＊オランダ、平戸に商館を設置。
	1614	慶長遣欧使節、フェリペ 3 世に謁見。	1613　＊支倉常長遣欧使節（～1620）。
	1618	レルマ公爵失脚、各国大使を歴任したスニガ、実権掌握。	1618　三十年戦争勃発。
	1621	フェリペ 4 世即位（～1665）。寵臣オリバーレス伯公爵、政治の実権を掌握。オランダとの戦争再開。	1620　メイフラワー号のピルグリム・ファーザーズがプリマスに上陸。
	1623	ベラスケス、宮廷画家に就任（～60）。	1624　＊日本、スペイン船の来航を禁止。
	1627	経済的危機の深刻化（～1628）、破産宣言（次いで、1647、1656、1664）。	
	1635	フランス、スペインに宣戦布告。	
	1640	ポルトガル王国がスペインから独立。カタルーニャの叛乱（～1652）。	1639　＊鎖国令、ポルトガル人の渡来を禁止。
	1648	ウェストファリア条約締結、オランダの独立を承認。	1643　フランス王ルイ 14 世即位。

スペイン			世界・日本（＊印）・その他
ハプスブルク朝の時代	1658	ダンケルクの戦い、スペイン軍がフランス・イギリス軍に敗北。	
	1659	フランスとピレネー条約を締結、ルシヨンとセルダーニャを割譲（「スペインの優位」が完全に破綻）。	
	1660	王女マリア・テレサ、フランス王ルイ14世と結婚。	
	1667	ルイ14世がスペイン領ネーデルランドを侵略（～1668）。	
	1668	アーヘン和約。フランスがベルギーの一部をのぞき侵略地をスペインに返還。リスボン条約、ポルトガルの独立を正式承認。	1672　ルイ14世のオランダ侵略戦争（～1678）。
	1688	アウグスブルク同盟戦争（九年戦争、～97）で対フランス大同盟を結成。大同盟側は領土問題に関してフランスから大幅な譲歩を獲得。	1683　オスマン軍、第二次ウィーン包囲。
ブルボン朝の時代	1700	カルロス2世没してスペイン・ハプスブルク朝断絶。遺言によりアンジュー公フィリップがフェリペ5世（ルイ14世の孫）として即位（ブルボン朝スペインの開始）。この頃、スペインの人口およそ700万～750万人。	
	1701	スペイン継承戦争始まる（～14）。ブルボン家のスペイン王位継承に反対のイギリス・オランダ・オーストリアが対スペイン・フランス同盟。	
	1704	イギリスがジブラルタルを占領。	
	1711	カール大公が神聖ローマ皇帝に選出され、イギリスは和平に転換。	
	1713	ユトレヒト条約。オーストリアをのぞくスペイン継承戦争参加国の講和。フェリペ5世の王位承認。ジブラルタルをイギリスへ割譲。	
	1714	ラシュタット条約。スペイン継承戦争の終結。フェリペ5世はスペイン本国とアメリカ植民地のみを相続。バルセロナを制圧。内戦としての継承戦争も終了。	1716　＊享保の改革（～1745）。
	1720	フェリペ5世、マドリードの北にラ・グランハ離宮建設。	
	1724	ルイス1世即位（8月13日没）、フェリペ5世復位。秘書官制度が整備され、大臣制度確立。	1733　ポーランド継承戦争はじまる（～1738）。
	1746	フェリペ5世没、フェルナンド6世即位。ゴヤ誕生（1828没）。	1740　オーストリア継承戦争はじまる（～1748）。 1740　＊青木昆陽がオランダ語の学習開始。

スペイン			世界・日本（＊印）・その他
ブルボン朝の時代	1748	アーヘンの和約（オーストリア継承戦争終結）。オーストリア領パルマとピアチェンツァはスペインへ割譲。	
	1759	カルロス 3 世即位（～88、その治世に啓蒙的諸改革の推進）。	1756　七年戦争勃発（～63）。
	1763	七年戦争終結、パリ条約でスペイン領フロリダをイギリスに割譲。	
	1766	エスキラーチェ、服装取締令を布告。「エスキラーチェ暴動」全国に発生。	
	1767	イエズス会士の国外追放。	1776　アメリカ、イギリスから独立宣言。
	1788	カルロス 4 世即位。	1783　＊大槻玄沢『蘭学階梯』
	1789	フランス革命勃発。これに対して、異端審問制度と検問を強化。	1787　＊寛政の改革（～93）。 1789　フランス革命勃発。
	1792	マヌエル・ゴドイ、宰相就任。	1792　フランス、第一共和制（～1804）。
	1793	フランス革命政府、スペインに宣戦。国民公会戦争開始（～95）。	1793　ルイ 16 世処刑。
	1796	カルロス 4 世、フランスとのサン・イルデフォンソ条約締結。対仏追従路線の開始。	
	1805	トラファルガーの海戦でネルソンのイギリス海軍がフランス・スペイン連合艦隊を撃破。	1804　ナポレオン、フランス皇帝に即位。
	1808	フランス軍のスペイン侵入。アランフェスの蜂起。ゴドイの失脚とカルロス 4 世の退位。フェルナンド 7 世即位。 マドリードで反フランス民衆蜂起、続いて各地に地方評議会の結成（スペイン独立戦争の開始、～14）。ナポレオン、兄ジョゼフをスペイン王に即位させる（ホセ 1 世ボナパルト）。バイレンの戦いでフランス軍敗北。	1806　神聖ローマ帝国滅亡。ナポレオン、大陸封鎖を宣言。
	1810	カディス議会の開催。このころ、スペイン植民地にて独立運動頻発。	
	1812	カディス議会で最初のスペイン憲法（1812 年憲法）の制定。ウェリントンのイギリス軍、フランス軍に対して大勝利。	1812　ナポレオン、ロシア遠征。
	1813	ビトリアの戦いに敗れて、フランス軍は半島を撤退。ヴァランセー条約の締結、ナポレオン、ヴァランセー条約により、フェルナンド 7 世に王位返還。	1813　諸国民解放戦争開始（～1814）。ライプチヒの戦い、連合軍がナポレオンを破る。ヌエバ・グラナダ（のちのコロンビア）の独立宣言。
	1814	議会、マドリードに移動。フェルナンド 7 世、マドリードに帰着。1812 年憲法の破棄を宣言、反動的な政策を断行。エスポス・イ・ミーナ、クーデター宣言（プロヌンシアミエント）を行なうが失敗。	1814　ナポレオン退位。 1818　チリ独立宣言。
	1820	リエゴ大佐のクーデターが成功し、フェルナンド 7 世、1812 年憲法を承認（自由主義の 3 年間、～1823）。	1821　ヴェネズエラ独立。ペルー独立宣言。メキシコ独立宣言。ドミニカ独立宣言。
	1823	「聖ルイの十万の息子たち」と称するフランス軍がスペインに侵入、自由主義政府の倒壊。絶対主義王政への復古、「忌むべき 10 年間」。リエゴの処刑。	1823　＊ドイツ人シーボルト、長崎到着。

スペイン			世界・日本（＊印）・その他
ブルボン朝の時代	1824	南米アヤクーチョの戦いでスペイン軍、決定的な敗北を被る。この結果、キューバ、プエルト・リコを除きほぼ全てのラテン・アメリカの独立が確定。	1825　ボリビア独立宣言。＊異国船打払令。
	1830	イサベル王女誕生（王位継承者に指名）。王室典範サリカ法典を廃止、女子王位継承権の復活。	1830　パリ七月革命勃発。ベルギー独立宣言。
	1831	トリーホス将軍ら自由主義者のクーデター宣言・失敗。	
	1833	フェルナンド7世没。イサベル2世即位。マリア・クリスティーナ、摂政に就任。第1次カルリスタ戦争（～1839）。	
	1834	マルティネス・デ・ラ・ロサによる穏健派自由主義政権の成立。「国家組織法」（1834年憲法）の公布。異端審問制度の最終的廃止。	
	1840	カタルーニャで織物工組合を結成。違憲的な自治体法を可決、これに対して各地で暴動。エスパルテーロ、政権を掌握（9月）。	1840　アヘン戦争勃発。
	1844	治安警備隊の創設（5月）。穏健派ナルバーエス政権発足（～1851）。	
	1845	穏健派による「1845年憲法」公布。	
	1848	ナルバーエスの独裁（3～12月）。バルセロナとマタロ間に鉄道開設（スペイン最初の鉄道）。	1848　フランス二月革命。 1849　＊オランダ人、種痘法を伝授。
	1851	マドリードとアランフェス間に鉄道開設（2月）。ローマ教皇と政教協約の締結、カトリックを国教として確認。	
	1852	アントニオ・ガウディ生誕（1926没）。	1852　＊オランダ甲比丹（カピタン）ワルチウス、開国を進言。 1853　クリミア戦争開始。（～1856）
	1854	マドリード近郊ビカルバロで進歩派軍人の蜂起。進歩派の「マンサナーレス宣言」。各都市で民衆暴動。	1854　＊日米和親条約。
	1855	バルセロナで最初のゼネスト。	
	1859	モロッコでアフリカ戦争勃発（～1860）。	1859　イタリア統一戦争開始。 1860　＊遣米使節、咸臨丸で出発。ポルトガルと修好通商条約。 1863　アメリカ合衆国、奴隷解放宣言。 1864　ロンドンで第1インターナショナル結成（～76）。
	1868	カディスでプリム将軍らのクーデター宣言、「名誉革命」の勃発、イサベル2世亡命。セラーノ将軍が臨時政府樹立。キューバの独立叛乱（～1878）。バクーニンの弟子ファネーリ、スペインを訪れアナキズムを紹介。	1868　＊明治維新。＊日本と修好通商・航海条約締結。国交再開。

		スペイン	世界・日本（＊印）・その他
ブルボン朝の時代	1869	憲法制定議会議員選出の選挙。25歳以上の男子500万人が投票。「1869年憲法」公布。カルロス7世を僭称するマドリード公爵(ドン・カルロスの孫)を中心とするカルリスタの蜂起、カルリスタ戦争。	
	1870	バルセロナでインターナショナル・スペイン支部「スペイン地方連合」を結成。	1870　普仏戦争。
アマデオの時代	1870	アマデオ1世即位。プリム首相の暗殺。	
	1871	インターナショナル・スペイン連合を非合法化。ラファルグ、マルクス主義を紹介。	1871　ドイツ帝国成立。パリ・コミューン。
	1872	マルクス派の「マドリード新連合」結成。第3次カルリスタ戦争（～1876)。	
第一共和制の時代	1873	アマデオ1世退位。第一共和制の成立。カルタヘナで自治主義者(カントナリスタ)の叛乱。	
	1874	パビーア将軍の蜂起でセラーノ内閣が成立、第一共和制崩壊。マルティネス・カンポス将軍がサグントで蜂起し、王政復古が実現、アルフォンソ12世即位、カノバス保守党内閣の成立。	
ブルボン朝の時代	1875	アルフォンソ12世、マドリード入城。ブルボン朝復古。	
	1876	新憲法（1876年憲法）制定、王政復古体制確立。カザルス生誕（1973没)。	
	1879	スペイン社会労働党（PSOE）創立。	
	1881	パブロ・ピカソ誕生（1973没)。	
	1882	アナキスト秘密結社「黒い手」を摘発、裁判、弾圧の強化（～1883)。	
	1883	ガウディのサグラダ・ファミリア教会の建設開始。	
	1885	アルファンソ12世没、マリア・クリスティーナの摂政開始。パルド協定の締結、二大政党制の開始。	
	1888	労働総同盟（UGT）の結成。	1889　第2インターナショナル発足。＊大日本帝国憲法発布。
	1890	普通選挙法制定、25歳以上の全ての男子に普通選挙権。	1890　＊日本、第1回帝国議会召集。
	1893	ジョアン・ミロ生誕（1983没)。	1894　＊日清戦争おこる。
	1895	キューバで対スペインの独立反乱激化、鎮圧軍派遣。	1895　キューバの独立戦争開始。
	1896	フィリピンでの独立反乱に鎮圧部隊派遣。	1896　第1回近代オリンピック、アテネで開催。
	1897	アナキスト、カノバス首相暗殺。	
	1898	米西戦争に敗北、キューバ独立し、アメリカへフィリピン(2000万ドルで売却)、グアム、プエルト・リコ割譲。	
	1899	ドイツへカロリン諸島売却。	1899　義和団事件。ボーア戦争勃発（～1902)。
	1902	アルファンソ13世、親政を開始。	

		スペイン	世界・日本（＊印）・その他
ブルボン朝の時代	1904	ダリ生誕（1989 没）。フランスとモロッコ分割協定に調印。	1904　＊日露戦争勃発。 1905　ロシアで「血の日曜日」事件。
	1909	ストライキ・ロックアウト権を法制化。モロッコ戦争（～27）、スペイン軍増派。予備役の召集を契機に各地で反戦運動。バルセロナでモロッコ戦争に反対するゼネストから「悲劇の一週間」。アナキスト教育者フェレル処刑。これに対してマドリードおよびヨーロッパ主要都市で大抗議デモ。	
	1910	総選挙で初めて社会主義者パブロ・イグレシャスが当選。	1910　ポルトガルで革命。共和制成立。
	1911	アナルコ・サンディカリストの全国労働連合（CNT）結成。	
	1913	ミゲル・デ・ウナムノ『生の悲劇的感情』刊。	
	1914	第 1 次世界大戦勃発、スペインは中立を宣言。	1914　第 1 次世界大戦開始。
	1917	UGT と CNT の「革命ゼネスト」。	1917　ロシアで社会主義革命。
	1918	アンダルシアで農民運動高揚、「ボリシェヴィキの 3 年間」開始（～20）。	1919　コミンテルン（第 3 インターナショナル）結成。
	1920	スペイン社会主義青年同盟がコミンテルンへ加盟。	
	1921	スペイン領モロッコでアヌアル事件勃発。スペイン共産党（PCE）創立。	1922　イタリアでムッソリーニ内閣成立。オスマン帝国滅亡。ソ連成立。
	1923	CNT リーダーのセギ、暗殺される。プリモ・デ・リベラのクーデターが成功、アルファンソ 13 世はプリモの軍事独裁を承認、「1876 年憲法」停止。	
	1925	モロッコに関してフランスと共同軍事協定を締結、スペイン・フランス軍、アルホセイマ湾上陸作戦でモロッコ軍に勝利。	
	1927	モロッコの民族運動をほぼ鎮圧。CNT 内の秘密組織 FAI（イベリア・アナキスト連合）結成。	1928　張作霖爆殺事件。
	1930	世界恐慌の影響を受け重大な財政危機。プリモ・デ・リベラ辞任、ベレンゲール将軍の組閣。UGT の農民組合、FNTT（全国農業労働者連合）結成。サン・セバスティアン協定の締結で反王制・共和主義者が共和制樹立をめざし結集。ハカで蜂起、失敗。オルテガ・イ・ガゼー『大衆の反乱』刊行。	
第二共和制の時代	1931	統一地方選挙において、都市部で共和派・社会党連合が勝利、アルフォンソ 13 世の退位・亡命（ブルボン王朝の終焉）、第 2 共和制が成立。憲法制定議会の選挙の実施。アサーニャ内閣が成立。第 2 共和国憲法成立。初代大統領にアルカラ・サモラ。	1931　＊満州事変勃発。

		スペイン	世界・日本（＊印）・その他
第二共和制の時代	1932	イエズス会に解散命令。サンフルホ将軍のクーデター（失敗）。農地改革法、カタルーニャ自治憲章の制定。	1932　ポルトガル首相にサラザール就任。満洲国建国宣言。
	1933	カサス・ビエハス事件、アナキスト農民への過酷な弾圧。スペイン独立右翼連合（CEDA）結成。ファランへ党結成。総選挙で右翼諸政党の勝利、「暗黒の2年間」開始。CEDAの支持を得た急進党レルー内閣の成立。	1933　合衆国、ニューディール政策開始。ドイツでヒトラー、首相就任。＊日本、国際連盟脱退。
	1934	CEDA党員の入閣に反対しアストゥリアスをはじめ全国でゼネスト、「十月革命」蜂起、政府は軍隊を投入してこれを鎮圧。	1934　中国共産党、長征開始。
			1935　フランスの人民戦線結成。コミンテルン第7回大会、人民戦線テーゼ採択。イタリア、エチオピア侵略。
	1936	人民戦線協定成立。総選挙で人民戦線派勝利、アサーニャ首班の人民戦線内閣成立。アサーニャ、大統領に就任。モロッコでフランコらが軍事蜂起、スペイン内戦始まる。バルセロナで人民オリンピックを開催しようとするが内戦勃発のため中止。ロンドンにスペイン内戦不干渉委員会設置。フランコが叛乱軍側の総司令官・国家主席に選出される。共和国政府がバスク自治憲章を制定。マドリード包囲戦。共和国政府、バレンシアへ首都移転。国際旅団の参戦。独・伊がフランコ政権承認。	1936　＊二・二六事件勃発。ドイツ軍、ラインラント進駐。フランス、人民戦線内閣成立。ソ連、スターリン憲法成立。＊日独防共協定成立。西安事件勃発。
	1937	ハラマ川の戦闘。フランコの政党統一令による新ファランへ党創立。ドイツ・コンドル空軍、ゲルニカを爆撃。バルセロナで共産党系カタルーニャ統一社会党（PSUC）と反スターリニスト系POUM・アナキスト系CNTの衝突。ブルネテの戦闘、この戦闘で唯一の日本人義勇兵ジャック白井が戦死。叛乱軍側が、北部地方を制圧。共和国政府、バルセロナへ首都移転。テルエルの戦闘。	1937　＊盧溝橋事件勃発、日中戦争開始。日独伊防共協定成立。日本政府、フランコ政権を正式に承認。
	1938	フランコ、正規の内閣を組織。フランコ、労働憲章を公布。叛乱軍の地中海作戦の成功により、共和国陣営は南北に二分。共和国政府軍、エブロ河の渡河作戦で反撃に出るが失敗。国際旅団解散。フランコ軍、カタルーニャ攻撃を開始。	
	1939	フランコ軍、バルセロナを占領。英・仏がフランコ政権承認。マドリードでカサード大佐のクーデター。フランコ、内戦の終結を宣言。アメリカがフランコ政権を承認。国際連盟を脱退（5月）、第2次世界大戦におけるスペインの厳正中立を宣言。	1939　第2次世界大戦（～45）。

		スペイン	世界・日本（＊印）・その他
フランコの時代	1940	労資一体の労働組合統一法の公布。フリーメーソン・共産主義弾圧法制定。非交戦国を宣言、枢軸国側に接近。フランコ、ヒトラーとアンダイエ会談。組合統一法の公布。	
	1941	フランコとムッソリーニ、ボルディゲーラ会談。独ソ戦線に「青い師団」を派遣。全国産業公社（INI）設立。	1941　＊太平洋戦争開戦。 1942　スターリングラード攻防戦。
	1943	アルフォンソ13世の息子ドン・ファアン、フランコへ王政復古を要請。「青い師団」、独ソ戦線より撤兵開始。	1943　イタリア降伏。
	1944	スペインのドイツ支援に対し、アメリカが石油輸出禁止を宣言。	
	1945	日本と国交断絶（～52）。スペイン国民憲章公布。ポツダム会談で反スペイン宣言の発表。メキシコが亡命共和国政府を承認（～77）。	1945　ヤルタ会談、ドイツ降伏。＊日本降伏。
	1946	国連総会で「スペイン排斥決議」採択、各国大使召還を勧告。	1946　国連第1回総会。
	1947	国家首長継承法について国民投票実施、この承認によってスペインは王国と規定され、フランコが終身国家元首となる。	1947　インド独立。
	1948	フランコとドン・ファアンのヨット会議。ドン・ファアンの息子ファアン・カルロス、スペインに入国。	1949　NATO成立。
	1950	アメリカ上院、1億ドルの対スペイン援助決定。国連総会、スペイン排斥決議撤回。	1950　朝鮮戦争開始。
	1952	ユネスコに加盟。	
	1953	米西相互防衛協定、経済援助協定、基地貸与協定を調印。	
	1955	ヨーロッパ経済協力機構（OEEC）に準加盟。国際連合に加盟。	
	1956	国際労働機関（ILO）に加盟。	1956　ソ連党大会、スターリン批判、ポーランドで反ソ暴動。ハンガリー事件。※日本、国連加盟。 1957　EEC条約調印。
	1958	OEECに加盟、国際通貨基金（IMF）と世界銀行に加盟。	
	1959	「戦没者の谷」聖堂完成。	
	1962	EECへの加盟交渉開始を申請。北部地方に3カ月の非常事態宣言。国内外の反フランコ・スペイン人が「ヨーロッパ統一運動」ミュンヘン大会を開催。内閣改造でオプス・デイから5人の閣僚。	1962　キューバ危機。
	1963	バスク祖国と自由（ETA）がテロ活動を開始。	1965　米軍のベトナム空爆開始。
	1966	スペインのパロマーレスで米のB52機墜落し水爆1個行方不明（のち回収）、スペイン政府がNATO諸国に領空飛行禁止を勧告。	1967　EC発足。 1968　チェコ事件。スペイン領ギニア（現赤道ギニア）の独立。 1969　米の宇宙船、月面到達。

		スペイン	世界・日本（＊印）・その他
フランコの時代			1972　＊沖縄返還。
	1973	カレロ・ブランコ、内戦後初の首相に就任。ETA、カレロ・ブランコ首相を爆殺。	1973　ベトナム和平協定調印。第4次中東戦争勃発で石油危機。東西ドイツ、国連加盟。
	1974	アリアス・ナバロが首相に就任、「開放政策」を発表。反フランコ勢力が結集し、パリで「民主評議会」結成。	1974　ポルトガル、無血クーデター成功。
	1975	反フランコ勢力が社会党などの主導で「民主勢力結集協議会」を結成。ETAなどの過激派活動家5人の死刑執行。スペイン領サハラで「緑の行進」（モロッコ人の移住）。スペイン領サハラ返還に関する条約に調印。フランコ没（1892～1975）、ファン・カルロス1世即位。	1975　ベトナム戦争終結。
ファン・カルロス一世の時代	1976	アメリカと基地貸与協定を締結。ナバロ首相、民主化施政方針を発表。共産党などを除く政党合法化法案が可決。ナバロ首相の辞任を受けて、スアレス新内閣が成立。政治改革法、国民投票で承認、治安裁判所の廃止。	
	1977	国民運動の解散、検問制度の廃止。スペイン共産党合法化。41年ぶりに上下両院総選挙、与党の民主中道連合（UCD）勝利。EC加盟申請。カタルーニャ臨時自治憲章を公布。政府と各政党間にモンクロア協定調印。	
	1978	バスク地方に臨時自治憲章を公布。新憲法、上下両院で可決。国民投票で新憲法「1978年憲法」を承認。	1978　米中国交正常化発表。
	1979	ETA、バラハス空港などの連続爆弾事件、バカンス戦争（ETAによる観光地爆弾事件）の開始。	1979　イランでパーレビ国王出国。
	1980	ジブラルタル問題に関する英・西外相会議。内閣改造、右派色強まる。前年に続くバカンス戦争。	1980　韓国、光州事件発生。イラン・イラク戦争本格化。ポーランド、「連帯」結成。
	1981	スアレス首相の辞任。極右治安警備隊テヘロ中佐による国会占拠クーデタ未遂事件（23-F事件）。カルボ・ソテロ内閣の成立。4大政党・労働組合を中心としたクーデタ反対の統一デモ、全国で300万人参加。ピカソの《ゲルニカ》スペインに返還。	
	1982	アンダルシア地方議会選挙で社会労働党の勝利。NATOに正式加盟。総選挙実施、社会労働党の勝利、フェリペ・ゴンサレス社会労働党政権の誕生。	1982　フォークランド（マルビナス）戦争勃発。ソ連でブレジネフ書記長死去。

		スペイン	世界・日本（＊印）・その他
ファン・カルロス一世の時代	1983	マドリードをはじめ4地方の自治憲章を国会で承認(スペインは計17の自治州に区分)。民主中道連合の解散。スペイン最大の企業ルマサ・グループの一時国有化。23-F事件、最高裁で判決。バラハス空港での航空機衝突事故。	1983　ノーベル平和賞、ポーランド「連帯」のワレサ書記長へ。 1985　＊ゴンサレス首相、日本訪問。
	1986	ECに正式加盟。NATO残留国民投票の実施、僅差で残留確定。総選挙実施、社会労働党（PSOE）過半数議席を維持。第二次ゴンサレス内閣成立。バスク地方議会選挙、PSOEが第一党に進出。	1986　ソ連でペレストロイカ開始。
	1987	ETA、軍用バスに爆弾テロ。	1987　レーガン、ゴルバチョフの米ソ首脳会談、INF全廃条約に調印。
	1989	ヨーロッパ議会選挙でPSOE勝利。総選挙で勝利。第三次ゴンサレス内閣成立。	1989　東欧で社会主義体制崩壊。 1990　＊即位の礼でフェリーペ王太子来日。東西ドイツ統合。
	1991	内閣改造。アルフォンソ・ゲラ副首相汚職事件のために辞任。地方自治体選挙。マドリードでPSOEは国民党に大敗。PSOEによる資金不正調達「フィレサ事件」発覚。「清廉な百年」と謳っていたPSOEの面目の急降下。	1991　中東湾岸戦争。＊ゴンサレス首相夫妻、再来日。ソ連の崩壊。
	1992	コロンブス500年祭。セビーリャ万国博覧会。バルセロナ夏季オリンピック。マーストリヒト条約批准を国会で可決。ペセタ通貨切下げ。	1992　リオデジャネイロで地球サミット。米仏が核兵器削減に同意。
	1993	総選挙でカタルーニャの地方主義政党（CiU）の支持を得、小数与党の第4次ゴンサレス内閣発足。経済相、スペインの失業率23％で欧州最高と発表。	1993　チェコスロヴァキア解体し、チェコとスロヴァキアに分離独立。
	1994	政府高官の汚職発覚し、閣僚5名が辞任。	1994　バチカン、イスラエル国交樹立。天皇・皇后両陛下がスペイン訪問。
	1995	80年代の軍事情報機関による電話盗聴事件が発覚し、閣僚2名が引責辞任。80年代にバスク・ゲリラ関係者らを殺害した秘密組織「解放の反テロリスト集団（GAL）」創設にゴンサレス首相らが関与したと告発され、最高裁が予備捜査を開始。	1995　EU15カ国に拡大。＊阪神・淡路大震災、死者約6千人。東京地下鉄サリン事件発生。
	1996	バリオヌエボ元内相がGALの事件で起訴される。最高裁はゴンサレス首相の関与なしと裁定。繰り上げ総選挙で中道右派の「国民党（PP）」が第1党となり、ホセ・マリア・アスナールが首相に就任、フランコ死去以来、初の保守政権誕生。クリスチナ・サンチェスが女性として戦後初のマタドール（闘牛士）になる。中国の江沢民国家主席、スペインを訪問し経済貿易協力協定に調印。	1996　前年からの南太平洋ムルロア環礁における仏の核実験修了。ポルトガル新大統領に社会党のジョルジョ・サンパイオ選出。経団連の訪欧ミッションがスペイン訪問。

		スペイン	世界・日本（＊印）・その他
ファン・カルロス一世の時代	1997	英領ジブラルタルに対する共同統治を英に提案するが、英は拒否する。スペイン、NATO 軍事機構参加を決定。	1997　ペルー人質事件、127 日目に強行策で解決。ダイアナ元英皇太子妃、パリで交通事故死。アスナール首相の訪日。
	1998	スペイン政府、この年を「ロルカの年」と宣言。バリオヌエボ元内相、禁固 10 年の実刑判決。	
	1999	スペインのアメリカ軍基地において、核兵器が 60 年代から 70 年代にかけて保有されていた事実が判明。	1999　ヨーロッパ統一通貨ユーロの導入。
	2000	ETA、全面的停戦宣言を撤回、テロ活動の再開表明。 総選挙で国民党（PP）が大勝。PSOE 書記長にロドリゲス・サパテロが就任。	
	2001	ETA の政治部「バタスナ（統一）」創設	2001　ニューヨークで同時多発テロ発生。アメリカ・イギリス空軍によるアフガニスタン空爆開始。
	2002	国会で新政党法が成立。フランコ像、生地のエル・フェロール（ガリシア地方）から撤去。下院委員会によるフランコ体制の非難決議。	
	2003	アスナール首相、ブッシュ政権のイラク攻撃支持を表明。スペイン軍、イラク攻撃に参戦。	2003　アメリカ軍、イラク侵攻と空襲。フセイン政権崩壊。
	2004	マドリードで同時列車爆破テロ勃発（11-M 事件）。死者 191 人。スペイン全土で反テロ・デモ。1000 万人が参加。政府、ETA のテロと断言も、即刻アルカイダがテロ実行を表明。 総選挙は PSOE が勝利。サパテロ首相に就任。 サパテロ首相、イラク駐留部隊の撤退を表明。	2004　EU25 か国に拡大。
	2005	マドリードのフランコ騎馬像撤去。「治安・テロ・民主主義首脳会議」のマドリード行動計画を発表。同性婚を認める憲法改正。EU 憲法批准。バルセロナで EU・地中海諸国首脳会議。第 15 回イベロ・アメリカサミット首脳会議。	2005　2012 年夏季オリンピックの開催地にロンドンが当選（マドリードは落選、以降 2020 年夏季大会まで立候補）。
	2006	ETA、停戦宣言。バラハス空港で ETA による駐車場爆破事件発生。サラマンカの公文書館に所蔵されているカタルーニャの内戦関係文書をカタルーニャ州政府へ移管。欧州評議会議員会議の恒久的委員会はフランコ体制下における「多数かつ重大な人権侵害」を非難する決議を全会一致で可決。	

スペイン			世界・日本（＊印）・その他
フアン・カルロス一世の時代	2007	サパテロ首相、国会で反テロ対策を表明。 ETA、停戦終結を宣言。 11-M 事件の主犯格 2 人に約 4 万 3000 年の禁固刑の判決。 フアン・カルロス 1 世夫妻のセウタとメリーリャの初訪問。モロッコは非難声明を発表。 下院本会議にて歴史記憶法案が可決。次いで上院で同法案が可決。	2007　EU27 ヵ国に拡大。 ＊セルバンテス文化センター東京が開設。
	2008	フアン・カルロス 1 世夫妻、訪日。 不動産バブルが崩壊。	2008　リーマン・ブラザーズ破綻をきっかけに世界金融危機が発生。
	2009	米西関係の正常化のためにサパテロ首相、ホワイトハウスを訪問。モラティノス外相、キューバのカストロ議長と会議。	
	2010	バルガス・リョサ、ノーベル文学賞を受賞。	2010　エジプトで反政権運動発生。周辺諸国に波及し、民主化運動が発生（アラブの春）。
	2011	総選挙、国民党（PP）が単独過半数を得て圧勝。ラホイ内閣の誕生。	2011　シリア民主化運動から内戦に発展。
	2012	主要労組、労働法の改正案に抗議して、全土で 80 万人のデモ。	
	2013	日本の皇太子（当時）、支倉常長ら慶長遣欧使節団がスペイン入りして 400 年を記念して、スペインを公式訪問。	2013　ローマ教皇にベルゴリオ枢機卿就任（フランシスコ）。中南米出身の初の教皇。
フェリペ六世の時代	2014	フアン・カルロス 1 世、退位。フェリペ 6 世即位。 クリスティーナ王女、夫の公金横領疑惑に絡むマネーロンダリングの疑いで予審判事の尋問をうけるため裁判所に出頭。同年末、クリスティーナを公金横領罪で起訴。	2014　欧州議会選挙、EU 懐疑派の獲得議席が増加。
	2015	総選挙、国民党 123 議席、社会労働党 90 議席、両政党とも大幅減。初回の総選挙に挑んだ新興の急進左派ポデモスは 69 議席、中道右派シウダダノスが 40 議席を獲得。	2015　シリア内戦・リビア内戦などの影響で、ヨーロッパへの難民が急増。スペインにも地中海経由で難民が流入。 パリ同時多発テロ。 2016　イギリス、国民投票で EU からの離脱を採択。
	2017	フェリペ 6 世、来日。 カタルーニャ自治政府、独立の是非を問う住民投票を強行。州議会は「公式の独立宣言」決議を賛成多数で可決。中央政府はプチデモン州首相らの辞任と州議会の解散を決定。プチデモンら州政府の前閣僚 5 人はベルギーに入国。	2017　米国でトランプ大統領就任。

		スペイン	世界・日本（＊印）・その他
フェリペ六世の時代	2018	下院、ラホイ政権不信任案を可決。PSOEのサンチェス書記長（非議員）が首相に就任。 プチデモン、後継にカタルーニャ独立派の編集者キム・トラ議員を指名。州議会はトラを新首相に選出、トラ首相ひきいる州政府が公式に発足。 サンチェス首相、トラとの間で独立問題の解決に向けて対話を強化することに合意。 サンチェス政権、フランコの棺を国立慰霊施設「戦没者の谷」から別の場所に移す法令を閣議決定。下院、この法令を賛成多数で可決。 アンダルシア自治州議会選挙、新興の右翼政党ボックスが 12 議席獲得。	2018　＊スペイン―日本の国交樹立から 150 周年。
	2019	総選挙（4 月）、PSOE123 議席、ポデモス 42 議席、PP64 議席、シウダダノス 57 議席、ボックス 24 議席獲得。 最高裁判所でカタルーニャ独立派幹部に対して有罪判決。それに対してカタルーニャ自治州内で空港封鎖などの抗議活動が拡大。 やり直し総選挙（11 月）、PSOE120 議席、ポデモス 38 議席、PP88 議席、シウダダノス 10 議席、ボックス 52 議席獲得。与党 PSOE は、双方の選挙でポデモスを含めても下院（定数 350）の過半数を獲得できず。 サンチェス政権、フランコの棺を「戦没者の谷」から搬出し、ヘリコプターで、約 30 キロ離れた妻カルメン・ポロの眠る家族の墓地へ再埋葬（10 月 24 日）。 国連気候変動枠組条約第 25 回締約国会議（COP 25）（12 月）。	2019　欧州議会選挙、親 EU と反 EU の分極化が進行。 ＊即位の礼に伴いフェリペ 6 世来日。
	2020	サンチェスの PSOE 政権はポデモスとの連立構築に合意し、下院で信任支持されるが、少数政権の成立（1 月 7 日）。	